DÉCOMPOSITION FRANÇAISE

Du même auteur

Le Puzzle de l'intégration. Les pièces qui vous manquent, Mille et une nuits, 2007.
« De quoi l'avenir intellectuel sera-t-il fait ? : Enquêtes 1980-2010 », *Le Débat,* Gallimard, mai 2010.
Immigration-intégration : le langage de vérité, Mille et une nuits, 2011.

Malika Sorel-Sutter

Décomposition française

Comment en est-on arrivé là ?

Fayard

Couverture : Un chat au plafond.
Portrait de l'auteur : © Stéphane Grangier/Corbis.

ISBN : 978-2-213-67853-5

Dépôt légal : novembre 2015

À Xavier.

« Les actes des hommes sont les meilleurs interprètes de leur pensée. »

John LOCKE

Introduction

> « Le plus excellent symbole du peuple, c'est le pavé. On marche dessus jusqu'à ce qu'il vous tombe sur la tête. »
>
> Victor Hugo, *Les Misérables.*

Voilà près de quarante ans que l'ombre de la Seconde Guerre mondiale, avec son cortège d'horreurs, plane sur la cité. Les programmes scolaires d'histoire en ruissellent. Tout y passe, chaque fois analysé sous un angle différent. Les politiques, les intellectuels et les médias usent et abusent de sa référence, l'invitent à table en toute occasion, à tout bout de champ. Ils ne voient pas qu'ils ont adopté les comportements de ceux que Winston Churchill avait accusés de sacrifier l'honneur pour ce qui n'est qu'un simulacre de paix.

Plutôt que d'affronter le réel, ils l'ont, comme jadis, d'abord occulté, puis l'ont travesti, avant de finalement capituler. Il est trop tard, lancent-ils en chœur aux Français de souche et à ceux de l'immigration qui se sont assimilés. Nous ne pourrons plus revenir en arrière. Ils poussent le vice jusqu'à les sommer de s'adapter à une situation qui leur a été faite et au sujet de laquelle nul ne les aura jamais consultés. Pour tout programme, la politique du fait accompli.

Nous étions en droit d'espérer que la mémoire si proche de la Seconde Guerre mondiale servît de guide et de tuteur moral aux élites qui éclairent et participent grandement par leurs choix à l'avenir du plus grand nombre. On était en droit d'espérer que son cruel souvenir éclairât suffisamment le présent afin que ne soient pas réitérées les erreurs et compromissions du passé. Contre toute attente, c'est le contraire qui s'est produit, et plus son évocation devenait frénétique, plus l'esprit qui avait alors prévalu étendait de nouveau son emprise, ses possessions.

La culture intensive de cette « mémoire » – qui n'est plus celle de ceux qui ont vécu la guerre – a largement contribué à tétaniser les esprits, pour conduire à la stérilisation de la réflexion ; la rapidité et la saisissante facilité de cette entreprise doivent beaucoup à l'esprit de notre temps.

L'esprit munichois est de retour. La peur règne sur la cité. Gare aux esprits libres, à ceux des Français qui refusent de courber l'échine, à ceux qui souhaitent encore nommer ce qu'ils voient ! Or, ce qui ne peut être nommé n'existe pas. Circulez, il n'y a rien à voir !

La comparaison avec la Seconde Guerre mondiale s'arrête là. Là, c'est-à-dire dans le comportement des élites de commandement et des personnes qui gravitent autour d'elles, murmurent à leur oreille. Les deux périodes se rejoignent dans le refus de ces élites d'ouvrir les yeux sur le réel tant qu'il était encore temps de ménager un espace pour la paix.

Le drame qui se joue depuis plus de trente ans est d'une tout autre nature. Si des « pages sombres » d'histoire ont été tant mobilisées, c'était, au tout début, pour s'acheter une posture morale à peu de frais sur le dos des peuples européens, dans un contexte où les élites amorçaient leur déterritorialisation pour épouser le processus de mondialisation. Puis, de plus en plus souvent, ces « pages » ont été appelées à la rescousse pour étouffer toute possibilité de réflexion et prévenir ainsi toute analyse critique qui aurait pu éclairer le peuple sur les erreurs de commandement et leurs effets. Les pages sombres de l'histoire jouent le rôle de repoussoir, d'arme de dissuasion. Il s'agit d'empêcher toute prise de conscience qui pourrait conduire à un moment de vérité.

La dégradation de la liberté d'expression et d'opinion s'est accélérée après les attentats perpétrés contre *Charlie-Hebdo* et l'épicerie casher de Vincennes. La marche pour défendre la liberté a été récupérée politiquement, ce qui a empêché toute *liberté de pensée et de jugement*, alors même que la mobilisation sans précédent des Français aurait dû conduire à une analyse sans concession des causes réelles de la tragédie. Ce désir de parler, de comprendre, a été étouffé de nouveau. Cette analyse, les élites de tous bords et de tous milieux avaient déjà refusé de la mener au moment des tueries perpétrées en mars 2012 à Toulouse et à Montauban.

Le « nous » est fragilisé. Il craque. L'unité nationale s'enfuit, sacrifiée sur l'autel d'un vivre-ensemble qui a été dissocié des fondamentaux culturels du peuple français. Celui-ci n'a pas voix au chapitre. Réduit au silence, il observe la France se décomposer sous ses yeux. C'est cette situation que beaucoup refusent de considérer comme une chance, et l'on ne manque pas de les en accuser. Malgré les innombrables forces qui se conjuguent pour le mettre au pas, le peuple résiste.

La France et sa République ne se meurent pas tant de la force de leurs adversaires que de la faiblesse de leurs partisans. Ce n'est pas la République qui a échoué, mais l'État. Ce n'est donc pas à la République de cesser de reculer, mais à l'État, garant de l'unité, de cesser de faire reculer la République.

C'est l'État qui a, comme cela s'est déjà produit au cours de l'Histoire, failli à son devoir premier, protéger la nation, c'est-à-dire le peuple français, et assurer son unité. Les Français se sentent menacés dans leur identité en tant que peuple car l'État a laissé s'installer, puis s'enraciner, le communautarisme et a promu le multiculturalisme.

Ce sujet de l'immigration et de l'intégration que j'ai eu à étudier pour le compte de l'Élysée, Matignon et du ministère de l'Intérieur, aussi bien en tant que membre du collège du Haut Conseil à l'intégration (HCI), que de sa Mission laïcité, est celui qui résume le mieux le déclin de notre pays au travers de la faillite de ses élites. Il constitue l'une des sources majeures de la dépression collective dans laquelle les Français n'en finissent plus de s'enfoncer.

Le commandement a failli, et plutôt que d'admettre ses erreurs et tenter de corriger la trajectoire, il a persisté, et persiste encore, à emmener la France vers le chaos. Ce qui se produit défie l'entendement.

Depuis plus de trente ans, l'État – c'est-à-dire les gouvernements successifs, et tout le personnel politique appelé à travailler pour eux, avec les institutions concernées au premier titre ou appelées à prendre des décisions en matière d'immigration, d'intégration ou d'éducation – n'a eu de cesse d'œuvrer, de manière directe ou indirecte, à décomposer la nation en groupes, en factions rivales.

Désormais, c'est tout l'édifice, dont la construction a pris plus de mille ans, qui menace de s'effondrer.

La République est un régime politique, et la République française n'est pas une république parmi tant d'autres à travers le monde. La République française porte en elle la synthèse de l'histoire politique et culturelle du peuple français. C'est pourquoi trahir la République ne pouvait qu'aboutir à trahir la France et son peuple.

La confusion entretenue entre État et République révèle beaucoup du refus obstiné de nos élites de reconnaître qu'elles se sont trompées. La confusion entre État et République sert les intérêts de tous ceux qui collaborent, consciemment ou inconsciemment, à la décomposition de la France. Pour éviter que la République ne soit un jour sacrifiée, liquidée par les Français eux-mêmes, car injustement tenue pour responsable d'erreurs qu'elle n'a pas commises, nous devons commencer par en finir avec cette confusion. Les élites de commandement, celles qui ont le pouvoir de décider de la trajectoire, doivent admettre qu'elles se sont trompées, qu'elles ont fait emprunter une route dangereuse à la France.

Apportons d'emblée une précision à ce stade. Le pluriel englobant du terme « élites » n'est pas heureux et, si je l'utilise, c'est faute de mieux, il n'y en a pas d'autre qui m'ait semblé plus approprié pour évoquer les groupes de personnes qui ont été aux affaires.

C'est en observant le système administratif et politique, de l'intérieur, que j'ai compris que jamais Pétain n'aurait pu accomplir seul ce qu'il a commis. Aujourd'hui tout comme hier, une myriade de mains serviles, de courtisans, de zélés égocentriques ou encore d'opportunistes précipitent, pour certains par leurs actions, pour d'autres par leur inaction, la décomposition de la France. Le monde ne sera pas détruit par ceux qui font le mal, mais par ceux qui le regardent sans rien faire, selon la formule d'Albert Einstein. Comme l'avait très bien formulé le Mahatma Gandhi, durant la marche du sel, en 1930, « celui qui voit un problème et ne fait rien fait partie du problème ». Certes, l'Histoire ne se répète jamais selon les mêmes modalités, mais, tout comme jadis, les conséquences se feront sentir un jour sur la paix civile. Cela a d'ailleurs déjà commencé, et nous n'en sommes qu'au début.

Lorsque j'entame mon voyage dans la France dite d'en haut, il y a près de dix ans, je suis habitée du sentiment que ce qui nous arrive ne peut être qu'une conséquence de l'ignorance... Ils ne savent pas, me disais-je alors à moi-même. S'ils savaient, ils corrigeraient aussitôt la trajectoire. Dans mon esprit, c'était limpide. Il n'y avait pas là l'ombre d'un doute. Je croyais à l'existence de l'esprit de responsabilité. Il suffisait donc d'éclairer pour que la raison reprenne le dessus et surtout, plus important à mes yeux, que leur cœur se remette à battre à l'unisson de celui de la France. Il m'a fallu un certain temps pour comprendre, et surtout admettre, qu'ils savent. Oui, ils savent. Ils savaient, mais l'esprit de responsabilité, contrairement à ce que je pensais, est loin de dominer. Ils savent et détiennent toutes les cartes qui permettent de se forger une idée exacte de la situation. Comment avais-je pu croire, mais aussi comment la plupart des Français ont-ils pu si longtemps penser, que nos élites de commandement étaient dans l'ignorance ou qu'elles étaient dans l'incapacité d'analyser la situation alors que nos administrations, nos centres de recherche, notre maillage territorial collectent l'ensemble des informations utiles et nécessaires à la prise de décision et à l'action politique, que nous disposons de tous les moyens informatiques qui permettent d'archiver, brasser, classer, trier, analyser les données et en suivre l'évolution dans le temps et que, de surcroît, la plupart de ceux qui trustent les postes de responsabilité au sein du monde politique et de la haute administration ont été formés dans les cursus les plus rigoureux de nos universités et grandes écoles ?

Cette découverte a été terrible, brutale, cruelle. Elle me communiquait le sentiment affreux que nous étions, en tant que peuple au sens politique du terme, trahis par ceux qui étaient chargés de veiller sur nous, de prendre en compte nos préoccupations politiques – et celles-ci n'ont eu que trop d'occasions de se manifester. Ce que je ressens, beaucoup de Français le ressentent aussi.

En quittant l'Algérie – pays de mon père –, mon diplôme d'ingénieur en poche, pour rejoindre la France qui, un jour, s'était mise à hanter mon cœur et mon esprit, je ne pouvais imaginer, ne serait-ce qu'un seul instant, que je me retrouverais si vite contrainte d'assister au drame de la mise en liquidation du doux pays de mon enfance. En dépit d'un dénuement dont je ne pris conscience que des années plus tard, petite, j'y avais vécu heureuse. Je me sentais riche de cette France qui m'avait vue naître et dont la culture avait bercé mes premières années.

Les Français se sont laissé dépouiller de l'essentiel, de la plus fondamentale des libertés, celle d'être et d'exister...

Aujourd'hui, dans la bouche de nos élites politiques, médiatiques et intellectuelles, le terme « populaire » ne renvoie plus aux Français de souche, tout comme « jeunes » ne désigne pas leurs enfants ou petits-enfants. Or, le populaire est le fruit d'une longue sédimentation culturelle. Il porte le passé, quand la jeunesse, elle, porte la promesse du futur. Quel homme pourrait rester de marbre si son passé s'efface et que son futur se dérobe sous ses pieds ? Ce gommage de la photo de famille constitue la dimension la plus terrifiante de l'histoire qui s'écrit sous nos yeux.

Les générations qui viennent chercheront à comprendre ce qui s'est noué à notre époque. Pourquoi leurs ascendants, après avoir hérité d'un pays prospère et en paix, l'ont conduit sur la voie de la régression et de la décomposition. C'est pour elles que j'écris. Ce livre est ma part de vérité apportée au puzzle qu'elles auront la lourde et douloureuse tâche de reconstituer.

1.

Un grand espoir déçu

« Que voulez-vous ? Que l'on élève des murs jusqu'au ciel ? » Il s'est brusquement tourné vers moi pour me faire face. En un clin d'œil, il a éliminé de son champ visuel tous ceux qui l'entouraient. Ses yeux gris-vert lancent des éclairs. Ils sont braqués sur moi. Qui ose dire au roi qu'il est nu ? Nos élites n'ont pas l'habitude qu'on leur résiste. Elles s'habituent très tôt aux courtisans qui se poussent pour être à leur côté, le plus près possible, au garde-à-vous, opinant du chef au moindre de leurs mots, avec un sourire servile ; peut-être seront-ils remarqués, distingués, préférés, choisis ?

Malgré mes chaussures à talons, je me sens soudain minuscule. Si je ne suis pas désarçonnée, c'est que j'éprouve, à cet instant précis, tout le respect que l'on doit à la France, qu'il me semble que la phrase que je viens de lancer à son intention, après ce qu'il vient de dire, n'a été guidée que par ce sentiment, que ce sentiment se trouve de mon côté et non du sien. Je sais qu'il le sait, car il ne peut en être autrement. C'est ce qui l'agace, et peut-être même l'agite quelque peu intérieurement. Ce qui me frappe le plus, c'est l'opposition brutale que je perçois entre la puissance physique qui se dégage de son corps et l'impuissance politique que sa bouche exprime.

Nous sommes au printemps 2008 et cet homme que j'ai choisi de rejoindre au moment des émeutes des banlieues de 2005, et que je vais accompagner durant sa traversée du désert après son départ de Matignon, c'est l'ancien Premier ministre Dominique de Villepin.

Jusqu'en février 2007, nous étions un certain nombre à tenter de le convaincre de se lancer dans la course présidentielle de 2007. Nous y croyions. J'étais convaincue qu'il pouvait devenir le de Gaulle que notre époque exige pour que le pays ne sombre pas. Un espace politique existait pour porter la ligne gaulliste. Finalement, il n'a pas osé franchir le pas et a reculé au dernier moment, privant ainsi les Français d'un véritable débat sur un certain nombre de sujets de fond.

Dominique de Villepin est entré de son vivant dans l'Histoire et y restera à jamais, associé au discours qu'il prononça un certain 14 février 2003 devant le Conseil de sécurité des Nations unies : « Et c'est un vieux pays, la France, d'un vieux continent comme le mien, l'Europe, qui vous le dit aujourd'hui, qui a connu les guerres, l'occupation, la barbarie. » J'en avais pleuré tant c'était criant de justesse ! L'Histoire se faisait chair. Je savais par ailleurs qu'il ne fallait en aucun cas prendre le risque de déstabiliser l'Irak. C'était le risque de heurter de manière violente la mémoire des peuples arabo-musulmans, tant l'Irak occupe une place importante dans leur inconscient.

Dominique de Villepin a été éduqué au sein d'une famille catholique. Je sais que son père s'est attaché à lui transmettre l'amour de la France et de son histoire. Je garde le souvenir de mes déjeuners en tête à tête avec Xavier de Villepin[1], déjeuners qui nous donnaient à tous deux l'occasion de partager, en toute confiance, nos analyses de politique intérieure et notre perception de l'état du monde.

La France est un pays où littérature et politique ne peuvent être dissociées, et les Français apprécient que leurs dirigeants soient cultivés. Dominique de Villepin était, et est toujours, un homme de culture, très certainement l'un des plus cultivés de sa génération. Avec lui, au moins, c'était l'assurance de ne jamais avoir honte de celui qui nous représente, et ce n'est pas rien. En Dominique, comme nous le nommions avec son père lorsque nous l'évoquions, je trouvais qu'il y avait un mélange de Talleyrand et de De Gaulle. Il dépassait d'une tête, largement, les hommes politiques de sa génération. C'est pourquoi j'avais fait le choix de me tourner vers lui, dans l'espoir qu'il vole au secours de la France et de son peuple. Ah, la figure providentielle, et son mythe toujours actif !

L'enfant en soi

Lui et moi avons parcouru dans notre enfance des chemins inverses. Il a grandi dans le Maghreb (Maroc) et en a été profondément marqué. Dans ses moments d'inquiétude, alors qu'il est Premier

1. Xavier de Villepin a présidé la Commission des Affaires étrangères, de la Défense et des Forces armées du Sénat. Pour des raisons d'éthique, il démissionne en 2002 de ses fonctions lorsque son fils devient ministre des Affaires étrangères. Il est décédé en octobre 2014.

ministre, il replonge en pensée dans son enfance pour y retrouver « une lumière première » qui l'a ébloui. « Je n'ai pas oublié les prières du jour et la brûlure de la nuit. Je rêvais des villes saintes où les livres sont comme de vieux sages et où les hommes parlent comme des grimoires anciens : Chinguetti, là-bas à portée de chameau, où se rassemblent les pèlerins de La Mecque, où sont collationnés manuscrits et corans, que garde le vigilant minaret de la mosquée, surmonté de cinq globes d'or[1]. » J'ai grandi dans le sud de la France, dans un environnement français. Jusqu'à ce que je suive mes parents dans leur pays, l'Algérie, je vivais à l'heure française. En moi, dans ma mémoire, se sont imprimés le chant des cigales, la senteur des pinèdes, la cueillette des mûres dans les ronces et la vision de champs d'iris jaunes et violets. Je comprends ce que Dominique de Villepin a ressenti, car je l'ai éprouvé aussi, en image inversée. Je crois en la force de l'enfance. Je crois en la puissance de cette période qui nous modèle, où tous nos sens sont en alerte et enregistrent à notre insu mille et une impressions, sans passer par le filtre de la raison. Même si elle ne nous détermine jamais complètement, que chacun a toujours le choix.

Son grand corps abritera toujours en son sein, en quelque sorte, un petit garçon arabe. Le mien, celui d'une petite fille française. Lorsqu'un jour j'ai évoqué avec lui cette image, j'ai senti que je touchais là une vérité intérieure.

Petite, je connaissais par cœur nombre de chansons, contes et légendes du registre populaire européen.

---

1. Dominique de Villepin, *Hôtel de l'insomnie*, Plon, 2008.

L'histoire de France résonnait en moi. J'étais pleine de tristesse pour Roland qui avait soufflé en vain dans son cor et que Charlemagne n'était pas venu sauver. Les cloches de l'église Saint-Germain-l'Auxerrois sonnaient, et je ne comprenais pas qu'il ne puisse se trouver aucune main, aucune voix pour les arrêter, contenir l'horreur et la cruauté qui allaient se répandre, de porte en porte, dans tout Paris… Aujourd'hui encore, je ne peux entendre ou voir évoquer le nom de Coligny sans avoir le cœur qui se serre.

À l'école maternelle puis primaire, j'étais une élève parmi beaucoup d'autres et ce n'est qu'à l'aube de mes dix ans, foulant pour la première fois le sol de l'Algérie, que j'appris que j'étais l'enfant d'une famille arabe. J'avais jusqu'alors vécu sur la terre de France, à une époque où sa culture et ses ancêtres n'étaient maltraités ni par ses élites dirigeantes ni par une partie de son propre peuple. J'avais grandi à l'époque, désormais révolue, où les parents de l'immigration, dont les miens, n'avaient d'autre choix que de veiller à ce que leurs enfants respectent les codes sociaux des Français. Sans cela, par quel miracle le respect dû à la France aurait-il pu me sembler aussi naturel, comment aurais-je pu aimer son peuple jusqu'à unir mon destin au sien ?

Adolescente, lorsque je vins, la toute première fois, visiter Paris, je me surpris à chercher la rue de la Ferronnerie. Je ne m'expliquais pas pourquoi j'étais saisie par ce besoin d'y mettre mes pas. Je la parcourus, à la recherche de je ne sais quels indices, jusqu'à ce que je tombe sur la plaque que je ne cherchais pas. Je fermai les yeux, comprenant à cet instant pourquoi mes pas m'avaient conduite à cet endroit précis. À l'époque, je n'avais pas encore les papiers d'identité français, mais je possédais déjà l'identité française. Je ne le savais pas et allais mettre encore de longues années avant de le découvrir.

Ceux qui pensent pouvoir faire de mon cas une généralité et en tirer la conclusion que l'intégration culturelle – ou l'assimilation – découle automatiquement de la transmission de l'histoire de France aux enfants de l'immigration, s'égarent. Au sein d'une même famille, et évoluant dans un même environnement, certains enfants s'assimilent quand d'autres optent pour d'autres choix. L'assimilation se joue sur le registre moral et affectif et, jusqu'à preuve du contraire, l'amour ne se met pas en équation. Il faut toutefois veiller à ne pas le rendre impossible, et c'est pourtant bien là ce que nos élites ont réussi.

Elles ont continuellement dévalorisé la France et les Français de souche aux yeux des migrants et de leurs descendants, imputant toute nouvelle difficulté à la société française, dépeinte comme peu accommodante, voire raciste ; n'hésitant pas à brandir les fameuses pages sombres de l'histoire des Français pour étouffer le débat. Le multiculturalisme a été promu au moment même où devenaient palpables les conséquences de la fracture identitaire sur la convivance.

Le dur exil, la dimension humaine négligée

Dominique de Villepin, lui, le Premier ministre, qui avait pris la décision de décréter l'état d'urgence – ce qui ne s'était jamais vu en France métropolitaine (mais en Algérie, entre 1955 et 1961, puis en Nouvelle-Calédonie, en 1984) – lors des émeutes dans les banlieues à l'automne 2005, trouvait que je m'inquiétais trop. Il comparait la situation de l'intégration des extra-Européens avec celle des Italiens. Selon lui, il ne fallait pas se faire du souci outre mesure. La France avait aussi rencontré des problèmes avec les Italiens, autrefois. Le temps finirait par faire son œuvre, il viendrait à bout de tout. Tout comme les Italiens, les immigrés extra-européens et leurs descendants finiraient par s'intégrer culturellement...

Comment Dominique de Villepin, homme si instruit, pouvait-il comparer la situation qui avait prévalu avec les héritiers d'un pays européen qui partageait les mêmes racines culturelles que la France, avec la situation de l'intégration de populations héritières de tout autres civilisations ? Comment pouvait-il négliger à ce point le fait que la culture aide, qu'elle constitue un élément décisif dans le processus d'assimilation ? Il n'est pas possible qu'il ait pu croire que les deux situations étaient cousines. Sans compter qu'à son niveau de responsabilité – Premier ministre et ancien Secrétaire général de l'Élysée, sous la présidence de Jacques Chirac – il disposait de toutes les informations qui indiquaient que la situation était déjà des plus préoccupantes et que les nuages noirs s'amoncelaient au-dessus de la France. La comparaison avec les Italiens était commode, voilà tout. S'il avait été intimement préoccupé par le sort de la France, son cœur aurait fini par prendre le dessus et l'aurait incité à agir tout comme le général de Gaulle avait su le faire. La différence entre les deux ? L'un fait partie de l'élite mondialisée qui peut aussi bien vivre à Paris, à New York ou à Doha, l'autre avait les pieds bien ancrés dans la glaise de France et en était fier.

L'un de nos malheurs réside dans le fait que beaucoup de nos élites ne sont pas fières de la France, et de ce fait n'insufflent pas l'énergie nécessaire aux Français pour redresser la tête et rêver à nouveau. Le rêve est l'un des moteurs les plus puissants. Pourtant, y compris de nos jours, il y aurait mille et une raisons d'être fiers de la France et de ses réalisations.

La société française a préféré retenir d'elle-même une histoire fausse, à savoir que l'intégration des migrants intra-européens a fini par se faire pour la majorité d'entre eux. Or, comme l'a mis en lumière l'historien Daniel Lefeuvre, qui s'est appuyé sur les travaux de Pierre Milza, ce n'est pas exact : par exemple, seul un Italien sur trois du flux transalpin pour la période 1870-1940 a fait souche en France[1]. Au Haut Conseil à l'intégration, nous l'avions auditionné. Au cours de notre long et riche échange, il avait eu à cœur de rappeler la réalité historique, sans l'occulter ni la réduire à l'opinion commune. Parmi les sujets qu'il aborda devant notre auditoire, celui du flux des migrants polonais, pour la période 1920-1939 ; les recensements laissent apparaître que 42 % d'entre eux étaient repartis. Pourtant, aussi bien en Italie qu'en Pologne, il n'y avait pas eu, entre-temps, d'amélioration économique substantielle qui aurait pu justifier, à première vue, ce retour au pays. Ce qui est systématiquement passé sous silence, c'est

1. Daniel Lefeuvre, *Pour en finir avec la repentance coloniale*, Flammarion, 2008.

l'épreuve que constituent l'exil et les souffrances qu'il peut causer.

Si ce fait n'avait pas été occulté par les faiseurs d'opinion, journalistes et intellectuels médiatiques en tête, les Français auraient déduit que des flux migratoires de cultures plus éloignées de la leur que celle des Italiens ou des Polonais feraient difficilement mieux... La connaissance de cet aspect des migrations précédentes aurait fatalement conduit à une réflexion sérieuse sur les conditions d'assimilation et leur corollaire, l'octroi des papiers d'identité français : l'acquisition de la nationalité française étant censée, de par le code civil, attester de l'assimilation.

Il y a une croyance aujourd'hui répandue que l'émigration est facile, que l'on peut déplacer les personnes sans dommage, que l'on peut vivre indifféremment partout, pour peu que le bien-être matériel soit au rendez-vous. C'est oublier une réalité humaine : l'exil, c'est souvent un exil au mieux choisi à contrecœur, et cette nostalgie du pays, et de ceux qu'on a laissés derrière soi, est transmise aux descendants.

Pourquoi les hommes politiques n'écoutent-ils pas la réalité humaine profonde ? Pourquoi ne veulent-ils pas la prendre en considération dans les décisions politiques ?

Il ne sera pas l'homme des circonstances

Au fil de mes rencontres avec Dominique de Villepin, je vais comprendre que le petit garçon qui est resté de l'autre côté de la Méditerranée fait partie du problème. Il empêche peut-être l'ancien Premier ministre de devenir l'homme des « circonstances », qu'il a maintes fois évoquées. Les circonstances sont là. Elles étaient déjà là lors des émeutes de 2005, puis en 2006 avec l'affaire dite d'Ilan Halimi. Elles nous requéraient déjà depuis des années, depuis la marche dite des Beurs. Il le savait, mais lui n'était pas au rendez-vous. Peut-être, à ce moment où il aurait fallu qu'il affronte les « circonstances », était-il immobilisé, et piégé, par le souvenir des premières années de sa vie.

Après son départ de Matignon, en 2007, de longs mois s'écoulent avant qu'il n'accepte d'entendre la voix de ses fidèles soutiens, qui lui demandent de s'engager de nouveau en politique. Nous finissons par le convaincre. Il reprend du poil de la bête. Tout semble bien parti. Avec un groupe d'élus et la force créatrice d'étudiants et de jeunes adultes, nous commençons à lever des troupes. Elles grossissent à vue d'œil.

Chacune de ses interventions dans les médias est largement relayée. Deux grandes conférences sont organisées à l'Assemblée nationale, l'une porte sur la réintégration de la France dans le commandement intégré de l'OTAN, l'autre sur l'Europe. L'affluence est telle que je dois annoncer à de nombreuses personnes que la salle Victor-Hugo est comble et qu'elles ne pourront se joindre à nous.

Je tiens à jour les fichiers des sympathisants, qu'ils soient nouveaux ou qu'ils proviennent du réseau des élus qui entourent l'ancien Premier ministre, et cela fait plaisir de voir leur liste s'allonger chaque jour. Il est manifeste qu'existe une forte attente. Mais son succès attire aussi de nombreux courtisans, anciens et nouveaux. Dominique de Villepin commet alors l'erreur de se banaliser en endossant à nouveau les habits de l'homme politique ordinaire, fuyant les critiques et préférant les génuflexions. La métamorphose qu'il avait entamée s'arrête avant terme.

L'une des façons de juger de l'effectivité de la métamorphose d'un homme politique est d'observer les têtes qui l'entourent. Sitôt avait-il repris des forces, puis décidé de réinvestir l'arène politique, que d'anciens collaborateurs s'étaient précipités sur lui, effrayés à l'idée de rater une potentielle ration de bonne soupe. Il se laissa persuader qu'il lui fallait faire appel à des vieux de la vieille, des gens du sérail. Il délégua alors à l'ancienne ministre Brigitte Girardin la responsabilité de diriger le mouvement politique que nous avions pensé ensemble entre quatre murs, avec les élus qui lui étaient restés fidèles, ainsi qu'une force militante jeune qui ne l'avait jamais abandonné après son départ de Matignon. Leur point commun ? Tous étaient habités par l'amour de la France et passionnés par la défense de l'intérêt général.

En septembre 2010, un sondage le donna à égalité avec Nicolas Sarkozy pour représenter la droite à la prochaine élection présidentielle. Il vivait alors encore sur nos restes – ceux de l'équipe de la première heure –, mais cela n'allait pas durer bien longtemps. Peu à peu, les membres du cercle du premier jour le quittaient, et avec eux le vent frais et la force qu'ils avaient apportés. Avec très peu de moyens, nous avions réussi à le faire de nouveau exister dans le champ politique et médiatique. Le député Hervé Mariton, qui faisait partie du cercle rapproché et que j'ai connu à cette époque de la traversée du désert de Dominique de Villepin, finit par le quitter lui aussi, pour des raisons dont il fit part alors à la presse. De mon côté, je ne l'accompagnais déjà plus. À mes yeux, il avait quitté la route des principes républicains. Il s'était égaré en chemin.

Convaincue que la victoire de Dominique de Villepin passerait par les banlieues, discours de l'ONU de 2003 oblige, Brigitte Girardin n'avait pas mis longtemps à l'en persuader, lui et vraisemblablement le petit garçon de son enfance méditerranéenne qui sommeillait en lui. Ce discours est en effet la raison de sa cote auprès d'une grande partie des populations de l'immigration. Au lieu de maintenir le cap sur la ligne républicaine, il se mit à parler diversité, culpabilité de la société française et repentance, réduisant tous les problèmes de l'intégration à une seule dimension, qu'il résuma en une phrase : « La vraie question dans notre pays, c'est la question sociale. »

Comme me le dira un jour son père, j'ai participé, avec d'autres, à lui redonner de la force, à le remettre debout après son départ de Matignon, et aussi après le piège de l'affaire Clearstream qui s'était refermé sur lui. Et puis ? Et puis, contre toute attente, il a fini par se torpiller lui-même, et mes espoirs se sont envolés.

J'ai quitté Dominique de Villepin avec bleus et cicatrices à l'âme. Je réalisais qu'il était de moins en moins possible qu'il devienne l'homme des circonstances. En son for intérieur, il en rêvait, mais, à l'époque, il n'a pas su se transcender pour le devenir.

2.

Au cœur du commandement

« Il ne faut tout de même pas laisser les gouvernements écrire seuls l'histoire, c'est aux peuples d'y travailler aussi[1]. »

Kateb YACINE,
cité par René Vautier.

En ce mercredi 20 février 2013, je tourne le dos au Château. Je sors de l'un des bureaux de la présidence. Je traverse, par l'un de ses côtés, la longue cour pavée que les Français connaissent bien. C'est en son milieu qu'y est déroulé, lors des grandes occasions, le tapis rouge, notamment après chaque élection présidentielle : il est alors foulé par les invités du nouveau monarque élu, une fois la passation de pouvoir effectuée. La vaisselle dorée change alors de mains.

Tout est calme à l'Élysée. Le temps semble avoir suspendu son vol. Je repense à l'atmosphère qui règne dans le roman de Gabriel García Márquez, *Cent ans de*

1. Propos de Kateb Yacine rapportés par René Vautier, dans l'émission de Jean Lebrun, « René Vautier, la caméra citoyenne », « La marche de l'Histoire », France Inter, 6 mars 2015.

solitude. Le grand calme des lieux m'avait déjà frappée sous la précédente présidence. Avant mon entretien, j'ai aperçu Claude Sérillon, allant à la rencontre de son rendez-vous. Il m'a eu l'air d'un fantôme. Ici, tout semble mort, quand la moindre entreprise dégage une impression de vie active. L'accession au trône représente, pour le monarque, le point d'arrivée, quand il constitue pour le peuple le point de départ. C'est là que commence le grand malentendu. Jacques Chirac s'était beaucoup démené, il avait rudement bataillé pour conquérir le pouvoir suprême. Une fois arrivé, il s'est endormi.

Mon esprit repasse minutieusement le film de l'entretien que je viens d'avoir avec l'une des conseillères du Président. C'est elle qui a en charge le suivi du Haut Conseil à l'intégration, et c'est dans ce cadre que je la rencontre pour échanger sur le sujet de l'intégration des migrants et de leurs descendants.

L'entretien m'a semblé surréaliste. Des problèmes de vivre-ensemble ? Quels problèmes de vivre-ensemble ? En quoi les immigrés et leurs descendants sont-ils perçus comme dissemblables par les Français ? S'il y a un problème, c'est bien parce que les Français ne sont pas allés suffisamment vers les immigrés ! La société française est restée rivée sur ses propres principes, sur ses propres valeurs. Elle n'a pas fourni suffisamment d'efforts. Je n'en reviens pas qu'un tel discours soit tenu à l'Élysée. L'Élysée, ce n'est pas n'importe quelle institution. Selon l'article 5 de la Constitution, le président de la République « veille au respect de la Constitution ». Si l'on décrypte bien, l'intégration aurait donc échoué par la faute des Français et des principes républicains qu'ils ont choisis. Une nouvelle fois, je mesure la profondeur de l'abîme qui sépare le peuple des élites.

À sa vision, j'oppose celle conçue par une majorité de Français : il existerait un lien entre l'importance du flux migratoire et les problèmes économiques et budgétaires de la France. Pourquoi ce lien ? La conseillère exprime son doute qu'un tel lien puisse exister. Elle veut le balayer d'un revers de manche, en chiffres : les flux migratoires sont trop importants ? Mais nous sommes le pays de l'OCDE qui accueille le moins d'étrangers, m'assène-t-elle ! Il n'est donc pas question de « diminuer le flux humanitaire », poursuit-elle. Dans le « flux humanitaire », la conseillère du Président inclut le regroupement familial. Je la reprends. Ce n'est pas ainsi que l'on doit réfléchir, les chiffres, la valeur absolue du « flux migratoire », en nombre d'individus, ne peuvent être dissociés de la capacité d'intégration sociale et culturelle de la société d'accueil. Je poursuis en évoquant d'autres problèmes, tels ceux qui se posent à l'école et sur lesquels moi-même et les membres du Haut Conseil à l'intégration avons été amenés à travailler. Je mentionne que c'est l'idée même de la solidarité nationale qui pourrait un jour se poser, au vu de l'évolution de la situation – l'accroissement constant du flux migratoire – et de l'affaiblissement du sentiment d'appartenance à une même communauté politique. Elle ne semble pas vouloir entendre. Je me trouve face à un mur, un mur de béton froid. Quel contraste avec les échanges que j'avais eus avec le conseiller spécial du président Nicolas Sarkozy, Henri Guaino, dans ces mêmes lieux !

Une pensée me traverse l'esprit. Je me demande, à la suite des inepties qu'elle m'a dites, si elle n'est pas en train de me tester… Après tout, oui, c'est probablement ça. Pour m'en assurer me vient alors l'idée de prononcer le nom du ministre de l'Intérieur Manuel Valls. Que pense-t-elle du désaccord, qu'il a exprimé publiquement, avec la préconisation faite dernièrement par le conseiller d'État Thierry Tuot de procéder à une régularisation massive des sans-papiers ? Puisque l'État est impuissant, autant régulariser d'emblée tous les clandestins afin que cela ne nuise pas à leur intégration future. C'est, en substance, la recommandation qui a été formulée par Thierry Tuot dans son rapport remis au Premier ministre Jean-Marc Ayrault, au début du mois : entériner cette impuissance de l'État. Le contenu de ce rapport[1] est, à plus d'un titre, stupéfiant. J'y reviendrai plus loin, tant il révèle beaucoup des manières de penser des élites françaises de notre époque. Aussitôt, elle manifeste son désaccord avec Manuel Valls. Non, elle ne me teste donc pas, et Manuel Valls n'est visiblement pas sa tasse de thé. Elle se lève et me raccompagne avec un « Nous avons besoin d'optimisme ». Sous-entendu : pas de rabat-joie comme vous. La messe est dite.

Un optimisme de rigueur

Il ne faut pas croire que, dans les hauts lieux de l'État français, les conseillers des princes ou du monarque sont des électrons libres. Il n'y a pas de hasard dans l'affectation aux postes ou l'attribution des portefeuilles.

1. Thierry Tuot, « La Grande Nation pour une société inclusive », rapport au Premier ministre sur les politiques de refondation de l'intégration, 1er février 2013.

Ceux qui sont adoubés, cooptés – et c'est d'autant plus vrai qu'ils le sont pour traiter de sujets sensibles –, le sont par les maîtres des lieux. Ils sont donc choisis en parfaite connaissance des idées qu'ils défendent et des orientations politiques qui sont les leurs.

Notre élite a horreur que l'on aborde les vraies difficultés. Elle s'accroche aux recettes « éprouvées » par le passé, qui ont fait les politiques publiques pendant plusieurs décennies. Elle préfère s'en tenir au même cadre, comme s'il était immuable, et appliquer, encore et toujours, la même analyse et les mêmes préconisations. Quand elles ne peuvent plus faire autrement que reconnaître l'existence d'un problème sensible et résistant, alors nos élites politiques n'ont de cesse de le minimiser, tout en s'efforçant d'en brouiller la perception : il faut le ramener au cadre connu, le cadre explicatif vulgarisé, et surtout il faut en masquer les causes véritables. Cette manière de faire a d'autant plus perduré que le peuple, lui-même, plutôt confiant et clément, et par ailleurs occupé à cultiver son hédonisme, n'avait pas envie d'être dérangé ni que l'on puisse entamer son désir de jouir de l'instant présent. L'hédonisme, c'est l'opium des peuples occidentaux de notre époque. C'est pourquoi ils préfèrent tabler sur le fait que les choses vont se calmer d'elles-mêmes et rentrer dans l'ordre avec le temps. Pensée un peu magique tout de même, partagée par beaucoup. Un optimisme de bon aloi : la Providence pourvoira. En se choisissant des représentants, le peuple a placé sa confiance – une confiance entamée, mais aussi mêlée de renonciation. Par cet acte, il se déleste de l'exercice au quotidien de sa citoyenneté, mais gare si un jour il s'aperçoit que sa confiance a été entièrement trahie ! Il oublie que c'est lui-même qui a procédé au choix de sa propre élite.

Cet optimisme des masses n'a rien à voir avec l'optimisme des politiques de « haut rang », celui qu'ils recherchent et affichent. Conseillés par des armadas de communicants, de sondeurs et d'experts, fournissant à la demande des études sur tel ou tel sentiment de l'opinion publique, ceux-ci veulent épouser au plus près les tendances et évolutions et savent à quel point les individus-électeurs sont avides d'optimisme. Ils n'ignorent rien des caractéristiques de notre époque. Ce que j'ai observé chez nos élites est plutôt le résultat d'un cocktail de désinvolture, de cynisme et d'indifférence envers la nation. Leurs décisions sont placées sous le sceau de l'immédiateté. Elles ne s'inscrivent pas dans une perspective historique. La raison en est que les élites ne font plus corps avec la France et encore moins avec son peuple, dont elles ne partagent pas les préoccupations, qui n'ont cessé de s'accroître au fil du temps, empêchant un nombre croissant de Français de jouir sereinement de l'instant présent comme ils en avaient pris l'habitude. La plupart d'entre elles n'auront en effet jamais à supporter les conséquences de leurs décisions politiques ; cela change tout.

Quant aux Français, comme l'ont montré nombre d'enquêtes, s'ils sont pessimistes lorsqu'ils songent à l'échelon national, ils se sentent heureux et confiants à l'échelon de leur vie personnelle. Ils ne sont donc pas dans une logique de suicide. Tout au contraire, ils aiment la vie et aspirent à la croquer à pleines dents, à chaque instant, versant parfois dans un degré d'égoïsme tel qu'ils ne daignent réagir ou exprimer leurs sentiments profonds qu'à la condition qu'ils se retrouvent personnellement affectés. Jusque récemment, même le sort réservé aux générations futures, dont leurs descendants font pourtant partie, ne semblait pas les préoccuper outre mesure. La poursuite de la satisfaction du bien-être personnel était un horizon indépassable.

Les citoyens des sociétés démocratiques sont tels qu'Alexis de Tocqueville les avait vus par anticipation. Il n'était alors âgé que de vingt-sept ans. Tocqueville, ou l'incarnation de ce qu'une véritable élite signifie : il anticipe les événements et mutations, quand beaucoup de nos dirigeants sont dans le registre de la voiture-balai. « Je vois, disait-il, une foule innombrable d'hommes semblables et égaux qui tournent sans repos sur eux-mêmes pour se procurer de petits et vulgaires plaisirs, dont ils emplissent leur âme. Chacun d'eux, retiré à l'écart, est comme étranger à la destinée de tous les autres[1]. » Il avait su entrevoir que l'individualisme, royalement servi par un principe d'égalité poussé à son paroxysme, l'égalitarisme, finirait par miner les démocraties. Chaque individu – ou presque – en vient à se considérer comme un point de départ et un point d'arrivée. Tout se ramène à lui et à son petit entourage. De sorte que, de proche en proche, chacun en vient à considérer que tout se vaut, que tout est relatif. Le relativisme a été le cheval de Troie du multiculturalisme au service d'un libéralisme débridé, dévoyé.

Si les Français avaient réagi, au fil de l'eau, à tout ce qui aurait un impact sur leur destin en tant que peuple, jamais les élites de commandement n'auraient pu se permettre de disposer de la France à leur guise.

La propension à accepter d'être dupé dans le but d'adoucir sa propre existence est banalement inhérente

1. Alexis de Tocqueville, *De la démocratie en Amérique*, tome 2, Flammarion, coll. « GF », 1993.

à la nature de l'homme. Cette réalité humaine aurait dû obliger les élus et responsables politiques de tous bords, au contraire, à veiller à ce que cette forme d'insouciance individualiste ne finisse pas par hypothéquer la sérénité de notre société, et encore moins sa paix civile. En cela aussi les élites ont failli, et même lourdement. Malheureusement, beaucoup de ceux qui trustent les hautes fonctions sont incapables de se projeter. Ils sont ignorants de la nature humaine, ou font mine de l'ignorer – pis, ils la tiennent pour quantité négligeable. Chaque fois, il faut attendre que les problèmes se déploient sous leurs yeux en long, en large et en travers, pour susciter de leur part un quelconque intérêt, et encore !

Le courage vient du cœur

En sortant de l'Élysée, c'est au peuple français et à son histoire que je pense. Voilà des années que je m'interroge et cherche à comprendre quel a été le point névralgique, touché, qui l'a, un jour lointain, amené à basculer et verser dans une fureur révolutionnaire extrême. Lorsqu'un peuple se sent abandonné, qu'il a le sentiment d'être méprisé pour ce qu'il est, qu'il est trahi ou peut l'être, et qu'il est de surcroît habité par le sentiment qu'aucun dialogue n'est plus possible, alors plus rien ne peut arrêter la course du rocher s'il se met à dévaler la pente… Le passé se retrouve balayé. Il ne semble plus compter. Seul compte le moment d'après, celui qui est espéré, magnifié. Le navire lève l'ancre. Le peuple largue les amarres sans savoir de quoi ses lendemains seront faits. Peu importe à ses yeux, car ce qui lui semble évident, c'est que ses lendemains ne pourront qu'être meilleurs. Ses bras se tendent, remplis de l'espoir de construire une nouvelle page glorieuse. C'est ignorer les manœuvres et les luttes qui aussitôt surgissent pour récupérer les commandes du navire. C'est oublier aussi tous les cyniques et opportunistes qui savent naviguer dans le chaos et en tirer parti.

Notre époque recèlerait-elle quelque ressemblance avec certaines périodes historiques instables qui l'ont précédée ? Pour l'historien Max Gallo, la cause est entendue : c'est ce qu'il s'est attaché à exprimer lors d'un entretien où il pointe les analogies entre 1789 et 2009 : « Dans un vieux pays comme la France, on n'est jamais prêt à la réforme. Les présidents qui se sont succédé depuis 1981 ont choisi de ne pas réformer et de ne pas affronter la complexité de notre société. En 1774 – et pendant quinze ans –, les élites politiques, avec l'appui du roi et de ministres réformateurs, ont eu conscience de la nécessité de réformer. Mais ce fut impossible[1]. »

Au moment de la Révolution française, la situation n'est toutefois pas la même, les Français d'alors ne se sentaient pas menacés de disparaître en tant que peuple. Aujourd'hui, ils sont habités de cette frayeur d'être un jour relégués au rayon des souvenirs.

Lorsque l'on est simple citoyen et que l'on assiste, depuis l'extérieur du système étatique et politique, à la gestion au quotidien de notre pays, par le récit qui en est fait par les médias, radios, télés, journaux, on s'imagine que ceux qui sont haut dans la hiérarchie le sont nécessairement en raison de leurs capacités et de

1. Saïd Mahrane, « Max Gallo : "Il suffit de quelques jours pour que la barbarie rejaillisse" », *Le Point*, 25 février 2009.

leur niveau de qualification. On pense aussi que ceux qui gravitent dans les cercles du pouvoir sont des gens sérieux, ou à tout le moins qu'ils sont capables de traiter des sujets qui peuvent avoir de graves conséquences sur le long terme. On ne soupçonne pas l'étendue de l'incompétence, de la désinvolture, mais surtout de l'opportunisme règnant parfois dans les hautes sphères. Une chanson décrit à la perfection ce que j'ai pu constater dans l'univers politique, qu'il soit de gauche ou de droite, c'est « L'Opportuniste » de Jacques Dutronc.

Aux yeux de ces acteurs, hommes politiques et conseillers, seul compte le temps présent. La course est à la recherche de l'expression qui fera mouche, de la mesure qui retiendra l'attention, et plus généralement de tout ce qui pourra attirer la lumière sur soi. Peu importe que les actions révèlent un jour leur vacuité, voire leur nocivité pour notre société ! Tout est ramené à de vulgaires exercices de communication, à une heure où l'impératif pour tout un chacun est d'offrir, en toutes circonstances, un visage sympa et confiant. C'est l'égoïsme qui est le moteur des ambitions personnelles et non le courage. Le désintéressement est non seulement peu fréquent, mais peu recommandé : il peut devenir suspect, laissant présager une indépendance d'esprit nuisible à la perpétuation du système. Le cœur reste froid, tragiquement insensible au sort de la France et de son peuple. L'action nécessite un minimum de courage. Or, « le courage vient du cœur, qui est lui-même le lieu de la sensibilité et de la décision[1] ». Si le

1. Renaud Denoix de Saint Marc, « Le courage et l'homme d'État », séance solennelle de rentrée des cinq Académies, Institut de France, 25 octobre 2005.

respect des Français, mais aussi celui des immigrés et de leurs descendants, avaient prévalu, c'est la réalité des défis qui aurait été prise en compte afin de donner quelque chance, sur le moyen et le long terme, à la convivance et à une communauté de destin.

Le comportement des élites européennes qui ont si promptement œuvré à faire tomber les frontières des États, à déconstruire les nations, à défaire les peuples, à les affaiblir pour les soumettre ensuite pieds et poings liés à une dérégulation économique et financière sans foi ni loi, dépasse l'entendement. Face à l'incompréhensible, certains choisissent la facilité ; ils croient en l'existence d'un complot quand d'autres se choisissent des boucs émissaires.

Aujourd'hui encore, malgré la crise, malgré le chômage, malgré la dégradation de la situation pour une part croissante des Français, malgré un vivre-ensemble qui se révèle de plus en plus chaotique, l'immigration demeure un angle mort. Il est interdit d'évoquer une quelconque incidence possible de l'immigration sur, entre autres, les comptes de l'État ou les chiffres du chômage. Nos politiques agissent comme s'il ne pouvait y avoir de conséquence à faire entrer ou à laisser entrer, sur un territoire donné, un flot de migrants issus de milieux sociaux nettement inférieurs à celui des résidents de ce territoire, qui plus est porteurs d'un modèle culturel de société radicalement différent.

Chacun sait, ne serait-ce qu'au travers de ses propres expériences, qu'elles soient d'ordre familial ou professionnel, ou même des leçons de l'Histoire, que l'exigence de justice croît à mesure que les biens à répartir se raréfient et que, dans une telle situation, l'absence de sentiment partagé de justice fait peser une menace directe sur la cohésion, que ce soit celle d'une équipe, d'un groupe ou même d'un peuple. C'est exactement la situation dans laquelle nous nous trouvons. Aujourd'hui bien plus qu'hier, les citoyens se sentent concernés, visés, dans leur vie quotidienne.

Deux transformations peuvent venir bouleverser l'adhésion à l'idée de solidarité : la non-reconnaissance de l'Autre comme un semblable – c'est ce qui se joue à travers l'assimilation des migrants et de leurs descendants –, et le rétrécissement substantiel des biens à répartir. Si les deux viennent à se conjuguer, alors le cocktail, tôt ou tard, deviendra explosif. Comme le souligne l'historien et sociologue Pierre Rosanvallon, « en son essence, l'appartenance à la cité est indissociable d'un pacte moral. La vie commune repose sur l'adoption d'une arithmétique simple : les obligations de la collectivité envers chacun de ses membres sont la contrepartie de ceux-ci. C'est parce que les citoyens sont prêts à mourir pour la patrie que celle-ci a une dette à leur égard[1] ». La solidarité nationale pose donc bien, à son fondement, celle des devoirs de tout citoyen envers la cité.

Nous nous acheminons vers cette situation où l'idée même de solidarité nationale, donc de l'impôt et de la cotisation sociale, sera rejetée. Son idée a été dévoyée et son fondement profondément ébranlé. La décomposition française est déjà amorcée.

---

1. Pierre Rosanvallon, *La Nouvelle Question sociale. Repenser l'État-providence*, Le Seuil, 1995.

3.

Les vingt jours qui ébranlèrent nos consciences

Jusqu'aux émeutes de 2005, et comme la plupart des Français, je vivais ma vie au jour le jour, sans m'inquiéter du destin de la France et du devenir de son peuple. Ingénieur, j'avais travaillé dans le monde de l'électronique de défense. J'évoluais dans une confortable et appréciable bulle de confiance. Dans mon esprit, la France était éternelle. La question de sa survie ne m'effleurait pas. Il était évident à mes yeux que ceux qui nous gouvernent veillaient sur elle, veillaient sur nous. Nous pouvions nous en remettre à eux, même si la manière dont ils nous représentaient était insatisfaisante. Tout ce qu'il m'a été donné de voir, d'entendre et de lire depuis que je suis entrée, incidemment, dans la sphère politique et intellectuelle a fini par avoir raison de cette conviction.

En 2005, mon lien de confiance avec les élites existait encore. Quiconque serait venu me dire ce que j'ai découvert par la suite n'aurait pu recueillir le moindre intérêt de ma part. Je ne l'aurais pas cru. Comme beaucoup de Français, pour croire, j'avais besoin de voir. C'est une caractéristique de nos démocraties et c'est l'une des conséquences de l'égalitarisme prédit par Alexis de Tocqueville. Sans jamais avoir étudié sérieusement une question, chacun pense détenir la réponse et reste convaincu que son jugement est fondé, quand bien même son opinion ne reposerait que sur peu de chose, parfois même sur le vide. D'une seule observation, d'un seul fait, le plus souvent tirés d'une expérience privée, chacun pense pouvoir déduire une loi générale. Les micros-trottoirs, dans la rue ou en ligne, abondamment utilisés par les médias, en sont la meilleure illustration. Mais, après tout, parmi ceux qui nous étaient présentés comme des experts se trouvaient tant d'idéologues ou d'opportunistes qui nous ont conduits là où nous sommes !

Vingt jours d'émeutes urbaines

L'année 2005 constitue un véritable choc. Jusqu'alors, des troubles éclataient sporadiquement – cela avait démarré dès les années 1980 –, mais ils restaient circonscrits à un seul quartier ou presque. Or, en 2005, la mort de deux jeunes qui s'étaient réfugiés dans un transformateur électrique pour échapper à un contrôle de police va déclencher l'embrasement de ce qu'il est convenu d'appeler les « banlieues ». Rapidement, la violence se propage à travers tout le pays. Pas moins de 300 communes sont secouées par les violences. Postés derrière leurs écrans, les Français deviennent spectateurs d'un film terrifiant qui va durer trois semaines : « Le bilan matériel des émeutes s'avère considérable : près de 10 000 véhicules ont été incendiés par les émeutiers du 27 octobre au 17 novembre 2005 et plus de 230 bâtiments publics ont été dégradés ou brûlés.

En outre, près de 3 000 personnes ont été interpellées, dont plus d'un tiers est des mineurs, tandis que plus de 200 membres des forces de l'ordre ont, selon le ministère de l'Intérieur, été blessés[1]. »

Comme le dit alors Claude Dilain, maire de la commune de Clichy-sous-Bois, point de départ des émeutes : « Hélas ! La France entière nous regarde. » Il n'y a d'ailleurs pas que la France qui regarde. Partout à travers le monde, la presse aussi bien écrite que télévisuelle couvre ces émeutes.

Rien n'a été épargné, pas même les écoles maternelles. La France entière découvre avec *stupeur et tremblements* l'existence, sur son sol, d'une jeunesse capable de la haïr au point d'aller jusqu'à incendier des écoles ainsi que des équipements sportifs et culturels qui ont été construits par la République à leur attention, ou à celle de leurs petits frères et sœurs.

Il y avait bien eu auparavant, dans certains quartiers, des phénomènes d'affrontement avec les forces de l'ordre, mais c'étaient des flambées ponctuelles, une nuit, maximum deux, et circonscrites. Sans propagation d'un coin à l'autre du pays.

Ces émeutes, c'est notre traumatisme national à nous, Français. 2005 a sonné le glas de l'espoir d'une intégration culturelle massive des immigrés et de leurs descendants, et, avec lui, celui de pouvoir tous former un même peuple. C'est à ce moment-là que la véritable cassure s'est produite, et non avec les attentats de janvier 2015, comme la propagande l'a proclamé. Ceux qui font de 2015 le début du grand malaise

1. INA, « Les émeutes dans les banlieues françaises en 2005 », 17 novembre 2005.

s'arrangent avec l'histoire, par pur intérêt. Ils veulent cacher le fait qu'ils savaient depuis longtemps que notre société était vulnérable et profondément déstabilisée. Ils tablent sur la mémoire courte.

C'est en 2005 que le voile se déchire. Les Français réalisent brutalement que le problème de fond n'est pas d'ordre matériel. C'est pourtant cette explication qui est retenue, puis propagée et assenée aux Français par l'ensemble de la classe politique, intellectuelle et médiatique, alors même que part en fumée, sous leurs yeux, la justification de toute la politique de la ville conduite depuis le début des années 1980.

Le journal de 20 heures de France 2 présenté le 11 novembre 2005, soit près de deux semaines après leur déclenchement, par la journaliste Béatrice Schönberg, est consacré en grande partie aux émeutes. Sous-titré par un bandeau qui annonce « Banlieues, les voix de la raison », elle ouvre une séquence du journal télévisé en évoquant des défilés d'associations de banlieue, et les imams : « Ailleurs, dans les mosquées, les imams calment les esprits et ouvrent le dialogue. » Dans l'un des reportages, la voix off du journaliste rapporte que « tous [les habitants] soulignent le rôle de la mosquée. Installée depuis un an, elle a permis d'apaiser un quartier qu'on disait agité. Aubervilliers a ainsi relativement été épargnée par les violences des quinze derniers jours ». Ce qui est intéressant de rappeler, c'est qu'au même moment la presse évoque, par ailleurs, l'échec des appels au calme du sommet de la hiérarchie de l'État, qu'ils émanent du Premier ministre Dominique de Villepin, ou même du président de la République Jacques Chirac.

Assurer la sécurité est la première mission de l'État. C'est même la raison première pour laquelle les individus acceptent de sacrifier une part de leur liberté. En échange, ils attendent que l'État les protège et protège leurs biens. Lors des émeutes de 2005, ce qui est apparu en plein jour, c'est que l'État ne parvenait plus à remplir sa mission première. Dans le même temps, le signal qui a été envoyé à tous ceux qui testent la République, c'est qu'elle est vulnérable. Dans de telles situations, adresser un tel signal n'est jamais de bon augure.

Dans ce même journal télévisé, après plusieurs séquences dont l'une est le témoignage très posé d'un jeune homme d'origine extra-européenne qui « demande aussi aux parents musulmans qu'ils soient conscients et responsables », parce que, dit-il, « c'est l'avenir de leurs enfants, et s'il y a un gâchis, c'est le gâchis de leurs enfants », Béatrice Schönberg conclut avec un propos totalement déconnecté du contenu de son propre journal : « La question de l'emploi est au centre du désarroi et de l'inquiétude de nombreux jeunes qui vivent dans les banlieues, souvent victimes de la discrimination. » Ce qui lui permet d'enchaîner ensuite avec une séquence qui fait loupe sur le groupe Carrefour et sa politique de recrutement : « Voyez cet exemple qui devrait être suivi par d'autres », nous dit-t-elle. « À Aulnay-sous-Bois, dans le magasin Carrefour, la moitié des employés est issue de l'immigration, et près d'un tiers chez les cadres. Une diversité qui s'explique par le recrutement dans des quartiers environnants et par la politique de promotion interne dans l'entreprise. » Quelques jours plus tard, dans ce même journal, ce seront les conventions ZEP de Richard Descoing qui seront citées et mises en valeur. Dès 2001, le directeur de Sciences Po Paris avait introduit la discrimination positive dans son école, au travers de la création d'une filière d'accès pour les élèves issus de ces zones d'éducation prioritaire. La classe politique applaudissait ce qui n'était rien d'autre qu'un enterrement en grande pompe de l'Égalité républicaine. En 2005, cela est encore présenté, à l'opinion publique, comme la mesure miracle qui entraînerait la disparition à terme des problèmes d'intégration !

La vérité se trouve ailleurs

La veille du journal de Béatrice Schönberg, soit le 10 novembre 2010, Xavier Lemoine, maire de Montfermeil, commune de la Seine-Saint-Denis secouée par ces émeutes urbaines, apporte son éclairage au micro de RFI : « Le véritable enjeu est d'ordre culturel [...]. Il y a un moment ou un autre où il faudra bien ajuster nos politiques d'immigration aux capacités réelles de notre pays à pouvoir accueillir, loger, former et apporter un travail susceptible d'être accessible à ces populations. Nous sommes dans un hiatus complet, dans une hypocrisie complète, et je pense que les vraies questions sont à poser. Nous avons des populations qui refusent le modèle français. Il faut avoir le courage de le dire. Ils sont une minorité, une minorité agissante, qui tient en otages bon nombre de nos quartiers. Bon nombre de familles tiennent à une chose, c'est à vivre tranquillement, éduquer tranquillement leurs enfants, mais d'autres personnes exercent des pressions très, très fortes pour qu'il en soit autrement. » Lors de ces émeutes, très peu d'hommes et de femmes politiques de l'échelon national se déplacent sur le terrain. Ils craignent manifestement de s'y rendre.

Je me souviens qu'il arrivait à Dominique de Villepin, après avoir quitté Matignon, donc deux ans après ces émeutes, de reprocher, d'une certaine façon, à Nicolas Sarkozy de ne pas pouvoir s'y rendre. Je lui faisais alors remarquer qu'il n'y avait pas là matière à se réjouir, bien au contraire, puisque cette quasi-impossibilité faite au président de la République qu'il était alors témoignait du fait que certains territoires semblaient perdus pour la République, et que si cela était, alors ce serait gravissime. En juin 2010, à l'occasion d'un déplacement, il évoque de nouveau cette situation, la mettant une nouvelle fois au passif de la classe politique : « Je regrette que trop d'hommes politiques parlent des banlieues sans jamais y venir ou alors derrière des camions de CRS[1]. » Il ne se rendait manifestement pas compte que ses paroles confortaient par ailleurs les craintes de non-respect de l'ordre républicain qui pouvaient se manifester à l'égard d'une partie des « banlieues ».

Contrairement à ce qui a été exposé à l'époque, l'embrasement des banlieues en 2005 n'a pas pour origine la mort des deux jeunes dans le transformateur, mais, comme le révèle l'enquête de terrain menée par Gilles Kepel[2], un tout autre fait : « C'est un événement moins connu, le “gazage de la mosquée Bilal” trois jours plus tard, qui relança le feu couvant sous la cendre et embrasa le pays. » Gilles Kepel fait référence à une grenade lacrymogène qui a été « tirée par la police à proximité de cette mosquée ». Ce fait se

1. Quartier du Val-Fourré, département des Yvelines, 2 juin 2010.

2. Gilles Kepel, *Banlieue de la République. Société, politique et religion à Clichy-sous-Bois et Montfermeil*, Gallimard, 2012.

produit pendant le mois du ramadan. La grenade n'a pas été tirée intentionnellement, et les policiers ne savaient pas que le lieu en question était un lieu de culte. Il présentait l'aspect extérieur d'un entrepôt. Gilles Kepel poursuit : c'est ce qui a fait « basculer la génération des "darons" [parents] du côté des jeunes, en commençant par les villes voisines du 93 peuplées de populations de mêmes origines locales, puis se propageant dans tous les "quartiers sensibles" ». Le terme de « gazage » correspond à celui qui a été propagé sur le terrain. Ce qui a embrasé la France, c'était le sentiment d'une partie de ces populations de l'existence d'un « mépris de l'État pour les musulmans à qui il avait déclaré une manière de guerre ravivant les souvenirs de l'Algérie ». Gilles Kepel poursuit son récit : « Ils nous ont aussi décrit comment le temps du ramadan rythmait les échauffourées, le caillassage des CRS commençant comme un rituel de lapidation chaque soir après le repas d'*iftar* rompant le jeûne diurne, pendant que les parents partaient prier à la mosquée. »

À l'époque, c'est l'inconsistance des explications développées par les politiques, les journalistes, les commentateurs et autres experts en tous genres qui me frappe. Ils m'apparaissent totalement hors sujet. Un torrent de balivernes se déverse sur les Français. Me saute à la figure que la France a été entraînée dans une situation des plus dangereuses. Un sursaut s'impose, il est peut-être encore temps – je le pensais. Oui, il était encore temps de maîtriser la situation, et ce, dans l'intérêt de tous, Français de souche comme descendants d'immigrés. C'est là que je décide d'entrer en contact avec le cabinet du Premier ministre de l'époque, Dominique de Villepin. Notre pays est un pays ouvert, accueillant et formidable à bien des égards. Il est aisé, à quiconque souhaite accéder aux lieux de pouvoir et de décision de l'État, jusqu'à son sommet, d'y parvenir. Et ce, pour le meilleur, mais aussi, bien malheureusement, pour le pire, quand ce sont des personnalités qui viennent exercer leur influence néfaste...

Le mythe de la France black-blanc-beur

Avant les émeutes de 2005, nous avions déjà connu deux fortes alertes : l'élection présidentielle de 2002, qui avait vu l'élimination du candidat socialiste au profit du candidat du Front national, et auparavant, en 1998, la victoire à la Coupe du monde de football de l'équipe de France. C'est cette victoire qui a permis aux politiques de réarmer leur machine à leurrer le peuple. S'il n'y avait pas eu cette victoire, le peuple n'aurait pu continuer de croire longtemps au conte de fées d'une intégration qui s'accomplissait finalement au travers du visage souriant d'un Zinedine Zidane projeté sur l'Arc de Triomphe de la place de l'Étoile. À l'époque, c'est déjà la République et son modèle d'intégration qui fait fi des origines que le président Jacques Chirac enterre sous des tonnerres d'applaudissements, en racialisant le propos : « On a beaucoup parlé d'intégration, du visage moderne de notre pays offert par cette équipe d'exception. On a eu raison. Bien sûr, tous les problèmes n'ont pas disparu soudainement, et l'intégration est toujours à réinventer. Mais je voudrais dire à tous les jeunes qui se reconnaissent dans cette équipe tricolore et multicolore que chacun, à sa place, est dépositaire d'un peu de la fierté de la France[1]. » Alain Peyrefitte, aussi, célèbre la France multiraciale : « Cette leçon d'unité mérite qu'on s'y attarde. Le forézien Jacquet, le kabyle Zidane, le breton Guivarc'h, le guadeloupéen Thuram, le pyrénéen Barthez, le canaque Karembeu, le basque Lizarazu, l'africain Desailly, l'arménien Djorkaeff, l'alésien Blanc… La France est multiraciale, et elle le restera. C'est une évidence[2]. »

La victoire de l'équipe de France au Mondial de foot, en 1998, a constitué un grand malheur pour le peuple français. Elle a en effet donné à nos élites, de manière générale, la possibilité de répandre le mythe d'une « nation arc-en-ciel » à la française, fraternelle et pacifiée. C'est cette image qui nous a empêchés de regarder en face la réalité des problèmes tant qu'il était encore temps de les affronter et de les résoudre pour permettre au plus grand nombre de vivre ensemble.

En 1998, beaucoup de Français croyaient encore en la possibilité de l'avènement d'une France arc-en-ciel apaisée. Le 12 juillet 1998 au soir, avec son raz-de-marée émotionnel à travers toute la France, dont l'avenue des Champs-Élysées (un million et demi de personnes massées sur l'avenue, soit le plus grand rassemblement depuis la Libération), constitue la dernière note d'espoir à laquelle les Français ont voulu se raccrocher. Une illusion.

1. « Vie publique », tribune de M. Jacques Chirac, président de la République, dans *Paris-Match* du 23 juillet 1998, sur la victoire de la France, remportant la Coupe du monde de football et sur l'accueil par les Français des supporters du monde entier.

2. Alain Peyrefitte, « Une leçon », *Le Figaro*, 13 juillet 1998.

Qu'elle était belle, la France black-blanc-beur réunie sous le sceau de la fraternité ! Sauf que cette France-là n'existait pas, pas plus qu'elle n'existe aujourd'hui, pas plus d'ailleurs que n'existe une fraternité universelle qui lierait les hommes. Les socles de valeurs fondamentales des peuples ne se confondent pas. La fraternité reste à construire. Elle n'est ni naturelle, ni spontanée. Ceux qui taisent cette vérité ou, pire, mentent à l'opinion publique alors même qu'ils connaissent la vérité, portent une écrasante responsabilité, car ils empêchent les hommes de regarder en face leurs démons. Ils nuisent de ce fait à la construction des bases de la convivance. Il y a ceux qui mentent sur la fraternité dans l'espoir légitime de la voir éclore, à la manière de la prophétie auto-réalisatrice de Coué, et il y a ceux qui tirent bénéfice du mensonge. Tous participent, chacun à sa manière et avec des mobiles différents, à l'intoxication des masses pour les empêcher de prendre la mesure des défis qui restent à relever. La prise de conscience constitue l'une des premières étapes du sursaut collectif, et c'est bien pour cela qu'elle se trouve d'autant plus facilement entravée que l'opinion publique a envie de gober tous les mensonges possibles pour peu qu'ils lui permettent de continuer de se divertir et de remiser au placard l'exercice de sa responsabilité citoyenne. C'est tous ensemble, quelles que soient nos origines, que nous devons nous atteler à relever ce défi, qui n'est autre que celui du maintien de la cohésion nationale, car la puissance « jaillit parmi les hommes lorsqu'ils agissent ensemble, et retombe dès qu'ils se dispersent », comme l'a si bien dit Hannah Arendt.

Non seulement un temps précieux a été perdu, mais, pendant ces années, la situation a continué de se dégrader et la France de se décomposer. Il ne tenait qu'aux politiques qui étaient alors en charge de l'État, à commencer par Jacques Chirac et son Premier ministre de cohabitation Lionel Jospin, de dire la vérité aux Français, de les prendre à témoin, et surtout, de cesser de communautariser la France. La communautarisation s'est faite par le renvoi de chacun à ses origines culturelles ou encore par l'assignation à des « races », accompagnés par la montée en puissance de la prise en considération des spécificités de chacun. C'est cette communautarisation qui était déjà des plus préoccupantes pour la stabilité intérieure et l'avenir de notre démocratie.

Une France déjà ethno-racialisée

Il a fallu attendre la Coupe du monde de 2010 et le comportement inqualifiable de joueurs de l'équipe de France pour que les langues se délient et évoquent des aspects passés sous silence de la fameuse équipe de 1998, celle qui incarnait, selon les politiques, une France black-blanc-beur placée sous le sceau de la fraternité. Au micro de RTL, Christophe Dugarry révèle alors que, le fameux soir de 1998 où la France est sacrée championne du monde, alors que les joueurs prennent des photos dans les vestiaires, Lilian Thuram lance : « Allez les Blacks, venez, on va faire une photo tous ensemble ! » Imaginez qu'un joueur blanc eût tracé une frontière en lançant un « Allez les Blancs, venez, on va faire une photo tous ensemble ! » Que n'aurait-on entendu, et à juste titre !

À propos de l'équipe française de 2010, en Afrique du Sud, pour la Coupe du monde, on apprendra par la suite qu'il y régnait une absence totale de cohésion, que des regroupements se pratiquaient sur la base de l'ethnie d'origine ; qu'une forme de dictature était exercée par quelques joueurs qui avaient réussi à imposer à l'ensemble de l'équipe un certain nombre de contraintes, y compris d'ordre alimentaire et sanitaire.

Dans la même veine que les propos de Lilian Thuram, voici ceux tenus par Rama Yade, enregistrés par le Bondy Blog le 30 janvier 2008, alors qu'elle participe au dîner du Conseil représentatif des associations noires (CRAN) : « Moi, je ne demande pas qu'on me soutienne. Tous les Noirs ne sont pas à droite ou ne sont pas à gauche. Après tout, les Blancs votent à gauche, à droite. Pourquoi, nous, nous devrions tous voter dans le même sens ? » Pour mémoire, Rama Yade occupe alors le poste de secrétaire d'État auprès du ministre des Affaires étrangères, chargée des Affaires étrangères et des Droits de l'homme. Elle poursuit : « Sarkozy avait 50 % de chances. Qu'est-ce qu'on fait s'il gagne ? Et en plus il a gagné. Qu'est-ce qu'on fait ? C'est fini pour les Noirs[1] ? »

Le CRAN a été créé en novembre 2005, alors que la France était encore sous le choc des émeutes de banlieues qui avaient pris fin une dizaine de jours plus tôt. En autorisant la création d'une fédération d'associations qui se place sous le signe de la couleur de peau, surfant ainsi, qu'elles le veuillent ou non, sur les théories désastreuses qui scindent l'humanité en races, les élites de commandement démontrent leur incapacité

1. Vincent Glad, « Rama Yade, secrétaire d'État aux Droits de l'homme… à se tromper », *20 minutes*, 7 avril 2008.

d'anticipation et nous entraînent dans une spirale de division et de haine. Christiane Taubira, alors députée, est présente lors de la création de cette « Fédération des associations noires de France ». Comme le rapporte *Le Monde*, elle s'y « félicite de l'initiative, qui "amplifie et rend plus crédible l'expression des associations" ». Pour preuve qu'elle a pleine conscience de la dangerosité de l'affaire, elle « met cependant en garde contre certains "dangers" : "C'est un sujet sur lequel il faut être à la fois audacieux et prudent, car il peut nous revenir en boomerang. Et il ne faut pas contribuer à des segmentations[1]." » Nous y sommes.

Les premiers états généraux du CRAN se tiennent le 28 avril 2006 à Paris. *Le Monde* note que « des organisations politiques de tous bords, du PCF à l'UMP, ont répondu à l'invitation du Conseil représentatif des associations noires ». Parmi les personnalités politiques présentes, Patrick Devedjian, conseiller politique de Nicolas Sarkozy, et Roselyne Bachelot, secrétaire générale adjointe de l'UMP. Patrick Devedjian dit voir dans le CRAN « l'espoir d'un très puissant instrument d'intégration et d'amélioration de la situation des Noirs » et estime qu'il convient de « trouver un terme plus heureux que celui de "discrimination positive" », précisant à ses interlocuteurs : « Nous sommes d'accord sur le fond. Il n'y a plus que l'expression à travailler. » Quant à Roselyne Bachelot, elle rappelle qu'elle est « une fervente apôtre de la discrimination positive », qu'il est nécessaire que « l'espace politique se réapproprie la question noire, par exemple en rendant

1. Laetitia Van Eeckhout, « Des associations noires créent une fédération », *Le Monde*, 25 novembre 2005.

visible la représentation noire dans la représentation nationale », et que « la discrimination positive est au cœur de l'engagement de Nicolas Sarkozy ».

Les seconds états généraux du CRAN se tiennent à Paris en avril 2007. Dominique Strauss-Kahn y est présent. Selon *Le Monde*, il « s'est prononcé, hors tribune, en faveur de "statistiques de la diversité" pour mieux évaluer les discriminations pesant notamment sur les minorités visibles ».

Toutes nos élites se rejoignent pour tourner le dos à la République indivisible. C'est ainsi que François Bayrou, président du Modem, déclare en février 2012, au cours de sa campagne présidentielle, qu'il est favorable aux « enquêtes sur la diversité », qui sont interdites en France. Il prétend ainsi pouvoir mieux évaluer l'efficacité de la politique de lutte contre toutes les discriminations qu'il souhaite, dit-il, mener s'il est élu président de la République.

Un grand nombre de personnalités politiques issues de l'immigration militent ou ont milité au sein du Club XXIe Siècle fondé en 2004. La vocation de ce club est « de démontrer que la Diversité est une source de richesse pour la France. De nombreuses actions sont ainsi menées pour promouvoir la diversité et rétablir l'égalité des chances de tous les citoyens français, quelle que soit leur origine sociale ou ethno-culturelle ». C'est un cercle qui exerce une très grande influence au sein du monde politique et des entreprises. La plupart des leaders de premier plan ont contribué à lui frayer un chemin et à asseoir son pouvoir. Son but, favoriser le recrutement à haut niveau de personnes issues de l'immigration, a toujours été clairement affiché. Que dirait-on si, demain, des « Français de souche » créaient un club similaire, qui se fixerait pour objectif de favoriser le recrutement à haut niveau de « Français de souche » ?

Si 2002 avait lieu aujourd'hui, à savoir la présence du Front national au second tour de l'élection présidentielle, les Français ne descendraient plus en masse pour faire barrage, comme ils l'avaient fait pour contrer Jean-Marie Le Pen. Les longs cortèges de 2002 attestent du fait que les Français croyaient encore à l'époque en la capacité des élites politiques de gouvernement à agir. Quelle que soit leur identité, les êtres humains n'agissent pas dans l'absolu, mais relativement à un contexte. Aujourd'hui, les Français sont bien plus effrayés par le spectacle de la décomposition de leur pays, auquel ils assistent bâillonnés, pieds et poings liés, que par l'éventualité de l'accession au pouvoir d'un parti avec lequel ils sauteraient dans le vide.

Voilà plus de trente ans que le peuple relance régulièrement le balancier politique qui lui permet d'utiliser tour à tour l'un pour chasser l'autre. Désormais, une part croissante des électeurs cherche à utiliser le vote Front national pour dégager ceux qui ont été partie prenante de la décomposition française et qui n'ont toujours pas reconnu leurs erreurs. Sur quelle base le peuple pourrait-il espérer un changement d'orientation s'il n'y a pas eu d'inventaire ?

Au fil du temps, nos élites politiques se sont mises à s'adresser avec une insistance croissante à des « communautés ». Il fut pourtant un temps où les populations de l'immigration ne se vivaient pas dans le champ public, comme c'est à présent de plus en plus le cas, en communautés particulières. En procédant de la sorte, les politiques ont largement participé à asseoir le pouvoir de tous ceux qui avaient un intérêt (électoral ou idéologique) à voir se former des communautés ethno-culturelles sur le sol français. Ce fut une erreur monumentale, car ce mouvement a considérablement entravé le processus d'intégration culturelle.

Plus l'assimilation devenait difficile, en raison même de la distance culturelle à franchir par le migrant et ses descendants, plus les élites se sont employées à entraver le processus d'intégration par le biais d'accommodements qui permettaient de déroger à la règle commune. Et elles continuent encore aujourd'hui.

Pour beaucoup, il semble confortable de placer les immigrés et leurs descendants en haut de l'échelle des responsables de la situation de la France. C'est une facilité. La vérité, et je comprends qu'elle puisse être difficile à encaisser, c'est que les Français ont été trahis par des « Français de souche », qui plus est par ceux qui avaient pour mission de les protéger et surtout de préserver leur patrimoine culturel, noyau de leur identité. S'il y a désormais menace d'introduction d'une discontinuité sur le plan de leur histoire en tant que peuple, la faute originelle n'en incombe pas à l'immigration. Pourquoi se soumettre aux contraintes culturelles inhérentes à tout processus d'insertion – sans même évoquer celui de l'assimilation, qui est bien plus bouleversant sur le plan moral et affectif – si vous en êtes d'emblée dispensé ? On ne peut tenir l'immigration responsable d'avoir simplement tiré avantage d'une situation qui lui a été faite par une grande partie des élites politiques, intellectuelles et médiatiques.

Il suffit de se replonger quelques décennies en arrière pour comprendre que nos politiques en savaient déjà beaucoup sur la nature et l'ampleur des défis. Georges Marchais, qui occupe alors les fonctions de secrétaire général du Parti communiste français, avait publié une lettre ouverte, adressée à Hamza Boubakeur, recteur de la Mosquée de Paris, le 6 janvier 1981 dans le journal *L'Humanité* :

« En raison de la présence en France de près de quatre millions et demi de travailleurs immigrés et de membres de leurs familles, la poursuite de l'immigration pose aujourd'hui de graves problèmes. Il faut les regarder en face et prendre rapidement les mesures indispensables. La cote d'alerte est atteinte... C'est pourquoi nous disons : il faut arrêter l'immigration, sous peine de jeter de nouveaux travailleurs au chômage. Je précise bien : il faut stopper l'immigration officielle et clandestine. Il faut résoudre l'important problème posé dans la vie locale française par l'immigration. Se trouvent entassés dans ce qu'il faut bien appeler des ghettos des travailleurs et des familles aux traditions, aux langues, aux façons de vivre différentes. Cela crée des tensions, et parfois des heurts entre immigrés des divers pays. Cela rend difficiles leurs relations avec les Français ; la crise du logement s'aggrave ; les HLM font cruellement défaut, et de nombreuses familles françaises ne peuvent y accéder. Les charges d'aide sociale nécessaires pour les familles immigrées, plongées dans la misère, deviennent insupportables pour les budgets des communes. »

Quand Georges Marchais publie cette lettre, le mandat présidentiel de Valéry Giscard d'Estaing, qui a eu successivement Jacques Chirac et Raymond Barre comme Premiers ministres, tire à sa fin. Le premier choc pétrolier a eu lieu en 1971 ; la période de forte croissance économique qualifiée de Trente Glorieuses s'achève ; l'arrêt de l'immigration de travail est décidé en 1973 et le regroupement familial est institué en 1976 par le Premier ministre d'alors, Jacques Chirac. Cette lettre, sous forme de tribune, est sous-titrée : « La politique du pouvoir et du patronat est contraire tant aux intérêts des travailleurs immigrés et de la plupart de leurs nations qu'aux intérêts des travailleurs français. »

Nos élites politiques, et toutes celles qui participent à la formation de l'opinion, à savoir la presse, la communauté universitaire et le monde du spectacle, ont joué aux apprentis sorciers aux dépens de l'ensemble de notre société. Et ce sont les mêmes – c'est-à-dire une classe politique formée sous la longue ère Mitterrand-Chirac – qui, après avoir appuyé et développé la « coloration » du débat public, ont laissé se créer des associations qui se revendiquent comme noires et osent maintenant tomber à bras raccourcis sur la députée Nadine Morano lorsqu'elle évoque la « race blanche », citant des propos du général de Gaulle, qui ne faisait alors qu'observer la réalité historique qui avait été celle de la France.

Aujourd'hui, de plus en plus de Français ont peur. Ils éprouvent le besoin de se raccrocher, comme ils le peuvent, aux branches. Aux uns le christianisme, aux autres la couleur de peau. Ces comportements sont autant de signes de détresse. Ils témoignent de la violence du traumatisme que les tenants du multiculturalisme leur ont fait subir. Au lieu de se draper dans une attitude moralisatrice, il faut impérativement accepter de comprendre ce qui nous arrive et trouver le moyen de tourner au plus vite le dos à tout ce qui nous a éloignés de l'unité nationale sous peine d'assister un jour, impuissants, au déferlement d'un véritable torrent de colère.

4.

Une gauche sectaire, responsable et coupable

> « Que diriez-vous de cet homme qui aurait été fait roi par l'erreur du peuple, s'il venait à oublier tellement sa condition naturelle qu'il s'imaginât que ce royaume lui était dû, qu'il le méritait et qu'il lui appartenait de droit ? Vous admireriez sa sottise et sa folie. Mais y en a-t-il moins dans les personnes de condition qui vivent dans un si étrange oubli de leur état naturel ? »
>
> Blaise PASCAL,
> *Discours sur la condition des Grands.*

En pénétrant dans les coulisses du monde politique et de la haute administration, j'avais dans l'idée, comme beaucoup de citoyens, que les gens de gauche étaient globalement plus « cool », plus ouverts, plus sympas. Ce qui est fascinant et que j'ai découvert avec grande surprise, au fil de mes observations et au fur et à mesure de mes échanges, aussi bien avec des gens de droite que de gauche, c'est que l'opinion publique s'est construit une image très éloignée de la réalité. De ce fait, la gauche a longtemps été créditée d'une image d'ouverture, de liberté, alors qu'elle est fermée et sectaire. La droite, qui est moins sectaire que la gauche et nettement plus ouverte à la contestation de ses idées politiques, est créditée d'une image fermée et plutôt autoritaire. Comme chacun sait, l'autorité a longtemps été rejetée par nos concitoyens. Cette perception de l'autorité évolue à présent, et cela est étroitement corrélé à la décomposition de notre pays, que les Français ressentent de plus en plus fortement. La demande d'autorité traduit un besoin croissant de protection et témoigne de l'espoir d'une reprise en main qui éviterait le basculement dans le chaos.

La différence la plus significative entre la droite et la gauche dans l'exercice du pouvoir, c'est le degré de sectarisme. Ceux qui sont habités de la conviction d'être de gauche se vivent comme des gens à part, supérieurs, qui ont, par essence, raison sur les autres. C'est pourquoi il leur est difficile d'exercer un véritable esprit critique.

La droite avance souvent ses pions à découvert, et il est alors possible de l'affronter lorsque cela s'avère nécessaire pour défendre la République. La gauche préfère emprunter une tout autre approche. Les gens de gauche, pendant longtemps, ont eu plutôt tendance à avancer leurs pions en douce, le sourire aux lèvres, le catéchisme des belles valeurs en bandoulière, des valeurs nobles, celles qui ne coûtent pas grand-chose sur le plan personnel, mais peuvent rapporter gros quand elles sont brandies, affichées, mises en scène. Notre société de l'image est avide de bons sentiments et de belles histoires, il faut produire de la légende.

La difficulté à déjouer les attaques menées contre la République se trouve augmentée du fait que les gens de gauche, qui se présentent comme républicains depuis quelques années et sont d'ailleurs identifiés comme tels par l'opinion publique – quand bien même ils œuvrent contre les principes républicains –, sont en réalité d'abord de gauche, c'est-à-dire qu'ils adhèrent d'abord et avant tout à un ensemble d'idées, avant d'être républicains. Ils préféraient se dire démocrates auparavant. C'est pourquoi il a été si difficile de lutter contre l'avancée de leur rouleau compresseur idéologique, qui a abouti à la mise à terre, l'un après l'autre, des principes républicains.

Qu'ils soient intellectuels, politiques, syndicalistes, journalistes ou encore artistes, ils sont habités par l'esprit de corps. Impossible de les dissocier, même dans l'erreur. Cela signifie, concrètement, qu'il est bien plus difficile de contrer une attaque en règle des principes républicains si elle est menée par quelqu'un de gauche, que si elle a été menée par quelqu'un de droite, car ils se fédèrent spontanément et se lèvent tous ensemble, soit pour maquiller l'infamie, soit pour la passer sous silence, soit pour allumer des contre-feux. Ils se protègent entre eux, en toutes circonstances, y compris sur le dos de la République, qu'ils jurent pourtant maintenant défendre, la main sur le cœur. Nous l'avons vu, entre autres, avec le principe d'égalité, qui a été laminé par l'introduction de la discrimination positive par les socialistes – circulaire du 1er juillet 1981 portant création des zones d'éducation prioritaires –, ainsi que pour tout ce qui concerne la laïcité, et ce, depuis la première affaire du voile (Creil, 1989) ; la conversion à une mondialisation qui abolit les frontières, met les hommes en concurrence et pousse à la flexibilité du travail (le directeur général de l'OMC était d'ailleurs un socialiste français) ; la défense du projet d'une Europe organisée comme un marché, un espace de libre circulation des flux financiers, des marchandises et des personnes.

Le problème, et il est de taille, c'est que les gens de gauche se trouvent très fortement représentés dans les milieux artistiques, créatifs, intellectuels, enseignants, et de la recherche, qui exercent une influence sur l'opinion publique, y compris par le biais de la formation des jeunes, et dans la haute administration, sans même que les citoyens puissent s'en douter ; c'est un tropisme politique ancien : les gens qui se sentent plutôt de droite s'orientent davantage vers le monde des entreprises privées. Cet état de fait est totalement indépendant de la couleur politique du gouvernement.

Cet esprit sectaire, complètement intériorisé, de la gauche, je l'ai maintes fois vu à l'œuvre, y compris lors de la rédaction de rapports au sein du Haut Conseil à l'intégration. Un jour, alors que nous planchions sur des cas de déstabilisation d'établissements scolaires par le port d'*abaya* – robes longues couvrant tout le corps –, un membre de la direction d'un établissement qui réfléchissait avec nous sur les réponses appropriées à donner à ces provocations, exprima sa crainte que les médias ne soient informés de ce type d'affaire, que le gouvernement s'en saisisse (en l'occurrence, le ministre de l'Intérieur, Claude Guéant, d'autant que des menaces de mort avaient été proférées à l'encontre d'enseignants qui s'étaient dressés pour défendre la laïcité alors même qu'ils étaient abandonnés à leur sort par leur hiérarchie). *In fine*, cela ferait gagner des points à Nicolas Sarkozy, pensait-il. Et il ne le voulait vraiment pas… Il aurait préféré que personne ne sache rien des immenses difficultés auxquelles il était confronté.

Dans les établissements où ces *abaya* sont apparues, il arrivait que la hiérarchie palabre sans fin pour savoir si le vêtement en question avait ou non une connotation religieuse. Pourtant, dans les circuits de commercialisation de cette robe, la manière dont elle y est qualifiée, ne laisse guère place au doute. Ces atermoiements, perçus comme autant de signes de faiblesse, donc comme un encouragement à persévérer, ont largement contribué à accentuer la pression exercée sur les enseignants, ce qui a dégradé le climat des études au sein des établissements concernés.

Alors que des tensions extrêmes perturbaient la vie scolaire d'élèves pris en otages par des individus qui souhaitaient en découdre avec la France et sa République – c'était le constat que nous faisions autour de la table –, la seule chose que trouvait à dire un responsable d'établissement, c'est que faire connaître cette réalité risquait de faire grimper les intentions de vote pour la droite. Sous-entendu : nuire aux intérêts de la gauche ! J'étais sidérée de voir à quel point l'engagement partisan peut prendre possession d'esprits brillants par ailleurs, et en l'occurrence d'honnêtes républicains, pour les amener à préférer sacrifier la République plutôt que de la voir secourue par des concitoyens qui ne partagent pas leur sensibilité politique. Ce jour-là, j'ai compris que la France, si elle était un jour confrontée à de graves troubles civils, courrait le risque de voler en éclats, ou plutôt en mille et une chapelles.

Lorsque la droite était au pouvoir, les membres du HCI, dont moi-même, travaillions sans jamais nous soucier des réactions susceptibles de nous arriver de l'Élysée, de Matignon ou de l'Intérieur. À partir de l'instant où devint crédible l'hypothèse que la gauche accède au pouvoir, cet esprit d'indépendance, avec l'objectivité qui l'accompagne, prit le maquis. Une transformation s'opéra autour de la table. Il devint bien plus difficile de réfléchir sans qu'une forme d'autocensure se mette à rôder. Cela donnait parfois naissance à de véritables crispations, voire à des empoignades verbales. La plupart d'entre nous étaient pourtant très au fait de la réalité du terrain et de l'urgence qu'il y avait à ce que les choses soient dites, et que des décisions politiques soient prises aussi bien par la droite que par la gauche pour tenter de maintenir la concorde civile. Je pense que beaucoup autour de la table étaient sincères. Ils étaient travaillés par la hantise de desservir la gauche ou de l'enchaîner par des recommandations que nous aurions pu émettre et que, une fois revenue au pouvoir à l'échelon national, elle ne pourrait respecter en raison de la composition de son électorat, dont l'immigration constitue une part non négligeable – une part ciblée comme telle dans sa stratégie électorale. Beaucoup se sont trompés, car, la gauche étant cynique, elle ne se serait de toute façon pas sentie tenue le moins du monde par des recommandations qui visaient à défendre la République.

Après l'attentat perpétré contre *Charlie-Hebdo* en janvier 2015, le journaliste et producteur Daniel Leconte, ainsi que l'ancien directeur de la rédaction de l'hebdomadaire satirique, lèvent le voile sur un certain nombre d'éléments extrêmement intéressants se rapportant au procès dit des caricatures de Mahomet.

Dans un entretien[1] avec Élisabeth Lévy, on apprend qu'au moment du procès, qui se déroule les 7 et 8 mars 2007 dans une atmosphère surchauffée, et alors même que les soutiens de François Hollande et de François Bayrou sont accueillis à bras ouverts, celui de Nicolas Sarkozy, qui est pourtant alors chargé des cultes en sa qualité de ministre de l'Intérieur, est refusé par des membres de la rédaction de *Charlie-Hebdo*, qui tentent tour à tour de convaincre d'abord Daniel Leconte puis Philippe Val de ne pas faire mention de cet appui politique dont ils ne veulent pas.

Daniel Leconte : « Quelqu'un de *Charlie* que je ne citerai pas s'exclame : "On ne peut pas accepter le soutien de Nicolas Sarkozy !" Je m'énerve : "Mais vous êtes complètement dingues ! Vous avez le soutien d'un mec qui est probablement le futur président de la République…" Réponse : "Peu importe, c'est Sarkozy ! Il faut absolument dire qu'on ne veut pas de son aide !" »

Philippe Val poursuit : « À la suspension de l'audience, ces personnes m'ont sauté dessus pour me dire : "Il faut refuser absolument cette lettre de Sarkozy !" Et je les ai calmées : tout ce qui venait du camp démocratique était bon à prendre. »

Toujours dans ce même entretien, Philippe Val raconte avoir subi des pressions du pouvoir politique pour le faire renoncer à publier, en France, ces caricatures dues à une douzaine de dessinateurs et parues en septembre 2005 dans un quotidien danois, *Jyllands-Posten.* Ces dessins avaient été une réponse à la demande lancée par un écrivain qui s'était plaint de n'avoir trouvé

1. Daniel Leconte, Philippe Val, « L'humour rend aveugle », propos recueillis par Élisabeth Lévy, *Causeur*, février 2015.

aucun illustrateur pour son livre consacré au Prophète. En février 2006, la veille de la publication des caricatures, Philippe Val avait été « convoqué à Matignon », mais avait refusé d'y aller, envoyant son directeur administratif, car ça ne l'intéressait pas de parler de ça avec Villepin ». Évoquant ensuite le procès intenté à *Charlie-Hebdo* par des associations musulmanes, il raconte que « tout cela [la plainte] n'aurait pas tenu si le président de la République [donc Jacques Chirac] n'avait pas poussé la Mosquée de Paris à attaquer », alors même, nous dit-il, que « le recteur, Dalil Boubakeur, que je connais personnellement, était tout sauf chaud ». Mais il se trouve que Jacques Chirac, « huit jours plus tard, partait en Arabie saoudite pour vendre des Mirage ». Nous voyons là comment des responsables politiques, au lieu de calmer la situation, l'ont envenimée. À l'époque, il était encore possible d'apaiser les esprits, en France, pour y protéger la convivance.

Le sociologue et président du club de réflexion Politique autrement, Jean-Pierre Le Goff, analyse l'inclination de la gauche pour le sectarisme : « La gauche en France, c'était une vision globale. C'est-à-dire [que] vous ne pouvez pas dissocier le vote politique d'une espèce de conception du monde. Pourquoi les gens de gauche ont tellement de mal à être libres, même intellectuellement ? C'est parce que, quand ils réfléchissent sur un problème, [leur vient immédiatement en tête l'objection] : "Mais ma pensée est-elle de gauche ?", ce qui, pour moi, est absolument absurde du point de vue du libéralisme intellectuel..., Mais c'est encore comme ça, malheureusement. Il y a une gauche que j'appelle bête et sectaire, pour laquelle la question de l'identité l'emporte sur la question de la vérité et, malheureusement, c'est ce à quoi j'assiste aujourd'hui[1]. » La question de l'identité, c'est-à-dire leur obsession de leur identité propre, de gauche ; l'adhésion des gens de gauche sans écart aucun avec le corpus idéologique. Cette gauche-là est celle qui s'exprime majoritairement. Cela résume parfaitement ce que j'ai pu observer : l'embrigadement volontaire, sans recul.

De gauche avant tout

Le sectarisme induit un fort esprit communautaire. Le sectarisme trace des lignes infranchissables : il y a les gens de gauche et les gens de droite, pour commencer... Ainsi va la partition du monde. Et rien de ce qui vient de la droite – sous-entendue « française », n'est recevable. On ne parle pas à ces gens-là. De toute façon, ils ont tort, etc. Ce sont ces caractéristiques des gens de gauche qui les ont amenés à trouver normal que d'autres puissent être français après d'autres appartenances et même être français en dernier ressort. Cette hiérarchie, c'est celle qu'ils pratiquent eux-mêmes avec leur identité de gauche, et cela n'est certainement pas étranger au fait que la gauche ait très vite versé, sans effort, dans une logique de communautarisation de la société. Bien sûr, je n'extrapole pas cette observation à l'ensemble du peuple dit de gauche, si tant est qu'il existe encore. Pas plus, au demeurant, que n'en existe peut-être un de droite. Catégories socio-professionnelles

1. Jean-Pierre Le Goff, « Comment peut-on être conservateur ? », in « Répliques », émission d'Alain Finkielkraut, France Culture, 25 avril 2015.

protégées mises à part, le clivage gauche-droite s'est largement estompé sur les sujets jugés cruciaux par les citoyens, et c'est le cas depuis bien longtemps au sujet de l'immigration, comme en témoigne une analyse datée de 1997 de l'historien Jacques Julliard, détaillant par le menu le contenu d'un sondage Sofres de 1992 :

« Nulle part le divorce entre le peuple et les élites n'apparaît de façon aussi éclatante qu'à propos de l'immigration… Tout se passe comme si les classes populaires s'exaspéraient de la sollicitude de la gauche intellectuelle, et même de la classe politique tout entière, envers les immigrés et à leur détriment[1] », et poursuivant sur un sondage réalisé en 1996 : « Même le gouvernement Juppé est critiqué pour son action sur l'immigration (55 % contre 35 %, sondage Sofres du 28 au 30 août 1996, pour un groupe de journaux de province). »

Ce que Jean-Pierre Le Goff met aussi en avant dans son analyse, c'est que le goût de la vérité ne semble pas être très haut placé sur l'échelle des valeurs de la gauche. Cela devait vraisemblablement être déjà le cas lorsque Jean Jaurès, devant un parterre de jeunes gens, les exhortait à rechercher la vérité, à la dire et à ne pas « subir la loi du mensonge triomphant qui passe[2] ».

Je ne cherche pas à en déduire que la droite, aux commandes de l'État, a été nettement meilleure que la gauche sur les sujets sur lesquels j'ai eu à travailler. J'ai pu pleinement mesurer à quel point toutes deux étaient co-responsables de la situation actuelle. Comment pourrait-il en être autrement, alors que gauche et droite se sont partagé le pouvoir ? Il n'est

1. Jacques Julliard, *La Faute aux élites*, Gallimard, 1997.
2. Jean Jaurès, *Discours à la jeunesse*, lycée d'Albi, 1903.

qu'à se rappeler qu'entre 1974 et fin 2015, soit sur une période de quarante et un ans, la droite aura gouverné un peu plus de vingt-trois ans, soit 56 % du temps. Qu'a-t-elle fait pour inverser la vapeur ? Pas grand-chose. Mais je dis qu'il est moins ardu de tenter de faire évoluer des personnes non sectaires, et que cela compte lorsque les défis deviennent vitaux.

L'hégémonie culturelle de gauche se manifeste depuis au moins trois décennies dans les médias comme dans les milieux politiques. Les idées de gauche sont partout. Soutenue par un bataillon de personnalités dans le monde du spectacle, dans les milieux de l'éducation, de la justice, des médias, ainsi que dans le monde universitaire et associatif, la gauche a rendu impossible tout traitement des questions de l'immigration et de l'intégration. Dans tout ce qui a été fait ou n'a pas pu se faire, et ce depuis quarante ans, la gauche a exercé une influence considérable. C'est elle qui occupe, grâce à nombre de médias qui orientent et manipulent l'opinion publique, le sommet de la hiérarchie des responsabilités dans la crise majeure qui secoue la France. Elle qui règne, quasiment sans partage, sur le plan des idées et de la morale.

Le verrou médiatique

Il est très difficile, parfois même impossible, d'exprimer sa pensée dès lors qu'elle ne coïncide pas avec celle véhiculée ou souhaitée par l'establishment. Chaque mot doit être pesé. Il faut tourner mille et une fois sa langue dans sa bouche avant de parler. Et l'on attend de vous que vous déposiez ses mots, les seules formulations approuvées, exactement à l'endroit où il faut : il est interdit de sortir de ses clous. C'est, trait pour trait, exactement ce qui se produit au sein des groupes culturels qui ne reconnaissent pas à leurs membres le droit d'être libres, d'exister par eux-mêmes. *A contrario*, aucune précaution n'est requise dès lors que vous acceptez de collaborer au grand lavage de cerveau des masses. Si vous dites, par exemple, que l'immigration est une chance pour la France ; elle rapporte plus qu'elle ne coûte ; les enfants de l'immigration réussissent mieux à l'école que les enfants des Français de souche (cette énormité a même donné lieu à la publication de livres) ; les mises en cause de la laïcité sont le fait, et de manière identique, de toutes les religions, etc., etc., alors on ne vous demandera jamais de vous justifier. Bien au contraire, on n'a plus besoin d'argumenter. Vous serez accueilli avec le sourire et à bras ouverts par tous, et surtout tous les micros de France et de Navarre vous seront amicalement ouverts, pour y prêcher la bonne parole.

Dès que l'on s'aventure à aborder un tant soit peu le monde réel, dans des termes qui n'ont pas été choisis par d'autres mais bien par vous pour décrire la réalité des mécanismes à l'œuvre, alors la meute est lâchée, crocs bien acérés. Les plateaux se changent en terrains minés, les journalistes vous attendent en embuscade, armés de pied en cap pour vous contraindre à vous faire avouer que votre pensée est dangereuse, inacceptable… Observez bien la manière dont les plateaux de débats radiophoniques et télévisés sont composés. Dès qu'il s'agit d'aborder les questions d'immigration-intégration, il n'y a quasiment jamais aucun respect de la parité dans les idées : on pratique le trois contre un ou le quatre contre un.

Ce sont bel et bien les médias qui orchestrent les opérations de lynchage lorsqu'ils décident de jeter une personnalité politique ou un intellectuel en pâture à une opinion publique qu'ils auront pris le soin d'influencer au préalable. Les patrons des rédactions choisissent ou non de reprendre une information donnée, puis de faire monter la pression. Ils sont souvent mis sur la piste par un « indicateur » qui se trouve à l'intérieur même du monde politique. Guidées par la défense de leurs propres intérêts, les rédactions suivent ou ne suivent pas. L'ensemble de la presse s'emballe ensuite, chacun craignant d'être en retard sur les autres. Qui se donne vraiment la peine de vérifier, de recouper l'information ? À l'ère de l'immédiateté, une information chasse l'autre.

Dans un hommage[1] qu'il prononce lors des obsèques d'un journaliste, l'ancien ministre Jean-Pierre Chevènement parle de « dictature médiatiquement relayée d'une bien-pensance écrasante », alimentée par une « idéologie des “bons sentiments” ». En matière journalistique, « il n'y a pas de déontologie qui vaille sans résistance à l'esprit du temps, qui n'est souvent que le lâche acquiescement à l'ordre établi ». Il évoque une « décérébration organisée de la France et de la République, qui plonge ses racines dans une démission plus ancienne de nos élites » et dont « on voit aujourd'hui le résultat »... Jean-Pierre Chevènement renvoie dos à dos la gauche et la droite pour leur incapacité « à traiter la réalité économique et sociale d'un pays qui coule par l'effet de choix erronés et partagés de ceux qui le gouvernent depuis quatre décennies ».

1. Jean-Pierre Chevènement, hommage à Philippe Cohen, Paris, vendredi 25 octobre 2013.

Il est l'un de nos très rares hommes d'État. Aussi son jugement sur ce qui s'est noué dans notre époque est-il des plus précieux.

La malhonnêteté intellectuelle a gangrené le système jusqu'à la moelle, et c'est pourquoi l'opinion publique n'a pas eu accès à un flux d'informations qui lui auraient permis de se forger un point de vue renseigné. Il faut produire du discours qui soit assimilable, c'est-à-dire aussi acceptable par les médias, qui puisse être facilement repris, et qui « performe » bien, d'un point de vue strictement communicationnel.

Le 8 avril 2014, après sa nomination comme Premier ministre, Manuel Valls doit prononcer son discours de politique générale à l'Assemblée nationale. À cette occasion, Michel Rocard, lui-même ancien Premier ministre, est invité au micro d'Europe 1 pour analyser l'événement. Il s'adresse à la presse : « La réussite d'un discours de politique générale d'un Premier ministre se joue sur quelques phrases [...]. Vous êtes trop nombreux sur la place de Paris, vous êtes partout et par conséquent vous voulez tout savoir avant [...]. Vous changez les règles du jeu. On travaille pour vous ! » Cela atteste bien que les politiques travaillent en pensant en priorité à la presse, et non au peuple et à l'intérêt général.

Dans le domaine des idées, souvent la droite a été suiveuse, elle aussi gagnée peu à peu par les idées de gauche. L'un des rares domaines où elle a pu avancer quelques idées et agir n'est pas glorieux, car cela a conduit à la libéralisation sauvage de la France pour en faire un vulgaire pion sur l'échiquier de la mondialisation, avec les conséquences misérables que chacun peut constater. Maintes fois, la droite avait la possibilité de se distinguer en assurant le respect de la souveraineté du peuple. Elle a préféré s'illustrer en devenant celle qui a permis l'impensable, à savoir la négation du vote démocratique qui s'était tenu en 2005, lors du référendum sur le Traité constitutionnel européen, poussant le zèle jusqu'à supprimer la possibilité que le peuple soit consulté pour tout nouvel élargissement de l'Europe. Ce qui était notamment en jeu, c'était l'entrée de la Turquie, pays dont la simple croissance démographique lui aurait très vite permis de peser, au sein de l'Union européenne, davantage que l'Allemagne ou la France, alors même que la Turquie n'est historiquement et culturellement pas européenne. Quant à la part de l'élite de droite que l'on qualifie de gaulliste, elle a fondu et est devenue rachitique, abandonnée par le gros de ses troupes, qui a préféré déserter.

Le Front national, une aubaine

Dès 1980, la gauche s'est mise à instrumentaliser, sans vergogne, le sujet de l'immigration, déjà dans un but électoral. Georges Marchais s'était vu traiter de raciste pour avoir simplement posé sur la table un certain nombre de préoccupations : « Nous posons les problèmes de l'immigration, ce serait pour utiliser et favoriser le racisme ; nous recherchions à flatter les plus bas instincts. Nous menons la lutte contre la drogue, ce serait parce que nous ne voulons pas combattre l'alcoolisme apprécié et répandu dans notre clientèle ! Pour la jeunesse, je choisis, moi, oui, je choisis, l'étude, le sport, la lutte et non la drogue. Alors, comme l'autre jour un dirigeant socialiste, ils crient tous en chœur "Pétainisme !". Quelle honte ! Quelle honte ! Quelle idée lamentable se font ces gens-là des travailleurs : bornés, incultes, racistes, alcooliques, brutaux, voilà d'après nos détracteurs, qui vont de la droite au Parti socialiste, comment seraient les ouvriers et les ouvrières. De telles attaques ne déshonorent que leurs auteurs et ils ne méritent que le mépris[1]. »

Cet extrait du discours de Georges Marchais montre que les socialistes avaient, dès 1981, commencé à déployer leur funeste stratégie : étouffer toute possibilité de réflexion et de débat grâce à l'accusation de racisme et décomposer dans le même temps la France en factions, en opposant classes populaires françaises et descendants d'immigrés. La suite, tout le monde la connaît : la création de SOS Racisme et l'intronisation du Front national pour lui servir d'épouvantail. Force est de constater que nous avions affaire à de très grands stratèges. L'accusation de racisme ou de lepénisme a suffi à refroidir toutes les ardeurs républicaines ou patriotes. C'est ainsi que la France et sa République ont, depuis le début des années 1980, été, peu à peu, abandonnées sur le bas-côté, nul ne voulant courir le risque d'être stigmatisé.

Roland Dumas a été ministre des Affaires étrangères de François Mitterrand. Le 4 mai 2011, dans l'émission « Face aux Français » animée par le journaliste Guillaume Durand à laquelle il participe, la stratégie développée par François Mitterrand avec le Front national est longuement abordée.

---

1. Meeting de Georges Marchais en soutien à Robert Hue, maire de Montigny-lès-Cormeilles, commune du Val-d'Oise, 20 février 1981, source Ina.fr.

Guillaume Durand s'adresse à Roland Dumas : « À un moment, la gauche a joué Le Pen pour éliminer la droite… »

Roland Dumas : « Ça, c'est assez vrai, mais ça fait partie de la tactique électorale, de la tactique politique. »

Guillaume Durand : « Mais la lettre… il faut être précis : la fameuse lettre qui a été envoyée par le président de la République aux directeurs de chaîne de télévision pour qu'on accueille à l'époque Le Pen… ? »

Roland Dumas : « Il y avait deux raisons, la raison apparente, et puis la raison, l'arrière-pensée, peut-être… Il a fait venir le ministre chargé de l'Information, il lui a dit : regardez-moi ce problème et réglez-le… À l'époque [1985], la question de la loi électorale se posait… Bon. [La question de l'introduction d'une dose] de la proportionnelle… Il m'avait dit, toujours dans la même tactique, mais, je répète, ce sont des tactiques louables, ce sont des tactiques, des pratiques électorales. »

En mars 1986, les élections législatives donnent 35 sièges au Front national au Parlement et 35 au Parti communiste français. Ce qui n'empêche pas la droite de l'emporter.

Après une longue digression sur la stratégie conduite par François Mitterrand envers le Parti communiste, Roland Dumas poursuit : « Donc de là l'idée : il faut qu'on trouve un moyen de les diviser. Et le moyen de les diviser, ça a été la loi électorale, c'est-à-dire la loi [sur la] proportionnelle. Voilà. »

À cet instant de l'échange, le journaliste Christophe Barbier, qui est un observateur de la politique française depuis fort longtemps, intervient : « Et Le Pen redevient député en 86 après l'avoir été en 56, trente ans plus tôt. »

Roland Dumas acquiesce : « Voilà, complètement. »

Suite à l'intervention de François Mitterrand auprès des chaines de télévision, Jean-Marie Le Pen avait été invité le 13 février 1984 à l'émission « L'Heure de vérité » de François-Henri de Virieu, diffusée sur France 2. C'est à l'époque l'émission politique la plus importante ; elle est incontournable. Deux chiffres permettent de mesurer le succès de la tactique de François Mitterrand. Quatre mois après avoir été invité, soit le 17 juin 1984, le Front national obtient 10,95 % aux élections européennes, alors qu'au précédent scrutin national, à savoir les élections législatives du 14 juin 1981, il n'avait recueilli que 0,18 % des suffrages exprimés. Le Front national a été propulsé par François Mitterrand, par son intervention en sous-main, et, depuis, il n'a plus été possible de traiter sereinement du sujet de l'immigration-intégration, toute personne s'y aventurant courant aussitôt le risque d'être accusée d'avoir basculé dans le « camp du mal ». Oui, la gauche est bien la première responsable de cette impossibilité de traiter de ce sujet.

Si le Front national les avait réellement perturbés, les gouvernements qui se sont succédé se seraient résolus à mettre en œuvre les actions concrètes qui s'imposaient pour répondre aux inquiétudes des citoyens sur les sujets qu'il abordait et qui ont fini par constituer son fonds de commerce. Au lieu de cela, les gouvernants ont préféré pousser la poussière sous le tapis pour se ménager la possibilité de la ressortir à intervalles réguliers et, par ce moyen, de donner au peuple le sentiment qu'il était entendu. D'où les propos et attitudes parfois profondément blessants et contre-productifs qui ont participé à tendre la situation autour de l'immigration-intégration, ce qui nous a empêchés de l'aborder avec le sérieux que cela commandait. L'existence du Front national n'a pas servi que les intérêts de la gauche. Elle a également servi la droite. Face à un Front national pointé du doigt et diabolisé, le peuple ne pouvait que regarder avec des yeux de Chimène tous ceux qui pourraient l'en sauver. Les manifestations de 2002 en sont une magnifique illustration.

L'opinion publique a aussi sa part de responsabilité. Comment a-t-elle pu si longtemps se laisser duper par un front républicain invoqué par ceux-là même qui ne cessaient, sous ses propres yeux, d'attenter quotidiennement aux principes républicains, dont ceux d'égalité et de laïcité ? En réalité, l'opinion publique, très longtemps, n'a pas souhaité connaître la vérité. Par confort, elle désirait seulement entendre les voix qui la berçaient d'illusions. Après moi, le Déluge.

Depuis les années Mitterrand, le Front national constitue l'épouvantail qu'agitent tous ceux qui veulent entraver la marche de la vérité sur l'immigration et la faillite de l'intégration culturelle. L'existence du Front national a aussi servi tous ceux qui trouvaient un intérêt à ce que l'on ne puisse plus évoquer sereinement ni l'identité nationale, ni le peuple, ni la nation : thèmes qui tous contrevenaient à la conception de la construction européenne. La libre circulation des biens, des services, des capitaux et des personnes ne pouvait se réaliser qu'en faisant tomber les frontières des États. Nous sommes dans un emboîtement de poupées russes. La plus grosse des poupées, celle qui englobe toutes les autres, c'est la mondialisation, avec ses flux de capitaux qui ont besoin de l'abolition de toutes les frontières. La mise en concurrence de la main-d'œuvre, c'est-à-dire de tous les peuples avec tous les peuples, commence par une double pression : délocalisations et immigration.

La meilleure façon de jouer librement, c'est de casser toute possibilité de résistance des peuples.

L'antiracisme et le déni de l'expérience

Dans le paysage politique des quarante dernières années, les associations de lutte contre le racisme ont joué un rôle, et non des moindres. C'est sous la gauche, et avec son aide, que l'idéologie qui a consisté à scinder le corps social entre bourreaux et victimes, avec tout le ressentiment que cela a fait naître dans le cœur des enfants de l'immigration, a pris son envol, puis toute son ampleur. Julien Dray a fait partie des fondateurs de SOS Racisme. Depuis 1998, il est vice-président de la région Île-de-France, la région vers laquelle converge environ 40 % du flux migratoire, et dans laquelle nombre de communes voient la proportion des jeunes d'origine étrangère croître, certaines communes dépassant les 50 %. Lorsque l'intégration culturelle se produit, ce pourcentage n'a aucune importance. Il en a dans le cas contraire. La région parisienne constitue donc pour lui un appréciable laboratoire d'analyse…

Dans *Le Figaro Magazine* du 28 janvier 2012, Julien Dray fait des confidences personnelles fort intéressantes : « Mon père était directeur d'école et ma mère institutrice. C'étaient des gens de gauche qui avaient cru dans la révolution algérienne, dans une société multiculturelle, multiethnique… Ils se sont vite rendu compte que ce n'était pas tenable[1]. » Julien Dray n'a pas

1. Sophie Roquelle, « Ils ont réussi, ils se souviennent », in Jean-Marc Gonin, dossier intitulé « 50 ans après, les pieds-noirs,

grandi sur le sol algérien après l'Indépendance. Mais il a reçu l'expérience de ses parents. Pourquoi la chose réussirait-elle en Seine-Saint-Denis ou dans d'autres configurations similaires aujourd'hui ? Qu'en dit-il ? L'anthropologue Claude Lévi-Strauss ne déclarait pas autre chose lorsqu'il rappelait la nécessité du respect de la bonne distance entre les peuples : « Que les peuples ne vivent pas trop près les uns des autres, sinon, c'est la guerre, mais pas trop loin non plus, sinon, ils ne se connaissent plus, et alors, c'est la guerre[1] ! » Nos élites n'ont guère tiré d'enseignements de l'Histoire, et encore moins de celle de la guerre de décolonisation de l'Algérie. Elles nous ont, jour après jour depuis plus de trente ans, reconstitué un décor que la France avait pourtant connu dans un passé récent.

Dès la marche dite des Beurs, en 1983, des signes forts attestaient déjà de l'existence d'un problème d'identification à la communauté nationale française. Des associations avaient évoqué et dénoncé une *allégeance imposée* aux enfants de l'immigration, à propos du service militaire que devaient effectuer en France les enfants d'Algériens qui se découvraient Français du fait de leur naissance sur le sol français. Pour preuve que les autorités françaises savaient déjà qu'existait un problème d'identification qui se matérialisait à l'occasion du service sous le drapeau, la signature de la convention franco-algérienne du 11 octobre 1983 qui donne le choix aux doubles nationaux français et

---

la mémoire d'une déchirure, l'histoire d'une renaissance », *Le Figaro Magazine*, 28 janvier 2012.

1. Catherine Clément, « Claude Lévi-Strauss, une vie », *L'Express*, 3 novembre 2009.

algériens à effectuer leur service soit en France soit en Algérie, selon leur choix donc, alors que les autres accords de même objet, conclus avec d'autres pays tels la Suisse ou Israël, prévoient que le service est effectué obligatoirement dans le pays de résidence… Tout, ou presque, était déjà dit à cette époque, sur le malaise et le mal-être identitaire, au travers de cette question d'allégeance. Cette convention est restée en vigueur et elle s'applique à présent à la Journée de défense et citoyenneté : « En vertu de l'accord franco-algérien du 11 octobre 1983, un droit d'option est accordé aux personnes possédant la double nationalité franco-algérienne pour remplir leurs obligations militaires soit en France soit en Algérie. Les personnes concernées doivent signer leur déclaration d'option. »

On pourrait aussi lire ou relire des récits autobiographiques qui montrent l'importance du rôle joué par les familles. La référence aux principes et valeurs transmis aux enfants dans les familles est décisive : cette référence portée par les parents ou non va les aider ou, au contraire, freiner voire empêcher l'intégration culturelle, et même, de plus en plus, la simple insertion dans la société. Parmi ces récits, ceux, entre autres, d'Azouz Begag[1], de Fadela Amara[2], de Malika Mokeddem[3] renseignent beaucoup sur ce qui se passe au sein d'une partie des populations de l'immigration et qui rend l'intégration culturelle autrement plus difficile que pour les migrants italiens, par exemple. Ce qui se produit

1. Azouz Begag, *Le Gone du Chaâba*, Le Seuil, 1986.

2. Fadela Amara, avec la collaboration de Sylvia Zappi, *Ni putes ni soumises*, La Découverte, coll. « Poche », 2004.

3. Malika Mokeddem, *Mes hommes*, Grasset, 2005.

n'est pas la conséquence d'une évolution naturelle de la société française, mais le résultat de l'importation de pratiques et d'usages de pays de cultures non occidentales. Pour bien le comprendre, il suffit de lire ou relire le récit, là aussi autobiographique, de François Cavanna[1], qui décrit avec force détails la vie au sein des familles de l'immigration italienne. Leurs histoires font toucher du doigt la réalité du contenu des identités culturelles et leurs manifestations dans la vie courante, et cela n'a aucun lien avec le niveau socio-économique. Les Italiens étaient aussi, pour beaucoup, pauvres et démunis…

Moins de deux ans après les confidences pourtant si instructives qu'il a faites au *Figaro Magazine*, Julien Dray, en pleine polémique déclenchée par les recommandations autour de la refondation de la politique d'intégration, publie une tribune saisissante. Il y soutient que « l'intégration ne va pas si mal en France », que « nous semblons ne pas constater que le grand succès de la République, c'est un métissage qui réussit, qui fait de chacun progressivement un citoyen », que « le différentialisme, le communautarisme et l'identitarisme sont les fruits de ce doute de la France sur elle-même[2] ». Contrairement à ce que dit Julien Dray, la France ne doute pas d'elle-même. Les Français savent parfaitement qui ils sont, quelle est leur identité, quels sont leurs principes et valeurs. Cependant, ils sont empêchés d'exprimer ce qu'ils ressentent.

L'idéologie de l'antiracisme a servi à imposer l'esprit de repentance. Terrorisés à l'idée d'être embastillés

1. François Cavanna, *Les Ritals*, Livre de poche, 1980.
2. Julien Dray, « Tout ça fait d'excellents Français ! », *Le Huffington Post*, 16 décembre 2013.

dans la case « racistes », les Français de culture européenne, à la suite des élites de commandement – les gouvernants qui ont manqué de rigueur –, ont démissionné du rôle de socialisation qu'ils avaient su jouer auprès des migrants intra-européens, alors même que la distance entre la culture de ces derniers et celle des Français était minime, et que, de ce fait, ces migrants avaient moins besoin du concours des Français de souche que les migrants extra-européens pour identifier les lignes à ne pas franchir, les tabous à ne pas transgresser, que l'on peut résumer en l'apprentissage des limites, lesquelles diffèrent d'une société à l'autre.

L'idéologie de l'antiracisme a par ailleurs constitué une aubaine pour tous ceux des descendants d'immigrés qui n'avaient nullement l'intention de s'intégrer, ni même parfois simplement l'intention de s'insérer. Beaucoup de ce que la société doit subir comme remise en cause de son mode de pensée et de vie, de la part de nombre d'enfants de l'immigration, est une conséquence directe de l'idéologie de l'antiracisme. Si cette idéologie s'est répandue aussi vite parmi les populations de l'immigration du Sud, c'est qu'elle a représenté pour elles une planche de salut. Pour figer son identité et la perpétuer à l'identique, le groupe tend à combattre, dès la petite enfance, la liberté individuelle qui est perçue comme une menace. Pour ce faire, une pression constante et très forte est exercée sur chaque membre, ce qui conduit à l'atrophie du sentiment de responsabilité individuelle. Toute idéologie qui développe le sentiment de victimisation et la conviction que les autres sont coupables rencontre ici un terrain des plus fertiles.

Au lieu d'œuvrer à l'émancipation en favorisant l'éclosion d'une liberté individuelle, les élites politiques, intellectuelles, médiatiques et du spectacle ont fait le choix de les assujettir encore davantage à leur communauté culturelle d'origine, les éloignant ainsi de la civilisation occidentale qui avait su, de par ses combats intellectuels et artistiques, donner naissance à l'Individu, libre et autonome.

Victimes et bourreaux : le choix du cynisme

On aurait tort de croire que c'est par empathie, ou encore par souci de miséricorde ou de fraternité, que la gauche a œuvré, et œuvre encore, à faire de tout immigré ou descendant d'immigrés une victime potentielle des Occidentaux. L'envers du décor est déplorable et n'emprunte rien à de nobles pensées.

Il est à présent bien connu que c'est François Mitterrand qui s'est penché sur le berceau de SOS Racisme. Ceux qui en doutent encore pourront écouter avec profit l'échange entre Régis Debray et le journaliste Brice Couturier lors d'une émission des « Matins de France Culture ». La retranscription qui suit ne peut rendre compte du ton employé par Régis Debray, qui entend restituer un peu du cynisme qui a présidé à cette opération. Régis Debray a été plusieurs années chargé de mission auprès de François Mitterrand, dans une période incluant la création de SOS Racisme. Voici donc un extrait de cet échange[1] :

1. Brice Couturier, Régis Debray, « Qu'est-ce qu'un héros en 2013 ? », in « Les matins de France Culture », France Culture, 10 décembre 2013.

Brice Couturier : « Vous avez été proche de Mitterrand à l'époque de la marche des Beurs. On a beaucoup dit que, face à l'échec du projet socialiste de 81 et à la fermeture de la parenthèse de 83, Mitterrand était désespérément à la recherche d'un nouveau projet mobilisateur. Il est tombé sur cette manifestation spontanée, organisée par les jeunes immigrés de Vénissieux, qui montaient vers Paris pour se plaindre, protester contre le racisme dont ils étaient victimes, et on a eu le sentiment à ce moment-là – beaucoup d'observateurs – que François Mitterrand avait enfourché le cheval de bataille de l'antiracisme parce qu'il avait besoin d'une idéologie de substitution… »

Régis Debray : « Le grand mythe de substitution pour les socialistes des années 1980, ça a été l'Europe ; c'est quand ils ont renoncé à la transformation socialiste et à la transformation de la loi du profit, quand ils ont abdiqué leur idéologie propre, qu'ils ont lancé le mythe européen. Mais on a toujours besoin de mythes, évidemment, pour avancer. Et c'est vrai que l'antiracisme a été comme un supplément d'âme, un petit parfum moral qui était dans l'air du temps, qui était facile et qui était très médiatique. Mais le mythe profond, la substitution, ça a été l'Europe, avec l'immense paradoxe que des socialistes ont mis sur le pavois l'Europe de la concurrence, l'Europe du libéralisme, l'Europe de la privatisation. Ça a été tout de même, je dirais, la grande escroquerie, ou la grande duperie, je ne sais pas – elle était peut-être inconsciente –, des vingt années passées. »

Le supplément d'âme moral, c'est une posture qu'a analysée l'écrivain Romain Gary, celui qui disait si joliment : « Je n'ai pas une goutte de sang français, mais la France coule dans mes veines », et il en a fait voir tout le cynisme.

Gary a vécu aux États-Unis à la fin des années 1960 avec son épouse, l'actrice Jean Seberg, alors très engagée dans la cause des Noirs américains, auprès du mouvement pour l'obtention de leurs droits civiques. Dans *Chien Blanc*, il dépeint les attitudes des différentes parties en présence et, surtout, l'hypocrisie des intellectuels et gens du spectacle qui distribuent à la ronde des leçons de morale pour des raisons en réalité assez minables. Remplacez « américain » par « français », et le texte qui suit décrit la bien-pensance de chez nous, quelques années plus tard :

« Le signe distinctif par excellence de l'intellectuel américain, c'est la culpabilité. Se sentir personnellement coupable, c'est témoigner d'un haut standing moral et social, montrer patte blanche, prouver que l'on fait partie de l'élite. Avoir "mauvaise conscience", c'est démontrer que l'on a une bonne conscience en parfait état de marche et, pour commencer, une conscience tout court. Il va sans dire que je ne parle pas ici de sincérité : je parle d'affectation. »

Et Gary de noter ses observations : « Les Noirs savent parfaitement qu'un certain nombre de Blancs les "aident" ou les poussent à l'extrémisme pour des raisons intimes, qui n'ont rien à voir avec la tragédie raciale américaine… » Il relate également une conversation dont il a été témoin, et qui se tient dans la voiture qui le ramène d'une soirée où « il y avait tout Hollywood ». L'un des passagers est convaincu du fait que « le "respect" des Blancs que l'on a imposé aux Noirs ne peut se purger que par un excès symétrique. C'est la "désacralisation". Lorsqu'un LeRoi

Jones nous abreuve d'injures, lorsque les musulmans noirs se disent entre eux qu'il faut châtrer tous les Blancs, lorsqu'un Cleaver se vante d'avoir violé une Blanche, c'est certainement pénible, mais cela ne fait que refléter l'horreur du crime que nous avons commis pendant des siècles, depuis le début de l'esclavage. Derrière chaque Noir qui brûle, viole ou assassine, il y a le crime des Blancs, notre crime ».

La propension à culpabiliser et l'esprit de repentance sont les dispositions les mieux partagées entre Occidentaux. Quoi de plus surprenant puisqu'ils partagent les mêmes racines chrétiennes !

Romain Gary décède en 1980, juste à l'époque où l'élite française s'apprête à singer l'élite américaine sur la question ethno-raciale et à plonger la France dans son cauchemar actuel. À la lecture de certains passages de *Chien Blanc*, il est manifeste que Romain Gary n'aurait jamais pu publier ce livre aujourd'hui. C'est là que l'on mesure à quel point la société française a été dépossédée, par ses élites, de sa *liberté de pensée et de jugement*. L'ampleur des renoncements témoigne de l'activisme de nos zélés « conciliateurs », dont la meilleure des définitions est donnée par Winston Churchill : « Un conciliateur, c'est quelqu'un qui nourrit un crocodile en espérant qu'il sera le dernier à être mangé. »

Dans *Chien Blanc*, Gary nous raconte pourquoi il refuse de faire euthanasier son chien Batka, berger allemand qu'il a recueilli, un chien qui a été dressé par des Blancs pour attaquer les Noirs. Il espère pouvoir le guérir. Pour ce faire, il le confie à un dresseur noir du nom de Keys. Ce dernier réussit à le guérir, mais il en a fait un chien noir, un chien qui attaque les Blancs. Romain Gary fait lui-même les frais de la « guérison » de son animal :

« Lloyd est par terre, le visage et les mains couverts de sang, essayant de repousser Batka dont les crocs cherchent la gorge de l'homme. Je me jette sur Batka, je reçois des coups de crocs comme des coups de couteaux, et je me laisse tomber en jurant sur la bête qui me mord profondément au ventre. Je vois Keys, en slip, debout dans l'escalier… Il est en train de rire. Black dog ! Chien Noir ! C'est ça que vous avez voulu, que vous avez cherché, dès le début ? Que Chien Blanc devienne Chien Noir ? Vous avez gagné, bravo. »

C'était prévisible. Et c'est ce qui arrive quasi inéluctablement lorsque l'on scinde le corps social en victimes et bourreaux et que l'on ne cesse de dresser les victimes contre les supposés bourreaux. Pour relever la tête, les victimes vont chercher à se venger en lavant l'humiliation subie. Dans cette situation, la cohabitation devient rapidement invivable, donc impossible, et l'on voit bien qu'aujourd'hui encore les Noirs et les Blancs n'ont toujours pas réussi à vivre ensemble de manière apaisée aux États-Unis. Dans cette affaire, qui est le plus à blâmer ? La victime qui ne parvient pas à tourner la page et qui vit avec la haine chevillée au corps, ou ceux qui ont injecté le poison de cette haine dans son corps ? En France, comme partout en Europe, c'est cette même histoire qui continue de s'écrire.

Illustration avec l'extrait d'un échange sur l'intégration qui a eu lieu sur le plateau[1] du journaliste Frédéric Taddéi entre l'écrivain d'origine camerou-

1. « Christiane Taubira insultée : le racisme se banalise-t-il ? », « Ce soir ou jamais », France 3, 8 novembre 2013.

naise Leonora Miano et la journaliste Élisabeth Lévy ; dans ce passage, il n'est question que de revanche que les « victimes » doivent prendre sur leurs « bourreaux », quitte à annoncer à ces derniers qu'ils devront s'effacer et même accepter de voir leur monde disparaître. Les positions des deux débatteurs sont tout simplement irréconciliables, et on voit mal comment un bien-vivre ensemble pourrait se développer dans de telles conditions.

Leonora Miano : « Je crois que, sur le fond, je n'ai pas complétement tort, hein ? Sur la disparition du monde connu, on peut en parler, hein, de la disparition du monde connu, dans plein d'espaces… Les Amérindiens peuvent en parler. Les Sub-Sahariens peuvent en parler. Et qui a fait disparaître le monde connu ? »

(En l'espèce, l'évocation du sort des Amérindiens est pertinente.)

Élisabeth Lévy : « Et les gens qui ont souffert doivent… » Coupée, cette dernière ne termine pas sa phrase.

Leonora Miano : « Je ne dis pas ça. Je dis que l'être humain cherche l'endroit où il peut survivre. Et qu'aujourd'hui, par exemple, un espace comme l'Afrique subsaharienne n'appartient pas aux Sub-Sahariens, mais aux multinationales occidentales, et que c'est un droit pour les gens d'aller survivre ailleurs. Et cet ailleurs, c'est l'Europe pour eux, d'une manière logique, ils vont venir. Ils vont venir avec leur bagage identitaire. Ce qu'il en reste du moins. Hein ? Parce que les gens ne sont pas des coquilles vides. »

Élisabeth Lévy : « Peut-être qu'on peut s'adapter un peu et faire comme les Romains à Rome ? On peut discuter de ça ? »

Leonora Miano : « Ils s'adaptent en restant un peu eux-mêmes. Ils s'adaptent en restant un peu eux-mêmes parce que c'est tout ce qui leur reste, ce petit bout d'identité. »

Élisabeth Lévy : « La discussion porte sur la proportion, si vous voulez. »

Leonora Miano : « Mais quand on parle de la disparition du monde connu, on ne dit jamais ça. On ne dit jamais que d'autres l'ont vécu avant et que ces autres qui l'ont vécu avant, ils ont une bonne nouvelle pour vous. On n'en meurt pas de la disparition du monde connu. On invente autre chose. C'est ça qui va se passer. Et c'est déjà en train de se passer. Donc n'ayez pas peur. Nous allons tous survivre à ça. »

La parole revient ensuite à Bruno Gaccio, ancien auteur des « Guignols de l'info » : « Je pense profondément que... je vais mettre les pieds dans le plat un petit peu... La France est un pays profondément raciste. Et on en a [du racisme]. Nous, les Blancs. Je veux faire le côté raciste. Quatre cents ans d'esclavage. Trois cent cinquante ans de colonisation, ça s'efface pas comme ça. Et on a toujours le sentiment, nous Blancs, que l'on doit aider le Noir à s'intégrer chez nous. On doit aider l'Arabe à s'intégrer. On a une espèce de paternalisme qui traîne comme ça. Toujours, toujours et toujours. »

Sous couvert de défense des droits de l'homme ou des droits humains, le *gauchisme culturel*, pour reprendre l'expression de Jean-Pierre Le Goff, s'est infiltré partout. Il a colonisé tant d'espace et d'esprits qu'il paraît impossible de le balayer et d'en neutraliser les effets. Au fil du temps, la classe politique a fini par se retrouver amputée de la liberté d'agir. De plus en plus d'hommes et de femmes politiques, préoccupés par leur seule élection ou réélection, en raison même de la mutation culturelle qui s'opère sur un nombre croissant de territoires – conséquence de l'importance des flux migratoires et de l'échec d'une intégration culturelle qui ne se fait plus qu'à la marge –, en viennent à s'affranchir du respect des principes républicains, donc de la République.

C'est une chance inouïe que de pouvoir disposer d'un modèle politique qui a su si bien faire la synthèse de l'histoire d'un peuple, ici le peuple français. Ce que résume très bien l'historien et académicien Pierre Nora : « L'identité républicaine, c'est d'abord, comme l'indique bien l'expression classique, une synthèse. Non seulement idéologique, mais historique, qui consiste dans l'identification définitive et absolue de la République et de l'idée nationale. Dans toutes ses conséquences. Cette identification, outre les institutions politiques et les symboles, supposait d'un côté la récupération à la conscience collective des siècles de passé monarchique et, de l'autre, la définition d'une identité à la française par rapport à l'identité nationale[1]. »

La République française est indissociable de l'identité française elle-même. Sans identité française, devrons-nous encore parler de France ? La gauche n'a peut-être pas encore saisi l'étendue de la responsabilité qui pourrait être la sienne face à l'Histoire.

1. Pierre Nora, « Les avatars de l'identité française », *Le Débat*, n° 159, Gallimard, mars-avril 2010.

5.

Non à la diversité dans le Préambule

Dans les premiers mois de son mandat, le président de la République Nicolas Sarkozy forme le projet d'inscrire la « diversité » dans le Préambule de la Constitution. Pour ce faire, il nomme Simone Veil présidente d'un comité auquel il confie la charge de réfléchir à la mise en œuvre de cette idée. Dans le même temps, ce comité est missionné pour se prononcer sur d'autres questions qui concernent notamment la bioéthique, la parité hommes-femmes ou encore l'ancrage européen de la République.

À une poignée d'heures de mon audition par le Comité de réflexion sur le Préambule de la Constitution, je reçois un appel téléphonique de l'une des chevilles ouvrières du Comité : « Nous arrivons au terme de nos auditions et sommes encore dans le brouillard. C'est dire à quel point votre audition est attendue. » Qu'est-il donc attendu, au-delà de ma personne ? Je tente d'en savoir davantage. Au terme de notre échange, je m'entends dire : « Nous vous attendons comme on peut attendre le Messie. » À deux reprises, le terme de « messie » est prononcé. Nous raccrochons. Aussitôt, je sens une énorme pression monter en moi. Je sais à quel point l'enjeu est considérable. Heureusement, avant même de recevoir ce coup de téléphone, le contenu de mon audition était entièrement prêt. J'y avais mis le point final. Je sais exactement ce que j'ai à dire. Il vaut mieux ainsi, car, dans le cas contraire, le stress qui m'étreint m'aurait tétanisée. Pas à pas, je tente de me reconditionner mentalement et sens que, je reprends le dessus.

Je suis à présent assise dans la salle d'attente du Comité. Nous sommes le 11 septembre 2008, et c'est la voix de la philosophe Sylviane Agacinski qui va accompagner une partie de mon attente. J'entends distinctement ses propos. Elle intervient sur la dignité de la personne, le respect de son corps, la gestation pour autrui. Je concentre mon attention sur le contenu de son exposé, que je trouve sage à bien des égards. Le timbre de sa voix, les mots simples qu'elle emploie – à l'opposé de tant d'intellectuels qui dégainent à tout bout de champ références ou citations – humanisent à mes yeux la situation et me font percevoir mon propre défi comme accessible. Elle sort : mon tour est arrivé. Je ne ressens plus aucune pression. Je suis déjà dans l'action.

Je n'oublierai jamais le regard profond et limpide de Simone Veil tandis qu'en fin d'audition elle me prend longuement la main. Me regardant droit dans les yeux, elle me dit : « Ne vous inquiétez pas, Madame, j'ai compris. » Je recevrai un nouvel appel téléphonique et, cette fois-ci, on m'apprendra que Simone Veil a décidé de refuser d'accéder à la demande de Nicolas Sarkozy. La « diversité » ne sera pas inscrite au Préambule.

Sur le papier, la République française pourra donc continuer, pour l'instant, de demeurer « indivisible », même si la République réelle ne l'est déjà plus, et ce, par la faute même des élites politiques qui ont accompli l'exploit de défaire, en seulement trente ans, ce que les rois de France et les républiques ont mis mille ans à bâtir. Jusqu'à ce que le refus du Comité soit publié, je resterai pourtant inquiète. L'enjeu était bien trop important pour les uns et pour les autres. Nous n'étions pas à l'abri de pressions, comme c'est souvent le cas en pareille situation.

Le 17 novembre 2008, Simone Veil remet le rapport du comité qu'elle préside au président de la République. Comme cela est systématique lors de la rédaction de rapports officiels, le destinataire a très vraisemblablement été déjà informé du refus. Qu'à cela ne tienne, une conférence a été organisée par l'Élysée, et elle se tient devant un large parterre à l'École polytechnique, à Palaiseau. Le passage d'un article du *Monde* décrit fort bien la situation à laquelle se trouve confronté Nicolas Sarkozy : « Pour avancer sur ce terrain de la diversité, qu'il dispute de longue date à la gauche, le président de la République doit se contenter des armes traditionnellement employées de ce côté-ci de l'Atlantique. Partisan de la "discrimination positive" – une politique née aux États-Unis dans les années 1960, qui a consisté à favoriser l'accession des Noirs aux universités et à certains emplois –, le chef de l'État espérait faire sauter le verrou constitutionnel du principe d'égalité. Il doit y renoncer[1]. » En dépit de la décision du Comité sur la révision du

1. Laetitia Van Eeckhout, « Diversité : M. Sarkozy contraint de contourner l'obstacle de la Constitution », *Le Monde*, 17 décembre 2008.

Préambule de la Constitution, Nicolas Sarkozy ne renoncera pas pour autant à son ambition de voir la diversité reconnue comme nouvelle catégorie de Français et va bientôt créer un Commissariat à la diversité, à la tête duquel il nommera Yazid Sabeg, qui n'est pas un inconnu sur ce sujet.

Ce rejet de l'inscription de la diversité a rendu Nicolas Sarkozy furieux. Voilà qui est venu compliquer l'application décomplexée de la discrimination positive, politique chère à son cœur, ce dont il ne s'était jamais caché. Certains de ses ministres l'ont d'ailleurs appliquée, comme ce fut continuellement le cas depuis que les socialistes l'ont inaugurée dès l'accession au pouvoir de François Mitterrand. Sans qu'aucun d'entre eux, bien sûr, ne se soit jamais aventuré à l'avouer ouvertement aux électeurs. Bien au contraire, les uns et les autres ont veillé à brouiller les pistes et noyer le poisson, de sorte que nos élites politiques puissent continuer de défendre, la main sur le cœur, la République française tout en faisant fi de ses principes fondamentaux. Dans les discours, il était question d'égalité quand le ministre de l'Enseignement supérieur tournait le dos au mérite républicain en introduisant des quotas ; dans le même temps, des épreuves de culture générale se voyaient supprimées dans les concours administratifs de la fonction publique, car cela pouvait desservir ceux qui sont estampillés « diversité »...

Concernant l'instauration de quotas dans l'enseignement supérieur qui lamine l'égalité républicaine, cette mesure fait l'objet d'une déclaration de la ministre en poste : « Fidèle au discours de Nicolas Sarkozy du 11 janvier 2010, la ministre [Valérie Pécresse] a rappelé la teneur du contrat : d'une charte de l'égalité des chances à "*valeur contraignante*" pour les grandes écoles "si le volontarisme ne suffit pas, il faudra envisager d'autres solutions."[1] » La ministre, annonce « 30 % de boursiers dans toutes les grandes écoles » ; elle souhaite que le contenu des concours soit revu, que soient réexaminées « avec attention les épreuves socialement discriminantes et [qu'il soit] apporté des correctifs ». Ces épreuves sont, bien sûr, celles qui concernent la culture générale dont une grande part n'est autre que la culture française. J'étais présente dans la salle et considère que l'article est fidèle à ce qui a été dit. Considérer que seule la gauche politique et universitaire a attenté à l'égalité républicaine et à la transmission de la culture française aux jeunes générations serait des plus réducteur.

Quelques jours après la remise du rapport, je suis invitée à un débat radiophonique[2]. Y participent Patrick Simon, socio-démographe à l'Institut national d'études démographiques (INED), et Édouard Pellet, délégué à la diversité de France Télévisions. Des choses fort intéressantes y sont échangées, comme par exemple l'existence d'études qui montrent que c'est à l'écrit, sur copies anonymisées, que les élèves de l'immigration échouent. Les élites françaises savent parfaitement que l'échec des personnes issues de l'immigration est imputable à d'autres raisons que des discriminations dont les Français se rendraient cou-

---

1. ÉducPros.fr by *L'Étudiant*, « 30 % de boursiers dans les grandes écoles : Valérie Pécresse fixe la feuille de route », 20 janvier 2010.

2. « Les grands débats », émission animée par Nicolas Doze, BFM Business, 22 décembre 2008.

pables. « Anonymisées » signifie qu'aucune mention, comme les nom et prénom, qui permettrait de deviner l'origine du candidat, ne figure sur les copies.

Patrick Simon explique : « Quand on parle des concours par exemple, on a fait un travail d'enquête autour des concours [d'accès] à la haute fonction publique, un concours anonyme complètement, avec un jury qui vient ensuite compléter l'épreuve écrite. Eh bien, la bonne nouvelle, c'est qu'au moment du concours, au moment du jury à l'oral et quand on reçoit les candidats, y'a pas vraiment de différence qui se fait en fonction de l'origine, ça c'est une bonne nouvelle. La mauvaise nouvelle, c'est qu'à l'écrit, les personnes d'origine immigrée réussissent moins bien que les autres, alors même qu'elles ont les [mêmes] diplômes, alors même qu'elles ont les formations de qualité et qu'elles réussissent très, très bien les épreuves techniques. Là où elles se font avoir, c'est sur la culture générale. »

Il est bien précisé que les personnes en question détiennent les mêmes diplômes que les Français. Elles ont donc suivi la même scolarité. Pour quelles raisons ne se sont-elles pas attelées, durant leur cursus, à l'acquisition de la culture générale qui semble leur faire défaut ? Venant de milieux non français, elles auraient dû, et pu, mettre les bouchées doubles. Nous ne sommes plus à une époque où l'accès à la culture, lorsque l'on n'était pas soi-même issu d'un milieu instruit, était difficile, voire hors de portée. Aujourd'hui, les moyens de communication modernes, les aides de l'État, la multitude de blogs de professeurs qui se dépensent sans compter pour mettre en ligne des cours et analyses, font que tout est possible et accessible à celui qui en a l'appétence.

La culture générale n'est pas un luxe et c'est une erreur monstrueuse de la part de la droite de l'avoir supprimée en 2008 d'un certain nombre de concours de la fonction publique. Pour les enfants qui sont éduqués au sein de familles non culturellement françaises, la culture générale est, et restera, leur seule voie d'acquisition de la culture française. Leur méconnaissance de cette culture les rend ignorants de la mentalité française et, par voie de conséquence, les handicape. De ce fait, ils se retrouvent dans l'incapacité d'identifier les contours du vivre-ensemble. Nulle pacification de notre société ne pourra être obtenue sans la résorption de cette fracture culturelle.

Les « arrière-pensées » du président

Toujours lors de cette émission radio, Édouard Pellet évoque ce qu'il appelle « les arrière-pensées du président de la République » : « Lorsque le président de la République a lancé la mission Veil, le 8 janvier [2008], son arrière-pensée, c'était bien de commencer par la diversité ethnoculturelle pour développer toutes les autres. »

Ces « arrière-pensées » du Président, le philosophe Luc Ferry les avait déjà évoquées un mois plus tôt, lorsqu'il avait révélé l'envers du décor de la création du Comité de réforme du Préambule présidé par Simone Veil : « Quand je vois que, nous, avec Olivier Duhamel, dans la commission présidée par Balladur de la réforme des institutions, nous avions refusé de nous occuper du Préambule de la Constitution parce que nous savions en fait que, derrière cette mission, il y avait la volonté d'introduire de la diversité, c'est-à-dire de la discrimination positive dans le Préambule de la Constitution, et nous ne voulions pas le faire, en tout cas majoritairement dans la commission… Nous ne voulions pas le faire et c'est pourquoi le président de la République a nommé madame Simone Veil pour justement tenter d'introduire cette fichue discrimination positive dans le droit français, et je pense que c'est honnêtement une catastrophe[1] ! »

L'intitulé même de la conférence du président de la République à l'X, en novembre 2008, « Égalité des chances et diversité », révèle tout à fait que tous les autres sujets qui figuraient dans la lettre de mission du Comité Veil étaient là pour faire diversion.

Une fois encore, je le répète, ce qui est à reprocher à nos élites politiques, c'est de ne pas jouer franc jeu avec les citoyens. Dans ces conditions, il n'est pas possible de défendre l'idée selon laquelle nous évoluons dans une véritable démocratie puisque les citoyens n'ont pas accès aux informations réelles qui leur permettraient d'assumer pleinement leur rôle de citoyen. Nos élites biaisent. En guise de démocratie, nous avons en réalité affaire à une farce démocratique.

La « mesure de la diversité » devient la terminologie à laquelle recourt la droite pour éviter de parler ouvertement d'origines ethniques, de statistiques ethniques et de discrimination positive. De même que les termes « politique de la ville », « quartiers sensibles » ou encore « quartiers populaires » permettent d'éviter de parler d'intégration culturelle – dans de nombreuses réunions, c'est cette terminologie qui est de mise. À l'opinion publique, on explique qu'il convient de « mesurer la diversité » pour lutter contre les discriminations.

1. France Culture, journal du matin, 21 novembre 2008.

Mais il se trouve parfois des gens qui parlent vrai. Ainsi, c'est la ministre de la Ville Fadela Amara qui défend ses convictions républicaines en direct, sur Canal +, dans l'émission Dimanche +, le 17 mai 2009, en commentant une séquence filmée. Dans un reportage sur les statistiques ethniques et la discrimination positive, un journaliste interroge plusieurs membres du gouvernement de Nicolas Sarkozy. Plusieurs échanges sont diffusés.

Rachida Dati, filmée à Bondy, jeudi 14 mai 2009 : « On veut *mesurer la diversité* pour lutter contre les discriminations. C'est ça, l'objectif, c'est mieux les recenser ; mieux les connaître pour mieux les combattre. »

Le journaliste de Canal + : « Donc vous êtes "pour", madame Dati, "pour" la mesure de la diversité ? »

Rachida Dati : « La mesure de la diversité pour lutter contre les discriminations, bien sûr que j'y suis favorable. »

Et le journaliste de conclure : « Si on a bien compris, l'icône de la diversité est "pour" les statistiques ethniques. »

À présent, c'est Yazid Sabeg qui s'exprime : « Il n'y a pas de statistiques ethniques. C'est un terme qui n'a jamais été employé. J'utilise le terme "mesure de la diversité". »

Le journaliste de Canal + réagit : « Mesure de la diversité ; c'est malin ! »

Et Yazid Sabeg de lui répondre : « Mais oui, il faut ! »

C'est Fadela Amara qui éclaire le téléspectateur sur ce nouvel « élément de langage » : « Yazid Sabeg a une position sur la méthodologie, c'est-à-dire qu'il a été, qu'il est le chantre de la discrimination positive, de la politique des quotas, des statistiques ethniques et, moi, je suis l'inverse : je ne suis pas d'accord ! »

C'est on ne peut plus clair. La « mesure de la diversité » sert à masquer « statistiques ethniques », des statistiques qu'il faudrait produire pour mettre en œuvre la discrimination positive et avoir ensuite les coudées franches pour que puissent être intentés des procès en discrimination ou « actions de groupes ». Ces procès, c'est aujourd'hui la gauche qui les inscrit dans la législation avec la bénédiction de la droite. Elles ne sont autres que les *class actions*, qui nous viennent des États-Unis, qui, comme chacun sait, sont les mieux placés pour donner au monde des leçons de cohabitation heureuse. Ne l'ont-ils pas montré avec ce qui se produit chez eux entre Blancs et Noirs ?

La discrimination positive, qui s'appuie sur la subdivision du corps social selon des critères ethno-raciaux, a lamentablement échoué aux États-Unis. Nombre d'États américains ont fini par l'abandonner. Pourtant, cette politique continue, encore aujourd'hui, d'avoir le vent en poupe en France, pour la raison simple que c'est une politique de courte vue qui donne l'illusion d'une action immédiate et qui laisse penser à l'opinion publique que des problèmes devenus au fil du temps extrêmement préoccupants vont pouvoir être résolus d'un coup de baguette magique. Cette politique foncièrement antirépublicaine ne traite aucunement des sources des problèmes, alors qu'elle se transforme, dans le même temps, en discrimination négative envers les Français de souche européenne. Quant au concept de diversité, lors de mon audition par le Comité Veil, j'en avais exposé l'ensemble des effets pervers, ainsi que les redoutables dangers qu'il faisait courir à la nation tout entière. Cette inscription dans le Préambule de la Constitution, si elle avait été rendue possible, aurait officialisé le fait que la France n'est plus constituée d'un peuple, mais de plusieurs, chacun doté de ses propres fondamentaux culturels. « Inscrire la diversité dans le Préambule de la Constitution, c'est consacrer la prééminence du lien d'appartenance à un groupe particulier[1] », avais-je averti, et c'est favoriser, « dans les faits et sans nécessairement l'avoir souhaité, la conscience particulière sur la conscience collective ; le projet d'idéal de société porté par un groupe sur le projet d'idéal de société porté par la communauté nationale... Il existe une contradiction fondamentale entre le résultat de l'inscription de la diversité dans le Préambule, et l'objectif d'intégration des enfants des dernières vagues d'immigration qui posent question à notre société ».

Finalement, nos élites ont-elles véritablement œuvré à favoriser l'intégration culturelle ou ont-elles, bien au contraire, agi pour rendre l'intégration encore plus difficile ? Le concept de diversité a fini par s'installer dans le paysage. C'est lui qui est utilisé au quotidien par nos élites pour désigner les enfants de l'immigration extra-européenne. Beaucoup de ceux-ci en apprécient d'ailleurs le caractère commode, qui leur permet de s'affranchir de tout questionnement d'identité culturelle. Ce débat, qui est en réalité celui de l'identité nationale, n'a jamais eu lieu.

Cela fait longtemps que gauche et droite pratiquent la discrimination positive au profit des personnes

1. Rapport au président de la République par le comité présidé par Simone Veil, « Redécouvrir le Préambule de la Constitution », La Documentation française, 2008.

d'origine étrangère. Cela n'est, ni plus ni moins, que de la préférence étrangère, puisque cela se transforme sur le terrain en discrimination négative envers les Français qui ne font pas partie d'une ethnie étrangère. Les Français se retrouvent victimes d'une inégalité instaurée par leurs gouvernants sur un point sur lequel il leur est impossible d'agir puisque la naissance est le seul fait du hasard. La discrimination positive est une politique d'inégalité qui a été institutionalisée dans un pays où le combat pour l'égalité a fini par déclencher la Révolution. Ce qui manquait à nos dirigeants, lassés de mener cette politique dans une semi-clandestinité, c'était d'avoir les coudées franches pour l'appliquer sans chercher continuellement à s'en cacher. Simone Veil a refusé de donner sa bénédiction. Sage décision.

Ethniciser par la « diversité »

Le terme « ethnie » est mentionné en toutes lettres dans la Charte de la diversité[1] instituée en octobre 2004 par Jean-Pierre Raffarin, alors Premier ministre. Cette Charte de la diversité s'appuie sur le rapport « Les oubliés de l'égalité des chances » rédigé par Laurence Méhaignerie et Yazid Sabeg sous l'égide de l'Institut Montaigne. C'est un institut qui intervient beaucoup sur le sujet de l'immigration, ainsi que sur l'école. On lui doit également la diffusion parmi les politiques de

1. Article 3 : Nous [les entreprises signataires] nous engageons à chercher à refléter la diversité de la société française et notamment sa diversité culturelle et ethnique dans notre effectif, aux différents niveaux de qualification.

la nécessité d'octroyer une plus grande autonomie aux chefs d'établissement, en un mot libéraliser l'école, en faire une petite entreprise – ce qu'il faut absolument éviter de faire dans une période de décomposition. Dans une situation où le différentiel de niveau scolaire augmente entre les élèves – et qu'il faut veiller à réduire –, dans une situation d'accroissement de la surface des « territoires perdus de la République », l'État doit en retrouver le contrôle, y compris dans les murs de l'école.

Claude Bébéar, président de l'Institut Montaigne, avait également remis à Jean-Pierre Raffarin un rapport intitulé « Des entreprises aux couleurs de la France », dans lequel il était recommandé de mettre en place les statistiques en fonction de l'origine, ainsi que l'instauration du CV anonyme. Il préconisait également de recourir à des « audits diversité » au sein de nos entreprises. Dans mes précédents livres, j'avais abordé le rôle du patronat dans l'immigration, mais le patronat n'est pas le seul acteur : les syndicats n'ont manifestement rien trouvé à redire au fait que le patronat instaure de la discrimination entre les salariés en raison de leurs origines réelles ou supposées. C'est ainsi qu'en octobre 2006 les représentants de la CGT, de la CFDT, de FO, de la CFTC et de la CFE-CGC se félicitaient d'avancées à l'issue des négociations avec le Medef, avec notamment « la création d'un comité élargi de la diversité, obligatoire pour les entreprises dotées d'un comité d'entreprise[1] ». Un regret avait été exprimé, celui que la discrimination positive ne soit pas étendue aux petites et moyennes entreprises et qu'elle soit, à l'époque, instaurée seulement dans les grosses entreprises.

---

1. Dépêche AFP datée du 11 octobre 2006.

Sur ce sujet, le think tank Terra Nova – classé à gauche – et l'Institut Montaigne – identifié comme libéral de droite – se rejoignent. Encore un exemple de concordance inattendue d'intérêts dont les Français sont victimes.

Le recours généralisé au concept de diversité a fini par provoquer ce que j'avais anticipé et exposé lors de mon audition par le Comité Veil, à savoir que « renvoyer, par le biais de la "diversité", les individus vers leurs groupes d'origine entraînerait également la prééminence de rapports relationnels entre groupes ethno-raciaux, et non plus entre citoyens », et aussi que « l'officialisation, par les textes, de l'existence d'une "diversité" consacrerait en réalité la coexistence, au sein de la société française, de groupes reconnus et identifiés comme ne partageant pas la même vision de la société et, ce qui est sous-jacent, pas la même définition des règles qui codifient le bien-vivre-ensemble. Cela signifie qu'à terme, chaque groupe souhaitera être régi par le corpus de lois qui découle de son propre projet de société. » J'avais illustré mon propos en citant ce qui avait été évité de justesse au Québec. Cette analyse[1] n'a pas pris une ride.

Il fut un temps où le vocable employé était « hétérogénéité » et non « diversité ». On parlait alors de public hétérogène, de classes hétérogènes, et cela rendait bien mieux compte des défis que notre société, à commencer par son école, devait affronter et réussir à relever. Le concept d'hétérogénéité a quasiment disparu ; il a été remplacé par celui de diversité, qui masque mieux

1. « Redécouvrir le Préambule de la Constitution », rapport au président de la République par le comité présidé par Simone Veil, La Documentation française, 2008.

l'ampleur des épreuves et renvoie de manière subliminale à la diversité des espèces, ce qui permet de surfer sur des thématiques en vogue, comme l'écologie et le développement durable. Qui peut se dire contre la préservation des espèces ? Tout le monde est favorable à la protection de la diversité. Cela renvoie aussi, toujours de manière subliminale, à la pluralité des goûts et, comme le dit si bien l'adage, les goûts et les couleurs ne se discutent pas.

Dans toutes les réunions et discussions auxquelles j'ai participé, y compris à huis clos, que ce soit au sein du HCI, du monde politique, du monde intellectuel, de celui de l'entreprise ou de nos armées, le vocable de *diversité* était quasi systématiquement utilisé dès lors qu'il était question des populations extra-européennes. D'emblée, elles étaient perçues comme posant des problèmes d'intégration culturelle, et parler de « diversité » permettait de jeter un voile sur le sujet. Le concept de diversité est commode et fort précieux, c'est pourquoi il a pu se propager aussi vite au sein de toutes les sphères : politique, médiatique, intellectuelle, économique. Il symbolise à lui seul tous les renoncements. Le communautarisme menace le fondement même de l'identité française et met la cohésion nationale en danger.

Sans rancune pour le rejet de l'inscription de la diversité dans le Préambule, Nicolas Sarkozy m'a décorée de la Légion d'honneur : « Vous êtes à la fois le symbole et le défenseur de l'unité et de l'universalité de la République française. » Ses paroles me sont allées droit au cœur. Honneur et Patrie, telle est la devise de la Légion d'honneur créée par Napoléon, et rien ne peut mieux décrire ce que je ressens lorsque je pense à la France. Je sais bien que ceux de l'immigration extra-européenne qui se sont assimilés et engagés dans la défense de la France courent à chaque instant le risque d'être suspectés d'en faire trop. Il y a, dans l'assimilation, une dimension magique qui échappe à tout calcul, exactement comme dans l'amour, car c'est bien d'amour qu'il est question ici. Venant d'horizons différents, de peuples différents, il est possible d'accepter de se fondre dans un ensemble commun, la France.

Cette suspicion d'en faire trop ne pèse pas sur les immigrés intra-européens. Mais je sais aussi que cette accusation émane de deux catégories d'individus : la première, c'est celle des racistes, qui ont une conception génétique de l'identité et pour lesquels un enfant de l'immigration issu d'une famille de culture non occidentale ne saurait, finalement, s'assimiler ; la deuxième comprend ceux qui ne portent pas la France dans leurs entrailles et ne ressentent pas à quel point elle mérite d'être aimée, respectée, protégée et fortifiée.

6.

Identité nationale, le débat interdit

En 2007, Nicolas Sarkozy n'a pas été élu sur sa promesse de « travailler plus pour gagner plus ». Il a été élu sur la promesse faite aux Français de restaurer leur fierté et le respect de leur identité nationale. Pour honorer cette promesse, il lui incombait de remettre, de toute urgence, les pendules à l'heure sur ce dossier de l'« identité », d'autant que les Français vivent la situation qui leur est faite comme une injustice. Ils sont habités du sentiment d'avoir beaucoup donné sans avoir obtenu de « retour sur investissement ». Nicolas Sarkozy a failli. Il n'a pas tenu sa promesse.

Les Français, qui n'avaient eu de cesse de rejeter l'autorité, la réclamaient sur ce dossier précis, et il se trouve que Nicolas Sarkozy avait construit sa popularité sur l'image d'un homme à poigne, qui ne craignait pas d'aborder le dossier de l'immigration-intégration, qui cristallise les angoisses identitaires des Français. Et il avait beaucoup abordé ce dossier ; verbalement, c'est une évidence, mais qu'en est-il de l'action concrète ?

En 2007, au début de son mandat présidentiel, il crée le ministère de l'Identité nationale, puis lance un débat du même intitulé. Les propos tenus par le ministre Éric

Besson au moment où ce débat s'ouvre sont stupéfiants. Tout est nié au peuple français, jusqu'au fait même d'exister. « La France n'est ni un peuple, ni une langue, ni un territoire, ni une religion, c'est un conglomérat de peuples qui veulent vivre ensemble. Il n'y a pas de Français de souche, il n'y a qu'une France de métissage[1]. »

Et pourquoi convient-il de nier les spécificités identitaires des Français ? Pour réussir à intégrer tous ceux qui ne s'intègrent pas. En effet, en faisant disparaître des pans entiers de l'identité des Français, ou encore en la diluant, il sera alors peut-être possible de réussir à intégrer les enfants de l'immigration, non pas à la communauté culturelle française telle qu'elle existe, mais telle qu'elle sera une fois que son identité aura été expurgée de tout ce qui peut gêner les nouveaux entrants, qui n'ont pas la même mentalité que les Français, surtout s'ils ne souhaitent pas être rattachés au même arbre généalogique, par une inscription dans la continuité historique des ascendants des Français de souche.

Reconquérir le sens des mots

C'est pourquoi les politiques se sont appliqués, toutes ces dernières décennies, à vider l'intégration à la française de sa substance. Si l'intégration à la française gêne, c'est parce qu'elle passe par l'intégration culturelle, donc aussi par les normes collectives qui découlent des us, coutumes et traditions qui sont

1. Éric Besson, ministre de l'Immigration, de l'Intégration, de l'Identité nationale et du Développement solidaire, La Courneuve, 5 janvier 2010.

reflet de l'histoire des Français. C'est ainsi que chaque peuple se caractérise par une morale – au sens de comportements – qui lui est propre. Ce qui guide le jugement des hommes dans leur vie quotidienne est pour beaucoup implicite, car la norme est intériorisée. C'est vers leur culture de référence que les hommes se tournent de manière spontanée et irréfléchie pour traiter toute situation qu'ils rencontrent dans leur vie quotidienne.

Continuer de se référer au modèle français d'intégration fait immédiatement ressortir le laissez-faire de la part de tous ceux qui se sont succédé au pouvoir, car il apparaît clairement que l'État a continuellement cédé sur le respect des principes républicains. Si l'État a reculé, si l'État s'est mis à verser dans les accommodements « raisonnables », c'est qu'il constatait que, sur le terrain, l'intégration culturelle avait de plus en plus de mal à s'accomplir. En effet, pour de multiples raisons, l'adaptation aux contraintes culturelles de la société française était de plus en plus rejetée. Quelle légitimité les élites possédaient-elles pour s'arroger le droit de tourner le dos à une identité nationale forgée par les siècles ? Aucune.

En dépit de toutes les informations de terrain dont elles disposaient, elles ont persisté à accueillir un flux important de personnes dont elles savaient que leur intégration culturelle ne se ferait peut-être pas.

Pour brouiller les cartes, nos élites se sont mises à entretenir la confusion autour des concepts d'assimilation, d'intégration, d'insertion, puis d'inclusion. Dans un premier temps, l'assimilation a commencé par être diabolisée. Pour ce faire, on a dépeint la France sous les traits d'une ogresse qui voulait faire disparaître l'Autre.

De glissement en glissement, le processus d'intégration, dans lequel l'école de la République jouait un rôle de premier plan aux côtés des Français eux-mêmes, a été amputé de la dimension culturelle pour déboucher sur une intégration qui se réduit à une simple insertion économique. C'est ainsi que les médias, qui s'emploient avec grande ardeur à formater les esprits, se sont mis à recourir au mot d'« intégration » pour désigner toutes sortes d'intégrations, celle des étrangers, celle des handicapés, des chômeurs de longue durée, et même des femmes. L'essentiel est de noyer le poisson en laissant entendre que nous aurions affaire à une même problématique pour tous ces publics. À présent, c'est le mot d'« inclusion » qui se propage dans les allées du pouvoir pour enterrer définitivement celui d'intégration.

Oui, l'intégration culturelle a été ravalée au rang de simple insertion. D'emblée, on évite toutes les questions sensibles qui peuvent fâcher, sans compter que ce tour de passe-passe permet de focaliser l'attention de l'opinion publique sur la seule problématique du point de croissance qui fait défaut et du taux de chômage trop élevé, et de déclarer ensuite que, si les immigrés et leurs descendants trouvent un emploi, alors ils sont intégrés. L'ennui, c'est que le taux de chômage a persisté à un niveau élevé chez les immigrés et leurs descendants. Qu'à cela ne tienne, nos élites en ont déduit que cela ne pouvait qu'être imputable aux Français de souche, racistes par essence et discriminateurs, et pratiquant l'exclusion du monde de l'emploi. D'où l'éclosion d'une panoplie de politiques simplistes de lutte contre les discriminations.

La première des urgences est de redonner aux concepts leur pleine et entière valeur et de réinvestir le sens des mots afin de les reconquérir. Aussi, lorsque l'on souhaite évoquer l'assimilation, il est nécessaire de veiller à parler d'intégration culturelle, car elle est une condition nécessaire de l'assimilation ; nécessaire mais non suffisante, pour la raison que nous avons affaire à des êtres humains et non à des machines programmables.

L'assimilation ne peut être imposée

La décision de s'assimiler ou non à un autre peuple que celui de ses ancêtres biologiques est une décision personnelle, intime. C'est une décision qui se joue entièrement sur le registre affectif et moral, et qui doit ensuite pouvoir être portée et pleinement assumée par l'individu lui-même. Cette décision, qui a une retombée considérable sur l'individu et sur sa descendance, ne peut être imposée de l'extérieur. Lorsqu'elle l'est, elle ne procède alors plus de l'assimilation, mais de l'annexion ou de la colonisation.

L'intégration culturelle concerne au premier chef l'identité profonde des individus, les modalités de leur rattachement, et même de leur attachement, à la nation française. Ceux qui persistent à propager l'idée qu'il suffirait de contraindre les immigrés à s'assimiler pour que l'assimilation s'accomplisse n'ont pas compris la réalité humaine qui est en jeu, sur le plan affectif aussi bien que moral et psychologique.

C'est le sens du témoignage de Mai Lam Nguyen-Conan, d'origine vietnamienne, qui a choisi de retourner dans le pays de ses ancêtres pendant quelques années, avant de se lancer dans le marché de l'ethnique : « L'intégration, j'ai le sentiment de l'avoir subie, pas choisie. Pour moi, elle fut longtemps associée à une forte violence[1]. » Peu importe ce que faisaient les Français pour l'aider, elle y trouvait à redire. La nature de ses reproches exprime l'étendue de son malaise identitaire.

Les bouleversements profonds et irréversibles provoqués par l'évolution des moyens technologiques modernes, dans le domaine des télécommunications comme dans celui du transport aérien, permettent le maintien d'un lien prégnant avec le peuple culturel d'origine ; sans compter que les élites des terres d'accueil ont créé les conditions qui ont permis la reconstitution des sociétés d'origine, avec l'ensemble de leurs usages et modes de fonctionnement, au sein même des sociétés d'accueil. Aujourd'hui, il est possible d'évoluer sur un territoire sans pour autant vivre à la même heure que son voisin de palier ou les habitants de la commune la plus proche. Dans de telles conditions, l'intégration culturelle devient mission quasi impossible. On maintient vivace l'idée d'une assimilation devenue chimère.

Outre tous ces éléments, la réflexion doit également prendre en compte le fait que les acteurs de la mondialisation sont extrêmement puissants, qu'ils sont présents au cœur des centres de commandement des institutions nationales et internationales, et qu'ils n'ont eu de cesse d'agir à tous les niveaux, dans nombre de pays et de zones géographiques, pour que les frontières s'estompent afin que la circulation des biens, des marchandises et des personnes soit totale et que rien ne puisse plus venir l'entraver. Les élites dites nationales ne le sont plus puisqu'elles sont, pour beaucoup, devenues

1. Mai Lam Nguyen-Conan, *Français, je vous ai tant aimés. L'impossible intégration ?*, Michalon, 2012.

des agents opérants d'une mondialisation qui nécessite la déconstruction de l'idée même de toute assimilation. Tout ce qui peut entamer les défenses d'un peuple affaiblit sa résistance à l'avènement du « Village planétaire », voulu depuis les années 1990 par tous ceux qui tirent les marrons du feu d'une mondialisation économique et financière, dont les gauches et droites immigrationnistes ne sont, finalement, que de pitoyables idiots utiles.

La mondialisation a abattu les frontières et favorisé l'immigration de masse de sorte que les migrants et leurs descendants, partout dans les sociétés d'accueil, ont construit des répliques de leurs sociétés d'origine. Ils y forment des diasporas qui empêchent ensuite le plus souvent l'assimilation de leurs membres au peuple d'accueil. Cela n'est pas nécessairement fait pour nuire. C'est un phénomène tout à fait naturel et spontané, vrai pour toutes les diasporas, y compris la diaspora chinoise, qui constitue aujourd'hui une carte stratégique dans le jeu de puissance et d'influence de l'empire du Milieu. De même en est-il, entre autres, pour la communauté marocaine à l'étranger, dont certaines personnalités ont même été officiellement investies par le roi du Maroc de missions pour œuvrer au « rayonnement de la mère patrie », le royaume chérifien, et qui – et c'est là que cela devient inacceptable – se retrouvent, y compris en France, au cœur du pouvoir politique.

La préférence étrangère

Il n'y a pas que la mondialisation avec laquelle il faille compter. Il faut aussi compter avec toutes les politiques de diversité, qui ont rendu bien plus attrayante la revendication d'appartenance à une communauté étrangère plutôt qu'à la communauté nationale française. Nos décideurs ont tout fait pour ôter tout attrait à l'assimilation, tandis que dans le même temps ils accordaient une prime à tout ceux qui se retrouvaient estampillés « membres d'une minorité » ou membres de la « diversité ». Souvenons-nous des propos tenus par Ségolène Royal, au journal *Le Point*, dans son édition du 26 juillet 2012, à l'occasion d'un portrait de Najat Vallaud-Belkacem : « Elle s'appellerait Claudine Dupont, elle ne serait peut-être pas là. Elle doit assumer son identité et en être fière. » Ségolène Royal ne fait ici que dévoiler le fait que nos élites vivent à l'heure de la préférence étrangère.

C'est un fait, en France, de plus en plus, faire partie de la « diversité » constitue un avantage, quand être français, tout court, ne présente plus guère que des inconvénients. Deux mouvements se conjuguent : l'un consiste à glorifier tout ce qui n'est pas français, et l'autre à dénigrer ou à mépriser tout ce qui l'est. La propagande multiculturaliste va jusqu'à contraindre le peuple français à taire sa propre culture et sa propre identité, et à encourager les migrants et leurs descendants à exprimer la leur, jusqu'à l'intérieur des établissements scolaires. Les enseignants en subissent ensuite les conséquences, comme, par exemple, ce professeur de philosophie en classes préparatoires aux grandes écoles, qui a raconté aux membres du HCI, lors de son audition, qu'un élève avait refusé de passer un oral avec une femme. Comment avez-vous réagi, lui avons-nous demandé ? « Nous lui avons trouvé un homme pour passer son oral », nous répondit-elle. Cela se passe en France, pays où les salons littéraires étaient autrefois tenus par des femmes. Et nous voilà sommés par nos élites de considérer que ce qui se produit est un progrès, une chance pour la France.

En 2007, lorsque Rachida Dati est nommée par Nicolas Sarkozy ministre de la Justice, l'une de ses premières décisions, peut-être même la première, est d'installer des pôles anti-discrimination dans tous les parquets. À Bobigny, elle tient un discours édifiant à plus d'un titre :

« Je sais qu'ici les populations sont l'objet de discriminations sociales, économiques et culturelles. Je veux faire changer la perception qu'elles ont de notre justice, car elles ont encore plus besoin de justice que les autres. C'est pourquoi je souhaite créer dans tous les parquets un pôle anti-discrimination. Il y aura un magistrat et un délégué du procureur de la République dédiés à la lutte contre les discriminations[1]. » Et Rachida Dati de poursuivre : « C'est pourquoi je veux pour la France une justice adaptée au monde dans lequel elle agit et qui accompagne les changements qui rythment nos vies. Je ne veux plus qu'une partie de la population française pense que la justice n'est pas faite pour elle, qu'elle est même faite contre elle. Je veux leur dire qu'ils se trompent. »

Passe encore que des personnes prises au hasard dans la rue, et qui n'ont pas connaissance de tous les moyens que l'État consacre à l'immigration et à l'intégration, puissent tenir de tels propos ; mais venant d'un membre du gouvernement français, cela est inexcusable. Il est

1. Extraits du discours tenu le 22 juin 2007 au tribunal de grande instance de Bobigny (Seine-Saint-Denis) par Rachida Dati, ministre de la Justice.

une vérité qu'il convient de ne plus taire et que je n'ai eu pour ma part de cesse de rappeler, c'est que la victimisation des populations de l'immigration et la mise en accusation constante de la France et des Français depuis le début des années 1980 sont les principales causes de la violence dont ces derniers sont devenus la cible, et le corps enseignant n'y échappe pas...

Les profs pour cible

Début 2010, plusieurs agressions ont lieu dans des lycées. Excédés par le problème de la violence à l'école, les enseignants descendent dans la rue. Des « états généraux de la sécurité à l'école » sont organisés en avril de la même année pour « comprendre, prévenir, agir ». Ils sont présidés par Éric Débarbieux, de l'Observatoire international de la violence à l'école. J'y ai assisté. Pendant deux jours, le gratin de l'Éducation nationale et des experts défile sur l'estrade : ministres, chefs d'établissement, spécialistes divers, psychologues, sociologues, pédagogues, etc. Les propos sont tellement surréalistes, déconnectés du réel, qu'une syndicaliste à côté de laquelle je suis assise ne cesse de pester. À un moment donné, elle laisse fuser un cri du cœur : « Ce n'est pas une question d'argent. Les enseignants ne veulent plus y aller, dans ces quartiers. »

Ces états généraux étaient d'une nullité absolue. Une démonstration en force de l'esprit pédagogiste. Pour occuper le terrain et bâillonner de fait toute autre expression. Bon nombre des communications tournaient autour d'une unique préoccupation : apprendre aux enseignants comment ne pas déclencher des situations de tension, et c'est ainsi qu'il serait mis fin à la violence dans les établissements et les classes. Oui, c'est au prof de prendre une voix douce, de s'incliner. Ne manquait plus que le rétablissement de la punition physique de la règle pour que l'élève puisse taper sur les doigts de son professeur. Durant ces états généraux, l'objet de leur convocation n'a jamais vraiment été abordé. Il n'en est pas sorti grand-chose, mais cela n'a pas empêché Vincent Peillon, alors ministre de l'Éducation nationale, d'annoncer, le 16 septembre 2012, la création d'un observatoire de la violence scolaire dont « l'objectif [serait] de “mieux connaître les réalités”, mais aussi de “mettre en place un dispositif de prévention[1] ». Rebelotte. « L'idée est de créer “une nouvelle entité”, a alors expliqué Éric Debarbieux, qui a été chargé, par le ministre, de la diriger. “Ce ne sera pas quelque chose de théorique”, il s'agit au contraire de voir “comment on transmet la connaissance sur la violence à l'école dans l'action publique, au niveau national, académique, local. C'est la connaissance au service de l'action”, a-t-il précisé. » Pendant ce temps, plus de deux enseignants du secondaire sur trois envisagent de changer de métier[2]. Une tragédie pour l'avenir de notre pays. Chaque année, selon Rémi Boyer, président de l'association Aide aux profs, ce sont 1 000 démissions dans l'enseignement primaire et secondaire qui sont enregistrées, ainsi que 5 800 mises en disponibilité.

1. « Vincent Peillon annonce la création d'un observatoire de la violence scolaire », *Le Monde* avec l'AFP, 16 septembre 2012.
2. Sondage IFOP pour SOS Éducation, juin 2014.

Des élites miroirs de la société

Après des décennies d'une funeste propagande de victimisation et de mise en accusation de la France et de son peuple, nombre des enfants de l'immigration sont en effet profondément, et sincèrement, convaincus que l'ensemble de leurs difficultés et malheurs sont imputables au comportement des Français de culture française à leur égard, quand d'autres, par effet d'aubaine, exploitent le contenu de cette propagande pour se dresser de manière véhémente contre la France, qu'ils jugent décadente, ses valeurs étant trop éloignées de celles que porte leur propre culture. La victimisation a participé à décomposer le corps social en plusieurs camps. C'est aussi pourquoi il est à présent si aisé et si rapide, pour les adeptes de la nouvelle guerre sainte ou djihad, de lever des troupes en France et partout dans les pays occidentaux, qui ont tous, sans exception, versé dans la même idéologie de la victimisation-repentance et fondé des politiques publiques sur la base de cette idéologie. Si l'approche politique de ce sujet, développée depuis le début des années 1980, a échoué, c'est parce qu'elle part de constats erronés et qu'elle ne traite aucunement la source des problèmes, qui restent entiers et s'accroissent au fil du temps. Le processus d'intégration ne peut plus se dérouler dans des conditions normales, et l'assimilation – ou appropriation de l'identité française – relève de plus en plus du miracle. La France n'est pas seule dans ce cas. Il suffit de traverser la Manche ou de parcourir l'Europe, d'aller aussi au Canada, pour constater que ce modèle multiculturaliste est un dramatique échec. Il y avait tant d'exemples qui auraient dû alerter !

Imputer à la seule gauche la responsabilité de la situation actuelle serait une grave erreur qui nous empêcherait d'établir l'ensemble des fautes morales commises envers la France et son peuple, et cela ruinerait toute possibilité, pour les Français, de renouer les fils de leur destin. C'est toute notre époque qui a basculé dans des approches politiques simplistes. L'opinion publique était avide de telles approches, qui lui donnaient le sentiment que des problèmes graves et sérieux pouvaient se résoudre d'un coup de baguette magique. L'essentiel, pour les politiques, était de lui vendre du rêve, des chimères. Longtemps, trop longtemps, l'opinion publique a été encline à tout gober, pourvu que cela ne trouble pas son appétit de jouissance. Les élites politiques n'ont été que le reflet de la société qu'elles dirigeaient. Puis un jour, l'accumulation d'un certain nombre de faits et d'événements aidant, la société n'a plus eu d'autre choix que celui de voir ce qui s'étale sous ses yeux.

Même si la palette n'était pas très étendue, les citoyens ont toujours eu la possibilité de choisir leurs élites politiques et la ligne qu'ils portent. Si on se replace dans leurs époques respectives et dans le contexte dans lequel ils ont évolué, des personnalités comme Jean-Pierre Chevènement, Philippe de Villiers, Michel Rocard, Philippe Séguin et Hubert Védrine, pour ne citer qu'eux, ont tous été des visionnaires. Ils étaient d'une tout autre pointure que ceux que les Français leur ont préférés. Ils ont annoncé bien des situations que les Français touchent à présent du doigt, que ce soit au sujet du destin national ou du destin européen. Toutes ces personnalités fondaient leur approche sur leur connaissance de l'histoire, des institutions, des ressorts humains aussi, et non sur l'aptitude à savoir écarter de son chemin ses concurrents dans l'arène politique. Malheureusement, et j'ai pu l'observer, pour se hisser le plus haut possible dans la hiérarchie politique et surtout y durer, il faut être cynique, opportuniste, hyper-narcissique, intrigant, et ne pas hésiter à marcher sur le corps des autres. En résumé, il faut posséder le profil d'un tueur, comme l'a résumé sans langue de bois Nathalie Kosciusko-Morizet : « Je suis une tueuse. Il n'y a que des tueurs en politique. Certains savent tirer, d'autres pas. Les hommes politiques qui se présentent comme des Bisounours sont des menteurs… Certains vous tirent dessus de face, d'autres par-derrière. Je fais ça de face[1]. » L'heure est encore à la mode romaine de l'assassinat politique et, effectivement, ceux que j'ai cités plus haut n'avaient probablement pas le profil d'un tueur…

Le débat sur l'identité nationale torpillé

Durant sa campagne présidentielle de 2007, Nicolas Sarkozy promet la création d'un ministère de l'Identité nationale. Aussitôt arrivé au pouvoir, il nomme Brice Hortefeux ministre de l'Immigration, de l'Intégration, de l'Identité nationale et du Codéveloppement… Le ministre signe des accords bilatéraux d'immigration avec un certain nombre de pays sources de l'immigration. La particularité de ces accords, c'est qu'ils ouvrent, dans un nombre considérable de métiers, le marché du travail français aux ressortissants des pays concernés, faisant fi non seulement de la situation de panne de

1. Paul Chaulet, « NKM : les confessions d'une "tueuse" », leFigaro.fr, 29 juillet 2013.

l'intégration culturelle, mais aussi du haut niveau de chômage des Français et des immigrés déjà présents sur le territoire français. Un article du *Monde* mentionne le fait que le ministre s'est rendu en Afrique « pas moins de 22 fois » et que « ces voyages ont débouché sur la signature de huit accords bilatéraux avec le Gabon, le Congo, le Bénin, le Sénégal, la Tunisie, l'île Maurice, le Cap-Vert, le Burkina Faso. Mais pas le Mali[1] ».

Au début de l'année 2009, Éric Besson succède à Brice Hortefeux au poste de ministre de l'Immigration, de l'Intégration, de l'Identité nationale et du Développement solidaire. Une poignée de semaines plus tard, le président de la République le charge de lancer un débat sur l'identité nationale. La chose est faite en novembre de la même année.

À de multiples reprises, aussi bien dans la bouche de politiques, de gauche comme de droite, que d'intellectuels, j'entends dire que, « si les Français sont clairs sur leurs valeurs, sur leur identité, alors ils peuvent accueillir des flux importants d'immigrés sans que cela pose problème ». Pourtant, sitôt que les Français expriment avec clarté ce qu'être français signifie pour eux, alors toute la machine universitaire, politique et médiatique, qui peut compter sur le renfort du monde du spectacle, se met en branle pour les faire taire. Selon le moment ou la qualité de celui qui s'exprime, la contre-offensive se déroule selon plusieurs tactiques : procès en racisme ou procés en *lepénisation des esprits*. Comme je le disais à Dominique de Villepin : « C'est simple, traitez les préoccupations

1. Laetitia Van Eeckhout, « Immigration : le bilan de Brice Hortefeux », *Le Monde*, 13 janvier 2009.

légitimes des Français quant à leur identité, et [le FN] perdra sa raison d'être. »

Il existe une troisième tactique à laquelle la bien-pensance recourt, c'est celle de la culpabilisation des Français : l'exhumation récurrente de pages d'histoire – toujours les mêmes – donne un récit plus que minimaliste et bien noir, qui contiendrait la seule vérité de l'histoire de France ; et l'on complète cette image par une actualité toujours renouvelée : l'exhibition d'étrangers pauvres – les enfants et les femmes sont souvent privilégiés pour l'image –, supposés rejetés par la France, sa population : bref, ce serait toujours la même histoire qui se répéterait. Cela vaut pour la France, en premier lieu, en second pour l'Europe – puisque la France fait toujours moins bien que les autres pays européens… Un stade a été franchi avec l'intense médiatisation de la photo d'un tout petit enfant retrouvé mort sur une plage turque au début du mois de septembre 2015, après le naufrage de l'embarcation où il avait pris place avec ses parents pour rejoindre l'Europe. *Paris-Match* a raison, rien ne remplace *le choc des photos*.

Pendant près de trois mois au début de l'année 2010, des débats sont organisés à travers la France par le ministre Éric Besson, le plus souvent dans des lieux gérés par l'Administration. La droite ne s'attendait pas le moins du monde à ce que les Français s'en emparent si promptement. Après tant d'années de propagande, nos élites prévoyaient manifestement une discussion feutrée avec des citoyens tous devenus des bobos militants du Village planétaire, dans lequel leur propre identité se serait déjà diluée, voire dissoute. Ils ont dit ce qu'ils avaient sur le cœur, et ce, sans prendre aucun gant.

Au HCI, nous avons eu l'occasion d'échanger autour de l'opportunité qu'il y avait à organiser un tel débat. Pour ma part, j'estimais qu'il n'était plus temps de parler et que l'urgence était à l'action ; mais, puisque le débat était lancé, nous devions faire passer un certain nombre de messages politiques et de recommandations pratiques.

Pour s'exprimer, les citoyens se jettent sur les articles de presse qui traitent du sujet de l'identité, et prennent d'assaut le site que le ministère a dédié à ce débat, afin d'y poster leurs réactions et commentaires. Les messages publiés ont passé le filtre ou la censure des « modérateurs ».

Sitôt le débat lancé, on voit se déployer une multitude de forces pour le torpiller. Au secours, le débat « dérape », entend-on dire par de nobles esprits, recrutés parmi les politiques, les intellectuels, les gens du spectacle. Le débat serait « nauséeux ». Ceux-ci pilonnent sans relâche les Français qui s'expriment. Même un ancien Premier ministre belge, Guy Verhofstadt, se permettra de tirer une salve, au moment même où le débat est interrompu par le gouvernement : « Il y a décidément quelque chose de pourri en République française », déclare-t-il.

Le HCI s'est déplacé en Belgique en 2010. Ses membres ont rencontré plusieurs personnalités officielles, avec lesquelles un échange des plus intéressants a été mené pour comparer la situation de nos deux pays. Je faisais partie de la délégation et je peux certifier aux Français que la Belgique n'a pas de leçon à donner au peuple français. Au vu de la situation de son pays, M. Verhofstadt aurait mieux fait de se taire.

Le séminaire gouvernemental qui donne le coup d'arrêt au débat populaire sur l'identité nationale se tient le 8 février 2010. Nous assistons alors à une avalanche de réactions, parmi lesquelles celle de Jean-Marc Ayrault, alors président du groupe socialiste à l'Assemblée nationale, qui s'interroge : les mesures annoncées « permettront-elles de refermer les plaies qu'a ouvertes ce débat ? Je n'en suis pas sûr ». Plaies ouvertes ? C'est dire à quel point il est dénié aux Français le simple droit d'évoquer leur identité sur leur propre territoire ! Et la réaction de Jean-Luc Mélenchon, du Parti de gauche, qui s'exprime au micro de France Info : « Bon débarras ! Ça suffit ! Il faut parler d'autre chose parce que, de toute façon, ça ne pouvait déboucher sur rien. » Les mesures annoncées par le Premier ministre François Fillon au terme de ce séminaire sont tellement ridicules que je n'en citerai aucune. Pas une en effet ne traite avec le sérieux qu'elle mérite la question de l'identité nationale qui angoisse tant les Français qu'elle pourrait bien un jour faire soulever le couvercle de la marmite.

Beaucoup des élites politiques dites de droite ou du centre ont honte du débat sur l'identité nationale. Certaines personnalités rasent les murs. Les rares qui s'expriment le font pour s'en démarquer ou encore pour montrer leur appartenance à la boboïtude, c'est-à-dire au camp du Bien. François Baroin, Alain Juppé, Jean-Pierre Raffarin, Dominique de Villepin, François Bayrou et tant d'autres font part de leur désaccord. L'identité nationale est un sujet tabou. Ils parlent tous de République, n'ont que ce mot à la bouche, mais, finalement, dès qu'il s'agit d'aborder le contenu de la République française, donc de l'identité française, rien ne va plus. La République a été transformée en un slogan de campagne vide de sens pour eux. Désincarnée dans leur bouche, alors qu'elle porte en elle l'identité nationale. Une démocratie dans laquelle le peuple n'a plus le droit de discuter de son identité est une démocratie sans le peuple, donc une coquille vide.

Les journaux se font l'écho d'un échange violent qui se serait produit entre Bruno Le Maire, ministre de l'Agriculture, et Éric Besson. « Je pense, aurait dit Bruno Le Maire, que nous avons intérêt à élargir ce débat à tout ce qui constitue la force de l'identité nationale. On ne peut plus séparer la question de l'identité nationale de l'identité européenne[1]. » De l'art et la manière de noyer l'identité française dans un glomérat qui cherche à se construire sur la dépouille des nations, donc des identités des peuples de l'Union. Voilà bien longtemps que, dans ce sujet comme dans beaucoup d'autres, c'est la gauche politique, intellectuelle et médiatique qui impose sa partition à la société française.

Au début des années 2000, dans le milieu politique, les bobos se recrutaient surtout à gauche. Ce qui se voulait être un grand débat sur l'identité nationale a mis au jour l'extension de la boboïtude à tout le spectre politique, de la gauche à la droite.

Chaque jour est répété en boucle que la France doit devenir une société ouverte sur le monde et à toutes les identités, manifestement pas à l'identité française. Il ne fait décidément pas bon être français de culture française. Les Français le perçoivent avec une très grande acuité, et c'est la raison pour laquelle ils sont de plus en plus nombreux à se sentir apatrides sur la terre que leurs ancêtres ont façonnée après de longues batailles et de grandes souffrances.

1. « Identité nationale : un "débat élargi" », leFigaro.fr, dépêche AFP, 9 février, 2010.

En France, tout le monde a le droit d'être fier de son identité et d'en exprimer publiquement la traduction au quotidien, sauf les Français de culture française. Chaque fois qu'ils en viennent ne serait-ce qu'à exiger le respect de leur identité, ils peuvent se voir accusés de racisme, de xénophobie et à présent d'islamophobie. Pour un peuple, la négation constante de son identité est une frustration sans borne et représente une véritable humiliation. Cette humiliation se mue peu à peu en colère sourde. Comme toujours en pareille situation, il y aura un retour de balancier.

Le débat populaire est stoppé dans son élan, mais le ministre Éric Besson, qui, je m'en souviens fort bien, était alors traité comme un pestiféré – y compris par l'administration, ainsi que par ses nouveaux amis politiques de droite –, va lancer une nouvelle phase de réflexion, plus contrôlée et contrôlable. C'est ainsi qu'il organise, le 8 avril 2010, un colloque intitulé « Identités nationales, identité européenne », auquel participeront des ministres européens, puis une série de rencontres avec des intellectuels qui prendront le nom de « Lundis républicains ».

Il faut faire taire Monsieur Z

Avant d'évoquer les Lundis républicains, je souhaiterais relater ce qui s'est produit lors d'un dîner avec le ministre Éric Besson. Cela concerne le respect de la liberté d'expression, mais aussi l'impossibilité, y compris au sein des élites politiques, ne serait-ce que d'aborder, de près ou de loin, tout ce qui touche à l'immigration.

Nous sommes le lundi 8 mars 2010, je suis donc invitée à un dîner donné par le ministre de l'Immigration, de l'Intégration, de l'Identité nationale et du Développement solidaire à l'occasion de la Journée de la femme. Dans la salle, un certain nombre de tables ont été dressées. Comme toutes, celle du ministre comprend uniquement des femmes. La plupart des invitées de la table du ministre sont des femmes du monde politique. À peine sommes-nous assis que la voisine de gauche du ministre lance la conversation : « Il faut le faire taire, celui-là. » Elle s'en prend à un journaliste qui, à ses yeux, a dépassé les bornes. Elle ne donne aucune précision sur le contenu de ce qu'elle lui reproche, mais elle cite son nom, ainsi que la polémique dont il est l'objet dans les médias depuis deux jours. Elle répète simplement, à plusieurs reprises, qu'il n'est plus possible de le laisser continuer de s'exprimer. « Il faut absolument le faire taire », insiste-t-elle. Je suis consternée d'entendre une telle demande formulée à la table d'un ministre. Où est le respect de la liberté d'expression ? Celle qui demande au ministre de trouver le moyen de le faire taire est une femme politique. Elle ne se pose pas une seule seconde la question du respect de la liberté d'expression dans notre démocratie, liberté que nous devrions au demeurant sanctuariser. En démocratie, c'est par le débat (contradictoire) et la force des arguments que l'on se doit d'affronter un adversaire lorsque l'on n'est pas d'accord avec ce qu'il soutient. Je m'immisce dans la discussion. Quels sont ses arguments ? En réalité, elle n'en a pas un seul à développer qui soit consistant... Le ministre l'écoute, m'écoute, nous écoute toutes les deux. Son visage va de l'une à l'autre. Il ne dit rien qui puisse lui laisser penser qu'il partage son avis. Quand il tourne la tête vers elle, il me semble qu'il l'écoute poliment, comme on dit de quelqu'un qui ne compte pas accéder à la demande qui lui est formulée. Lorsque se produira l'attentat contre *Charlie-Hebdo*, la force des mots – « Il faut le faire taire, celui-là » – prononcés par cette femme résonnera aussitôt dans ma tête.

Deux jours avant ce dîner avec Éric Besson, une violente polémique a éclaté autour de propos tenus par le journaliste et écrivain Éric Zemmour, car c'est de lui qu'il s'agit dans cette discussion. Pourtant, le basculement dans la délinquance d'enfants de l'immigration a déjà été évoqué, notamment par des sociologues, sur la base d'enquêtes de terrain. À ce propos, je rappellerai un peu plus loin celle qui avait été menée par Hugues Lagrange, en collaboration avec deux sociologues, car elle méritait la plus grande attention tant elle appelait à se pencher, de toute urgence, et avec le plus grand sérieux, sur l'aide à apporter aux enfants et familles concernés...

Dans *Le Puzzle de l'intégration*, j'avais analysé le pourquoi de la rébellion contre l'ordre établi et contre les représentants des institutions de certains enfants de l'immigration. J'avais montré que cette rébellion faisait partie des symptômes qui signalaient la présence de problèmes d'ordre identitaire dont certains enfants de l'immigration extra-européenne pouvaient être le siège. J'avais longuement insisté sur le fait qu'il convenait de prendre de toute urgence ces signes au sérieux, d'une part pour trouver le moyen de leur venir en aide, d'autre part pour protéger notre société des conséquences de leurs comportements. Bien sûr, dans la mesure où tout débat sur l'identité nationale est impossible dans une société qui a été prise en otage par ses propres élites, une fois encore, il était illusoire d'espérer débattre de quoi que ce soit.

Au pays de Descartes, la polémique déclenchée autour d'une partie du propos tenu par Éric Zemmour allait inspirer un exercice destiné à des lycéens de terminale scientifique. C'est ainsi que je découvris un jour dans un livre de mathématiques l'exercice suivant :

« Monsieur Z., journaliste citron, est accusé par la ligue Orange d'avoir déclaré : "La plupart des menteurs sont Orange." Pour sa défense, monsieur Z. réplique que ce qui est condamnable, ce n'est pas de constater statistiquement que "La plupart des menteurs sont Orange", mais de prétendre en déduire que "la plupart des Orange sont menteurs", un propos qui, lui, tombe clairement sous le coup de la loi.

Alors, citoyen responsable et matheux que vous êtes, que vous soyez orange ou citron, faites-vous l'avocat de monsieur Z.[1] ! »

La morale de cette histoire est la suivante : comme me l'avait dit un jour Marcel Gauchet, et ce, bien avant cette polémique sur la délinquance de jeunes de

---

1. Suite de l'exercice : « Vous considérerez que la population adulte du pays de monsieur Z. est orange à 90 % et citron à 10 %, et que la proportion d'adultes menteurs est estimée à 5 sur 1 000 dans la population adulte totale.

En prenant comme expérience aléatoire, le choix au hasard d'une personne adulte dans cette population et en désignant par O et M les événements « la personne est Orange » et « la personne est un menteur », vous montrerez que la probabilité de O conditionnée par M peut largement dépasser 0,5 (propos de monsieur Z.) sans que la probabilité de M conditionnée par O soit plus élevée qu'elle ne l'est dans la population totale. Pour cela il sera intéressant d'évaluer le rapport $P_M(O)/P_O(M)$.

l'immigration, dans le monde de la philosophie et plus généralement dans celui des sciences humaines, il y a trop de *verbeux* et plus vraiment de mathématiciens capables de raisonner sur la base de la logique et non sur celle de l'émotion.

Dans une remarquable lettre[1] qu'il adressa à la présidente de la 17e chambre correctionnelle du tribunal de grande instance de Paris, l'ancien ministre de l'Intérieur Jean-Pierre Chevènement appuya la défense de monsieur Z. :

« Je crains que le "politiquement correct" ne finisse par tuer le débat républicain… Sans doute M. Zemmour a-t-il, dans le feu de la discussion, utilisé une formulation excessivement brutale, mais il n'a, hélas, pas dit une chose matériellement inexacte. Il suffit, comme j'ai eu l'occasion de le faire, de consulter les listings de la Direction centrale de la Sécurité publique du ministère de l'Intérieur, pour constater que plus de 50 % des infractions constatées sont imputables à des jeunes dont le patronyme est de consonance africaine ou maghrébine. » Et Jean-Pierre Chevènement de poursuivre : « Dans l'état actuel du débat public, ce n'est pas la liberté d'expression, mais, comme il est écrit sur un tableau de Goya, le sommeil de la raison qui enfante les monstres. »

Une étude très instructive sur la délinquance des enfants issus de l'immigration a été réalisée par une équipe de trois sociologues dont faisait partie Hugues

1. Lettre du sénateur du territoire de Belfort, Jean-Pierre Chevènement, à madame Anne-Marie Sauteraud, présidente de la 17e chambre correctionnelle du tribunal de grande instance de Paris, 3 janvier 2011.

Lagrange. L'étude[1] n'est pas récente, preuve qu'il existait déjà des observations qui auraient dû être prises au sérieux par les élites de gouvernement. Elle avait été menée sur un échantillon de jeunes résidant à Paris, en région parisienne et dans la banlieue de Nantes, puis avait donné lieu à publication en 2006. Les trois chercheurs y ont conduit une analyse portant sur les actes de vol, dégradations, bagarres, altercations avec outrage, rébellion ou violence contre des personnes dépositaires de l'autorité. Ils ont notamment pointé qu'un adolescent élevé dans une famille originaire du Sahel était sept fois plus impliqué dans les actes de délinquance, et un jeune issu de l'immigration maghrébine l'était trois fois plus, qu'un jeune issu d'une famille française de souche ; que cette implication dans la délinquance s'atténuait seulement de moitié en cas de bons résultats scolaires des jeunes issus de l'immigration du Maghreb ou du Sahel ; et que cette statistique restait vraie dans tous les milieux sociaux, même quand les parents des jeunes issus de l'immigration travaillaient et disposaient d'une bonne situation, par exemple professeurs de lycée ou dirigeants d'association. À la lumière des résultats obtenus dans le cadre de leur étude, les sociologues concluaient, entre autres, que la thèse selon laquelle les jeunes seraient d'autant plus impliqués dans la délinquance qu'ils viendraient de milieux pauvres, de parents à faible bagage scolaire, ou de structures familiales altérées, ne tenait pas. C'est pourtant cette propagande qui a été servie pendant longtemps et continue de l'être.

1. Hugues Lagrange, Suzanne Cagliero, Franck Sina, Sandrine Panhalleux, « La mise en danger de soi et d'autrui », OSC/CNRS-Sciences-Po Paris, ALRS, CNS Nantes, septembre 2006.

La politique du fait accompli

Une collègue, avocate de son état, commise d'office à la défense d'un jeune délinquant qui se trouvait être d'origine extra-européenne, me raconta un jour par le menu le cas de son client, encore profondément ébranlée par ce qui venait de lui arriver : alors qu'elle attend avec lui leur tour pour l'audience, elle le surprend, dans l'enceinte même du tribunal, en train de « faire la poche » de son voisin ! Elle décrit à la juge ce qu'elle vient de vivre et lui explique que, dans de telles conditions, il lui est impossible de défendre le jeune homme. C'est alors que la juge entreprend de donner une leçon, non pas au jeune délinquant, mais à son avocate qui refuse d'assurer sa défense. Quelques mois plus tard, ne supportant plus l'évolution des conditions d'exercice de son métier, elle l'abandonna. Ce métier d'avocate, elle s'était pourtant longtemps battue pour pouvoir l'exercer. Venant elle-même d'un milieu pauvre et non instruit, elle avait dû consentir de lourds efforts et sacrifices. Cela m'a beaucoup attristée.

Le sujet de l'immigration-intégration est celui où censure et autocensure s'exercent le plus violemment. Il n'y a plus aucun espace, hormis peut-être entre les murs de leur maison, et encore !, où les Français peuvent exprimer librement ce qu'ils ressentent. Une amie me racontait un jour son incompréhension et sa tristesse absolue d'avoir, au détour d'une discussion anodine, été traitée de raciste par ses propres enfants, dont le cerveau avait manifestement été lavé par leurs enseignants. En effet, c'est entre les murs de nos écoles que l'endoctrinement a fait le plus de ravages ces dernières années. Il suffit de jeter un œil dans certains manuels scolaires, de lire soi-même la littérature choisie par certains enseignants, et que les élèves sont tenus de lire, pour réaliser que les parents qui n'ont ni le temps ni la possibilité d'échanger régulièrement avec leurs enfants, mais aussi de leur mettre à disposition d'autres ouvrages pour les aider à se construire un esprit critique, perdront en partie leurs enfants, qui se mettront à les juger.

Le corps enseignant, aussi, a joué un rôle dans la décomposition française. Il s'est lui-même entravé en versant dans le relativisme culturel, et ce n'est pas parce qu'il est aujourd'hui victime de violences qu'il faut taire sa part de responsabilité. Tout comme la classe politique, il refuse cependant de faire son examen de conscience. Il doit s'y résoudre s'il souhaite aider l'école à recouvrer les conditions minimales d'exercice de sa mission.

Il est une autre discussion lors de ce dîner du 8 mars avec le ministre Éric Besson qui mérite d'être mentionnée. Assise à mes côtés se trouve une parlementaire de droite. Au cours du repas, elle interpelle le ministre. Elle s'insurge contre le fait que le gouvernement ne s'occupe pas suffisamment du problème de la polygamie, préoccupant à ses yeux. J'ai la présence d'esprit de lui demander de préciser les raisons de son ire et de me dire ce qu'elle pense que devrait faire le gouvernement. Je suis à mille lieues d'imaginer sa réponse. Selon cette élue, le gouvernement n'en fait pas assez sur la polygamie : elle souhaiterait qu'il débloque davantage de moyens financiers pour, dit-elle, et ce sont ses termes, « décloisonner les femmes ». Ne comprenant pas ce que cela signifie, je lui demande de préciser son propos, ce qu'elle fait de bonne grâce : le gouvernement doit mettre à disposition un logement par épouse, car, en l'état actuel, des problèmes de cohabitation se posent entre les différentes épouses. J'ai failli tomber de ma chaise !

Cette politique, c'est celle du fait accompli. Cela fait plus de trente ans que les politiques laissent enfreindre les lois, puis placent ensuite les Français devant l'obligation d'accepter ce qui est et même les somment de faire bonne figure. En matière d'immigration et d'intégration, la politique du fait accompli est leur seul moteur. Ainsi en est-il, entre autres, de la politique concernant ceux qui sont entrés de manière clandestine sur le territoire et ont réussi à s'y maintenir, donc que l'on finit par régulariser ; ainsi en est-il du regroupement familial, car il faut bien que ceux qui sont là vivent avec ceux qu'ils ont choisis ; de la nationalité accordée à raison de mariages avec d'heureux détenteurs de papiers français ou encore à raison de la seule naissance sur le sol français ; de la prise en charge médicale intégrale accordée sur la base de raisons sanitaires ; des exigences scolaires sans cesse revues à la baisse pour éviter la noyade à nombre d'élèves (la mise en œuvre du socle de connaissances et de compétences en est l'un des avatars) ; de l'adaptation des repas servis à la cantine, car il faut bien que les enfants mangent de la viande ; des horaires de piscine pour que les femmes puissent aussi nager ; de la laïcité, qui de manière générale est continûment malmenée par les politiques, qui préfèrent capituler en toutes circonstances dans le vain espoir de perpétuer le vivre-ensemble… La liste est longue. Chacun peut l'enrichir.

Mon Lundi républicain

Le cycle des Lundis républicains succède au grand débat sur l'identité nationale qui a été torpillé au printemps 2010. Il est inauguré début mai par le philosophe et ancien ministre de l'Éducation nationale Luc Ferry. Je prends sa suite le 10 mai. À l'époque, un discours public de Recep Tayyip Erdogan, alors Premier ministre de Turquie, choque et perturbe. En visite d'État en France, intervenant au Zénith de Paris le 6 avril au soir, devant un parterre d'environ six mille de ses concitoyens, celui-ci leur tient le discours suivant :

« Personne ne peut vous demander d'être assimilés. » « Pour moi, le fait de demander l'assimilation est un crime contre l'humanité, personne ne peut vous dire : renonce à tes valeurs. » Mais il leur enjoint de « demander la double nationalité pour être les diplomates de la Turquie en Europe », et les rassure : « La France vous a donné le droit à la double nationalité : pourquoi vous ne la demandez pas ? Ne soyez pas réticents, ne soyez pas timides, utilisez le droit que la France vous donne. Prendre un passeport français ne vous fait pas perdre votre identité turque. » Est-il encore nécessaire d'analyser ses propos, tant ils sont explicites ?

Le jour de mon intervention aux Lundis républicains, le ministre Éric Besson, assis à mes côtés, exprime son incompréhension : « Le Premier ministre [turc] a dit quelque chose qui m'a troublé. Il a dit aux Turcs de France : prenez la nationalité française, intégrez-vous, mais refusez l'assimilation. Parlez le turc et utilisez la nationalité française pour promouvoir l'identité et la langue turques. » Il développe en citant son cas personnel : lui a vécu ses dix-sept premières années au Maroc, il reste très attaché à ce pays, mais a souhaité rester français. Il ne comprend donc pas que des étrangers puissent prendre les papiers d'identité français alors qu'ils ne souhaitent pas devenir français.

Il me demande de réagir aux propos du Premier ministre turc, aux siens que je viens de résumer, et surtout de lever son incompréhension par ma réflexion. En effet, je défends depuis le début, et n'ai pas varié, que l'insertion doit être imposée, mais que, en revanche, l'assimilation ne doit pas l'être, que de toute façon elle ne peut pas l'être et qu'il convient, en conséquence, de faire ce que les politiques auraient toujours dû faire, à savoir respecter le code civil qui impose que la naturalisation – donc la délivrance de papiers d'identité – soit subordonnée à l'assimilation.

Voici un extrait de ma réponse au ministre Éric Besson, enregistrée et dont on peut trouver en ligne la vidéo :

« Le Premier ministre turc demande aux gens de prendre la nationalité du pays d'accueil pour qu'ils militent pour la Turquie. Mais, Monsieur le ministre, il ne faut pas être naïf ! Si on vous en donne la possibilité… Qu'est-ce que la citoyenneté ? C'est devenir architecte du projet politique collectif. Au Premier ministre turc, qui peut en vouloir ? Chacun réfléchit en fonction des intérêts de son propre pays. Nous sommes là sur la scène géopolitique. Son intérêt, c'est que le maximum de Turcs prennent la nationalité des pays européens où ils se trouvent et qu'ensuite, avec ce statut d'architectes, ils travaillent pour leur pays d'origine. »

J'ai conclu : « Le Premier ministre turc Erdogan est dans une attitude stratège. Pourquoi se priverait-il de ça alors que l'Europe le permet ? »

Aujourd'hui, avec l'expérience qui est la mienne, je ne dirais plus, comme je l'ai dit : « Chacun réfléchit en fonction des intérêts de son propre pays », car ce n'est pas le cas pour une grande partie des élites occidentales de commandement. Ce sont leurs décisions, et souvent aussi leurs non-décisions, qui ont placé leurs propres pays sur la voie de la décomposition, mettant en péril la continuité historique des peuples sur lesquels elles ont la charge de veiller. Elles ne servent que leur propre personne, pas même les étrangers qu'elles disent vouloir protéger. Se dire au service de celui qui peut apparaître comme vulnérable permet en effet de présenter une image jugée sympathique, selon le filtre de notre époque, et d'en récolter des bénéfices. Derrière les comportements d'empathie, on trouve beaucoup d'hypocrisie et de narcissisme, mais aussi une incapacité chronique des citoyens de nos démocraties à assumer quelque conflit que ce soit ; c'est pourquoi ils cèdent immédiatement, et c'est aussi ce qui a donné naissance à l'idéologie des « accommodements raisonnables ».

Il n'y a rien de nouveau dans ce que le Premier ministre turc a déclaré à Paris. Il avait déjà dit la même chose en Allemagne deux ans plus tôt. Il eût fallu le remercier de ses propos, le remercier d'avoir abattu ses cartes avec autant de spontanéité. En 2008, à Cologne, s'exprimant devant 20 000 de ses concitoyens, il les avait publiquement exhortés à ne pas s'assimiler, leur assenant déjà que « l'assimilation est un crime contre l'humanité ». Il leur avait demandé d'« apprendre la langue du pays » et de « participer à la vie politique » allemande.

En Allemagne, les propos tenus par Recep Tayyip Erdogan avaient déclenché des réactions politiques.

Certains avaient déclaré qu'ils ne voulaient pas de « petite Turquie » au sein de l'Allemagne. Peter Struck, qui présidait le groupe SPD au Bundestag, avait réagi : « Nous ne voulons pas de société parallèle en Allemagne. » Angela Merkel sortit un petit baratin qui ne mangeait pas de pain : « Nous ne sommes pas encore au bout de la discussion. L'intégration suppose qu'il y ait une disposition à s'adapter au mode de vie d'un pays. » Et ensuite ? Eh bien, il ne se passa rien de notable, hormis une intensification des mouvements migratoires vers l'Allemagne, qui figure désormais, en 2015, dans le peloton de tête des terres d'accueil en Europe.

La crainte d'être en minorité

Nous sommes sous le régime de Schengen, c'est-à-dire dans la situation suivante : lorsque vos voisins reçoivent des invités, ces derniers auront ensuite très vite le droit d'entrer chez vous, et vous n'aurez pas grand-chose à y redire. Et si d'aventure ces personnes enfantent dans votre maison, alors leurs enfants deviendront, dès leur majorité, détenteurs d'un titre de propriété sur votre maison, au même titre que vos propres enfants. De même en sera-t-il de leurs conjoints si ces invités contractent mariage. L'accepteriez-vous ? Non ? C'est pourtant exactement ce qui se produit avec Schengen. Quant à la mise en indivision de vos biens, c'est, ni plus ni moins, ce que prévoit notre code de la nationalité, et, là encore, il n'est pas juste d'en incriminer les enfants de l'immigration. Ils ne font que disposer de ce que les textes de loi ont prévu en la matière.

La situation ne serait pas aussi critique si les élites n'avaient pas adopté, puis déployé, des politiques qui ont conduit, de fait, à la cohabitation de plusieurs peuples sur un même territoire, faisant naître chez les peuples autochtones l'angoisse sous-jacente d'être un jour mis en minorité sur leurs propres terres.

Les conflits que nous connaissons iront en s'amplifiant, car, en dépit de toutes les informations de terrain qui leur étaient remontées, les élites ont en effet persisté dans la même voie et l'immigration s'est mise à peser de plus en plus sur le plan de la démographie électorale. C'est pourquoi il n'est à présent plus possible d'espérer que les gouvernants agissent avec sagesse, c'est-à-dire dans le respect de l'intérêt général. Ils se sont eux-mêmes amputés de cette liberté fondamentale. Or, des élites qui ne peuvent plus agir librement se délégitiment et perdent leur raison d'être. Nous le voyons aujourd'hui à l'échelle européenne.

Face à l'afflux de migrants – dont une partie seulement est la conséquence directe de la déstabilisation, par ces mêmes élites, des pays sources –, la seule chose que trouvent à faire les dirigeants européens, c'est d'imposer une ventilation des migrants entre les différents peuples de l'Union. Contrairement aux apparences, la situation actuelle n'est pas le fait des pays sources de l'immigration, mais celle des États des pays d'accueil. En accordant des titres de séjour à la plupart de ceux qui foulent le sol européen – même illégalement – ; en permettant l'auto-engendrement des flux migratoires par le biais des mariages – selon l'expression de la démographe Michèle Tribalat – ; en distribuant à tour de bras des papiers d'identité sans jamais poser l'assimilation comme préalable, ce sont eux qui ont créé une incitation au départ des migrants qui affluent désormais massivement vers l'Europe, pour le plus grand profit des filières crapuleuses de passeurs, sans oublier ceux qui trouvent aussi un intérêt à ce que des populations non occidentales s'installent en masse en Europe. Ils savent en effet parfaitement que ces migrants, une fois installés en terre européenne, finiront par se poser, pour eux-mêmes ou pour leurs enfants, des questions d'ordre identitaire et qu'une partie d'entre eux, otages du phénomène de dissonance identitaire, ira renforcer le poids de la contestation anti-valeurs occidentales qui atteint déjà des niveaux importants partout en Europe. Les Européens qui pensent faire acte de charité sont les premiers artisans du désordre qui s'annonce.

Voilà longtemps que la sagesse commandait que l'on se retirât unilatéralement de ces calamiteux accords de Schengen. Voici ce que révèle Pierre Joxe, qui était le ministre de l'Intérieur de François Mitterrand, au moment même de la signature de ces accords en juin 1985 : « Tout le monde était ébloui par l'Europe, la libre circulation des personnes. Les accords de Schengen, j'étais contre. Je l'ai dit à François Mitterrand, qui m'a envoyé sur les roses. Je lui ai dit : "Avec Schengen, on met la frontière de la France au Pirée." Historiquement, cela a été une folie et un aveuglement collectifs. Une erreur terrible a été commise[1]. »

Avec l'afflux de migrants en provenance de Syrie, quelques pays européens rétablissent les contrôles à leurs frontières. La politique de la voiture-balai dans

1. Pierre Joxe, « Les accords de Schengen, j'étais contre », in « Face aux chrétiens », émission du 10 septembre 2015, propos reproduits par lepoint.fr.

toute sa splendeur : aucune anticipation. À chaque coup, les politiques agissent une fois que le lait déborde de la marmite et, tels des pantins, s'agitent dans tous les sens.

La politique du loup dans la bergerie

Dominique de Villepin approuvait le projet d'intégration de la Turquie au sein de l'Union européenne. Il m'eût été très difficile, voire impossible, de continuer à le soutenir jusqu'à la dernière marche du pouvoir s'il ne changeait pas d'avis.

L'adhésion de la Turquie à l'Union européenne, si elle se produit, accélérera la mort du projet d'une Europe politique qui se trouve déjà fortement compromis. C'est l'un des aspects qui mettent le mieux en évidence l'abandon de l'idée d'une Europe puissance qui était le plus à même de protéger ses peuples dans un monde redevenu instable.

Je ne comprenais pas comment un homme aussi averti que lui en matière de géopolitique pouvait défendre l'idée que la Turquie rejoigne l'Union européenne, alors qu'il connaissait l'ampleur des difficultés à construire un projet solide entre pays et peuples européens pourtant proches. Je lui demandai un jour de m'expliquer ce qui fondait son choix. Il le justifia par la démographie. Avec la Turquie, nous pèserions davantage sur la scène internationale, qui se dessinait de plus en plus autour de grands blocs démographiques. Nous pèserions davantage que les États-Unis ! Je lui fis remarquer que son argument n'avait guère de sens et qu'il ne tenait pas debout : nous étions déjà cinq cents millions, alors que les États-Unis dépassaient de peu les trois cents millions sans que cela les empêche de peser davantage que l'Union européenne dans bien des domaines sur la scène internationale. Ne pouvant rien répondre, il resta la bouche ouverte. Mais cette bouche ouverte n'était pas pour moi une réponse suffisante. Je revins donc à la charge quelque temps plus tard. Il finit par lâcher le morceau. Nous ne pouvions pas laisser la Turquie en dehors de l'Europe, sinon elle finirait par basculer de l'autre côté, à savoir du côté de la menace islamiste. Je n'en revenais pas. Pour se protéger de ce qui pouvait se révéler un loup, il trouvait plus prudent de le faire entrer dans la bergerie afin de tenter de l'amadouer, et surtout de l'avoir à l'œil !

Cette approche est l'approche actuellement employée par le gouvernement dans le dossier du terrorisme. Au lieu de laisser sortir les combattants de la guerre sainte et de leur refermer ensuite la porte au nez, le pouvoir les empêche de quitter le territoire français. Cela n'est manifestement pas nouveau, puisque, au lendemain de l'attentat contre *Charlie-Hebdo* et l'épicerie casher, on a appris que l'un des deux frères terroristes avait déjà été poursuivi et écroué, dès 2005, pour « association de malfaiteurs en relation avec une entreprise terroriste », et que les deux frères sont soupçonnés d'avoir, quelques années plus tard, tenté de faire évader de prison un homme impliqué dans l'attentat de 1995 à la station Musée-d'Orsay du RER C à Paris. Quant au terroriste de l'épicerie casher, lui aussi avait déjà été repéré depuis plusieurs années par les services de l'antiterrorisme. Ce ne sont pas ces services qu'il convient de blâmer, car c'est le Parlement, donc les politiques, qui ne leur a pas donné les moyens juridiques de l'action.

Quelle stratégie les gouvernements européens utilisent-ils aujourd'hui pour protéger leur pays des apprentis combattants de la nouvelle guerre sainte qui sont porteurs de cartes d'identité de pays de l'Union ? Tous les retiennent à l'intérieur de leurs territoires, alors que l'esprit de responsabilité voudrait que, tout au contraire, ils les laissent sortir, puis les empêchent de revenir. Les pays européens disposent de tous les moyens pour ce faire. Les uns après les autres, ceux qui sont empêchés de partir finiront par tenter de passer à l'acte sur le territoire européen, et nos dirigeants le savent. En droit, cela s'apparente à une mise en danger de la vie d'autrui. Est-il acceptable d'entendre le Premier ministre Manuel Valls lancer à un parterre de lycéens du lycée agricole de Brie-Comte-Robert (Seine-et-Marne), à propos du terrorisme : « Votre génération doit s'habituer à vivre avec ce danger, et ce pendant un certain nombre d'années[1]. »

Lorsque l'on écoute le juge d'instruction antiterroriste Marc Trévidic s'exprimer, on réalise à quel point les politiques, alors même qu'ils ont connaissance depuis longtemps d'un certain nombre de faits (le juge Marc Trévidic évoque le début des années 1990), n'ont rien fait de significatif pour protéger la France et les Français : « Ils sont beaucoup plus dangereux au retour, donc le problème est la gestion du retour, qui est la première menace [...]. La menace est plus élevée dans la mesure où le nombre de personnes à surveiller est plus élevé. C'est plus ça, le problème, sur le territoire français, que l'ensemble de la situation géopolitique. » Le juge

1. Paris, présentation des mesures du gouvernement pour l'Éducation, 22 janvier 2015.

évoque le début de ce phénomène : « Depuis 92, 93, nous avons des Français qui partent faire le djihad, en Afghanistan, en Indonésie, en Tchétchénie, en Bosnie, en Somalie, au Yémen, en Irak, mais à chaque fois on n'en avait jamais plus de quarante, cinquante par djihad. Là, on passe à 700, 800, pour l'instant. La moitié des gens qui revenaient préparaient des actions terroristes, mais comme c'était la moitié de quarante, de cinquante, on avait les moyens de contrôler très efficacement. Si on garde le ratio et qu'on considère que la moitié des gens qui sont allés sur zone de djihad ont des mauvaises intentions au retour, c'est très inquiétant[1]. »

Le juge précise donc bien que ce phénomène de djihad est connu depuis le début des années 1990. Qu'ont fait les élites gouvernementales pour protéger la France ? Pas grand-chose. Pire que pas grand-chose, elles ont persisté dans leurs erreurs. Elles ont même couvert le tout d'un manteau de bons sentiments. Les Français devaient donner encore plus, toujours plus, et tout finirait par rentrer dans l'ordre. Que font-elles aujourd'hui face à l'ampleur que prend le phénomène décrit par le juge Trévidic ? Elles laissent les terroristes porteurs de cartes d'identité revenir sur le sol national, alors même qu'elles pourraient activer de toute urgence la déchéance de la nationalité, au titre du principe de précaution qu'elles savent parfaitement activer, y compris sur des sujets dont elles sont incapables de définir les contours.

Là, elles continuent même de prendre en charge leurs proches et se laissent embarquer dans des contes de fées autour de modules de « déradicalisation ». Elles laissent

1. Marc Fauvelle, « Le 7/9 de l'été », France Inter, 9 juillet 2014.

également s'intensifier les flux migratoires de ressortissants de contrées dont elles savent parfaitement que l'intégration culturelle échouera pour un grand nombre.

Voici ce que le juge Marc Trévidic écrit dans l'un de ses livres : « Ce comportement dépasse les praticiens laïcs antiterroristes que nous sommes. Nous trouvons cela absurde et irresponsable. Manifestement, les jeunes épouses ne voient pas les choses sous cet angle. Elles se retrouvent effectivement veuves, sans autres ressources que l'aide familiale ou les allocations, mais elles admirent néanmoins leur martyr de mari qui les a mises dans cette situation précaire. Le plus souvent, elles savaient exactement à quoi s'en tenir[1]. »

Les citoyens ont-ils jamais consenti à ce que leurs impôts et le fruit de la solidarité nationale soient employés de la sorte par leurs gouvernants ?

La droite, qui accuse la gauche, aurait-elle su mieux agir ? Je ne le pense pas, car la droite capitule sitôt que la bien-pensance montre les crocs, y compris sur des situations moins complexes et bien plus simples à gérer, comme l'illustre l'exemple suivant. Le 30 juillet 2010, le président Nicolas Sarkozy prononce à Grenoble un discours qui va aussitôt déchaîner la meute des bien-pensants. Dans la presse, ce discours est baptisé « le discours de Grenoble ».

Quinze jours plus tôt s'est produite une succession de violences. Suite au braquage d'un casino dans l'Isère le 15 juillet, l'un des braqueurs est abattu lors d'un échange de tirs avec une patrouille de la brigade anticriminalité. S'ensuivent plusieurs jours de violences

1. Marc Trévidic, *Terroristes. Les 7 piliers de la déraison*, Jean-Claude Lattès, 2013.

dans les quartiers pudiquement appelés « sensibles » ou « difficiles » de Grenoble, entre des « jeunes » et la police. Si je place « jeunes » entre guillemets, c'est parce que c'est le terme auquel il faut recourir, non seulement dans les médias, mais aussi dans les réunions, y compris au sein de nos institutions, pour évoquer les enfants issus de l'immigration, qu'ils soient mineurs ou majeurs. Lorsqu'il s'agit de jeunes Français de souche, personne n'emploie ce vocable. On parle alors, selon le sujet traité, d'enfants, d'adolescents, d'élèves, de collégiens, de lycéens, d'étudiants, de jeunes adultes, de jeunes salariés, etc.

À une poignée d'heures d'intervalle, un membre de la « communauté des gens du voyage » est abattu dans le Loir-et-Cher par la police alors qu'il vient de forcer un barrage routier. Sa mort est suivie de violences qui nécessitent le déploiement de près de trois cents gendarmes. C'est dans ce contexte que Nicolas Sarkozy prononce le fameux « discours de Grenoble ». Il égrène un certain nombre d'annonces, mais ce qui déclenche l'hystérie est la proposition de « réévaluer les motifs pouvant donner lieu à la déchéance de la nationalité française », car, poursuit-il, « la nationalité française doit pouvoir être retirée à toute personne d'origine étrangère qui aurait volontairement porté atteinte à la vie d'un fonctionnaire de police ou d'un militaire de la gendarmerie ou de toute autre personne dépositaire de l'autorité publique ».

Les médias veulent connaître le nom – pour lui faire la peau – du conseiller qui a rédigé le discours du Président. Dans le but de desserrer l'étau qui étreint l'Élysée, des proches du Président jettent en pâture à la presse le nom de Maxime Tandonnet, conseiller à l'immigration.

Lorsqu'un Président ou toute autre personnalité prononce un discours, ce discours devient le sien, et il doit l'assumer ; il ne peut en être autrement. Aussitôt qu'il est prononcé, le discours n'appartient plus à son ou ses rédacteurs, quels qu'ils soient. Dans le cas contraire, cela signifie que le Président, dans certaines situations, peut être réduit à une banale marionnette ventriloque, ce qui serait particulièrement préoccupant et dangereux.

Maxime Tandonnet ne reconnaît pas son texte. Il est en effet courant que des discours, à ce niveau-là, fassent l'objet d'amendements, y compris de toute dernière minute, aussi bien par la personnalité qui doit le prononcer, que par des membres influents du cabinet qui montrent, par ce biais, qu'ils ont l'oreille du Président. Ce jeu, somme toute classique, vaut d'ailleurs pour toute haute personnalité et pas seulement dans le monde de la politique.

La descente aux enfers de Maxime Tandonnet commence aussitôt, y compris à l'intérieur du Château. L'occasion est toute trouvée de régler des comptes : quelques-uns veulent sa peau. Il m'en fera part et me racontera aussi certaines de ses souffrances liées au traitement qu'il subit alors à l'Élysée de la part de membres du cabinet. Lui, un homme d'une grande gentillesse et d'une grande discrétion, est pris à partie alors qu'il fait ses courses sur un marché ; invectivé, bousculé, non pas par des personnes issues de l'immigration, mais par des Français de souche, je tiens à le préciser. Bien plus tard, il me faut insister lourdement auprès de lui pour qu'il accepte de revenir à l'Élysée assister à ma décoration, tant il a été meurtri par les agissements des uns et des autres et par l'injustice profonde dont il a été victime. Jusqu'à la dernière minute, j'ai craint qu'il ne trouve pas la force suffisante de monter à nouveau le perron.

Qu'avait donc proposé Nicolas Sarkozy de si révolutionnaire dans son discours, qui méritait qu'il n'assumât pas la responsabilité de ce que lui-même avait prononcé ? Il suffit de relire le code de la nationalité marocaine, par exemple, pour réaliser que sa proposition de « réévaluer les motifs pouvant donner lieu à la déchéance de la nationalité française » n'avait rien d'extraordinaire ni de spectaculaire, et que cela ne justifiait pas le climat d'hystérie qui s'en était suivi.

Une France sans langue et sans histoire

Le 10 novembre 2011, je participe à un colloque sur la nationalité organisé par l'UMP. C'est le député Lionel Luca qui le préside. Se trouvent également présents, entre autres, l'historien Dimitri Casali, auteur de nombreux ouvrages d'histoire[1], et Jeannette Bougrab, à l'époque secrétaire d'État à la Jeunesse. Dimitri Casali fait un exposé sur la nécessité de continuer de transmettre l'histoire de France, la figure de ses héros et de tous ceux qui ont participé à façonner l'héritage du peuple français. Comme rapporté par *Le Figaro*, il déplore « que les manuels d'histoire fassent la part belle aux empires africains au détriment

1. Dimitri Casali, *L'Histoire de France interdite*, Jean-Claude Lattès, 2012.

de François Ier[1] ». Quant à moi, j'ai choisi de parler longuement de l'école, de ce qui s'y passe entre ses murs. J'évoque un déficit d'intégration, une mauvaise maîtrise de la langue.

C'est alors que Jeannette Bougrab se lance dans un discours proprement hallucinant, fichant en l'air, en une poignée de secondes, l'ensemble de la convention et sa bonne tenue. Elle désapprouve « certains mots qui blessent », puis lance un « Mon père ne sait pas lire ni écrire et il est sans doute plus français que vous ne l'êtes », à l'intention de Dimitri Casali – qui n'en demandait pas tant en matière de concurrence en francité – et de moi-même. « Mon père, demain, 11 novembre, il portera le drapeau. Il fait partie des officiers de réserve. Est-ce qu'on va le dénoncer parce qu'il ne sait pas lire ni écrire ? » « Dénoncer » ? Qui parle de dénoncer quiconque ? Ça fleurerait la Gestapo, tout ça. Ah, cette fichue Seconde Guerre mondiale, convoquée à tout bout de champ pour tétaniser l'adversaire et torpiller le débat. « Les gens comme mon père, poursuit Jeannette Bougrab, ne pouvaient pas aller à l'école. Dans l'Algérie coloniale, mon père n'est même pas allé en cours préparatoire parce qu'il n'y avait pas d'école… » Puis arrive la chute de son envolée, le couplet sur la « chance », corrélée au dieu mondialisation : « Apprendre la civilisation arabe, la civilisation chinoise et les autres grandes civilisations, c'est un atout à l'heure de la mondialisation. »

J'ai regretté que l'on ne nous ait pas donné la possibilité, à Dimitri Casali et à moi-même, de répondre à ses propos, d'autant plus inadmissibles qu'ils étaient tenus

1. Dépêche AFP reprise par *Le Figaro*, « Nationalité : coup de gueule de Bougrab », 10 novembre 2011.

par la secrétaire d'État, investie de l'autorité de l'État, et qu'ils étaient faux en ce qui concerne l'inexistence d'écoles. Peut-être son père ne pouvait-il pas aller à l'école pour un certain nombre de raisons, dont la distance, la pauvreté ou autres, mais dire qu'il n'y avait pas d'école, ce n'est historiquement pas vrai. Heureusement, le député Lionel Luca lui a répondu de manière appropriée :

« Je partage avec toi ce sentiment d'écorchée vive que tu as, mais qui ne doit pas te tromper sur les propos qui étaient donnés. Lorsque l'école se terminait à douze ans, on ne peut pas comparer. On ne va pas exiger pour hier ce qu'on est en droit d'exiger aujourd'hui. Et aujourd'hui, on ne demande à personne de porter les armes, donc on ne demande que de porter le stylo-plume. C'est tout et ça ne me paraît pas être un effort insurmontable. »

Contrairement aux apparences, à l'UMP, pas plus qu'ailleurs, il n'a été possible d'avoir un débat de fond sur l'identité nationale. Aussitôt que l'on souhaite aborder de manière directe la réalité de ce qui soude les Français et en fait un peuple, on est entravé par la litanie des arguments et accusations désormais habituels qui torpillent d'entrée de jeu toute possibilité d'échanger. Aussi bien dans le monde politique que dans les médias et dans la communauté universitaire – celle qui est médiatisée –, il y a très peu d'interlocuteurs raisonnables qui renoncent à la posture moralisatrice, à la suspicion et à l'amalgame. La vérité, c'est qu'il est devenu impossible pour les Français d'évoquer leur identité, et plus encore de s'en revendiquer. Au travers de l'interdiction faite aux Français de se rassembler autour des éléments constitutifs de leur identité, c'est l'enjeu de la continuité historique du peuple qu'ils forment qui est posé.

7.

Laïcité, une digue en passe de céder

Au printemps 2013, pour constituer l'Observatoire de la laïcité, service rattaché au Premier ministre et dont le but est d'« assister le gouvernement dans son action visant au respect du principe de laïcité en France », une conseillère du président Hollande, accompagnée de l'une de ses collègues, s'invite au HCI pour y faire ses emplettes au sein de la Mission laïcité. C'est l'Élysée, et non Jean-Marc Ayrault, Premier ministre en exercice, qui est à la manœuvre pour la composition de ce service, voulu par Jacques Chirac en 2007, mais entré en vigueur en mars 2013.

Pas de petit profit en politique

La conseillère de François Hollande fait un tour de table, elle souhaite que chacun se présente. À chacune des interventions, elle prend des notes. L'atmosphère est crispée, pesante. Drôle de grand oral. Je pense au marché aux esclaves. Les uns se font discrets sur leurs travaux, d'autres se poussent du col et valorisent au maximum leur CV. Ce spectacle est pathétique. Vient le tour d'Élisabeth Badinter. Je me dis que non, la recruteuse ne va tout de même pas oser lui demander de présenter ses états de service en matière de défense de la laïcité. Qui peut ignorer son implication dans ce sujet ? Eh bien, si. Élisabeth s'exécute. Elle prononce quelques tout petits mots. Cette brève minute reste pour moi un souvenir douloureux ; la colère intérieure était trop forte. À mes yeux, c'est la conseillère qui aurait dû se présenter et non Élisabeth Badinter. Rien ne me blesse davantage que l'indécence, l'inconscience des limites.

Dans le numéro de *L'Obs* en date du 5 février 2015, titré « La jeune garde du Président », la conseillère qui nous avait fait passer cet entretien d'embauche collectif prend la pose. Ils semblent si jeunes pour décider des affaires de l'État ! La mise en scène de ces jeunes gens les fait apparaître comme sortis tout droit de la cour du roi à Versailles, avec les souvenirs que cela charrie.

Lors de la création de l'Observatoire, un autre souci que sa composition préoccupe aussi l'Élysée. Chez les élites politiques, point de petits profits. Comment contourner le fait d'avoir à mentionner que c'est en réalité le Premier ministre Dominique de Villepin qui a créé l'Observatoire de la laïcité ? Un décret[1] a même déjà été publié en ce sens au *Journal officiel*.

C'est en décembre 2003 que le président Jacques Chirac annonce la création de cet observatoire, dont le décret sera publié quelques années plus tard par son Premier ministre, Dominique de Villepin. Mais l'observatoire ne sera jamais installé. Cela renseigne probablement aussi sur l'embarras dans lequel la laïcité place nos

1. Décret n° 2007-425 du 25 mars 2007 créant un Observatoire de la laïcité.

gouvernants. Le HCI se trouvant déjà fréquemment saisi de problèmes qui touchent à la laïcité, par pur souci d'économie de moyens, et on peut lui en savoir gré, le président Nicolas Sarkozy décide d'instituer une Mission laïcité rattachée au Haut Conseil à l'intégration, mission pour laquelle les membres officient à titre bénévole. C'est dans le cadre des travaux de cette mission que le HCI fait appel à plusieurs philosophes, enseignants ou encore juristes. Nicolas Sarkozy a été beaucoup critiqué pour avoir affaibli la laïcité en défendant l'idée d'une laïcité positive, à savoir une laïcité qui, dans les faits, s'efface aussitôt que des demandes d'accommodement au titre de la religion pointent le bout de leur nez. Mais Nicolas Sarkozy est aussi la personnalité politique qui a eu le mérite de permettre à la Mission laïcité du HCI d'exister et d'exercer en toute liberté. L'ensemble des rapports que nous avons élaborés demeurent accessibles et disponibles, aussi bien à la Documentation française que sur Internet. De nombreux exemples y sont consignés qui renseignent la population française sur ce qui se produit au sein de sa société. Nous y avions également formulé des recommandations qui restent d'actualité.

Comme en témoignent les enquêtes, les Français sont profondément attachés à la laïcité. Ils la considèrent même comme la dimension républicaine la plus importante et sont 46 % à la placer en tête, devant le suffrage universel (36 %)[1]. Aujourd'hui, plus encore qu'hier, il m'apparaît clairement qu'ils ont compris qu'elle les protégeait d'offensives religieuses visant à transformer leur société pour mieux pouvoir lui dicter son comportement.

1. Enquête IFOP pour *Sud-Ouest dimanche*, « Les Français et la laïcité », 8 février 2015.

La laïcité assure une forme de sécurité culturelle. Elle permet aux Français de cultiver leur esprit critique avec sérénité.

Au mépris de la situation géopolitique

La dimension géopolitique a été constamment écartée dans ce dossier ; elle était pourtant centrale, surtout dans une phase de disparition progressive des frontières. Nous disposons pourtant d'un réseau de diplomates de grande qualité, qui ont une connaissance très fine des sociétés sources de l'immigration : la plupart ont amorcé, depuis des décennies, un processus qui consiste à faire que la religion en constitue à nouveau le principe organisateur. C'est pourtant dans un tel contexte que nous avons assisté à la mise sur orbite de la lubie d'Henri Guaino, l'Union pour la Méditerranée.

En accordant une prime à l'origine extra-européenne au travers du concept de diversité, les élites ont, d'autre part, encouragé, sans le vouloir, le retour à leurs fondamentaux religieux de nombreux enfants de l'immigration issus de familles dans lesquelles les commandements religieux sont supérieurs à la loi des hommes.

Le monde avait assisté à l'avènement de la République islamique iranienne avec l'accession au pouvoir de l'ayatollah Khomeini – auquel l'État français avait accordé le refuge quelques mois, avant son retour à Téhéran. Bien avant cela, souvenons-nous de la période Gamal Abdel Nasser : déjà à l'époque, le président égyptien était confronté à des problèmes d'ordre religieux que lui posait le mouvement des

Frères musulmans. Et pourtant, il se trouve aujourd'hui des ténors politiques français qui s'entourent de leurs conseils avec le consentement tacite et même l'indulgence coupable d'organes de presse. De son côté, Alain Juppé, alors qu'il est ministre des Affaires étrangères, en rencontre début mars 2011 : « Le dialogue que j'ai eu avec l'ensemble de cette délégation, et en particulier avec les membres des Frères musulmans, a été intéressant, et m'a permis de bien mesurer que la présentation qui est faite parfois de ce mouvement mérite d'être éclairée et approfondie[1]. » En décembre 2013, l'Égypte déclare « organisation terroriste » la confrérie des Frères musulmans. Prenons le cas de l'Algérie. J'y ai vécu deux périodes distinctes. Une où sévissait la pauvreté, mais où les familles vivaient librement et dans la sérénité. Une forme d'insouciance heureuse y régnait. Une autre où la libéralisation balbutiante de l'économie a permis à une poignée de familles de s'enrichir, au niveau de vie global de s'élever, mais qui s'est accompagnée de l'arrivée progressive d'enseignants venus d'Égypte ou encore de Syrie. En plus de la langue arabe, ils apportaient dans leurs bagages l'idéologie à laquelle Gamal Abdel Nasser s'était retrouvé confronté, qui allait conduire les Algériens à la division, pour finir par les dresser les uns contre les autres. La suite est connue. Un mot au sujet des enseignants. Ceux-ci venaient remplacer les coopérants techniques français dont j'avais profité durant toutes mes études, que l'État algérien avait décidé de renvoyer dans le cadre d'un vaste programme d'arabisation des contenus d'enseignement.

---

1. « Échange Juppé/Frères musulmans », LeFigaro.fr, 6 mars 2011.

Il ne faut pas se voiler la face ou chercher à se cacher derrière son petit doigt. La langue n'est pas un simple et banal outil de communication. Elle possède une puissance mobilisatrice. Elle est le plus souvent le véhicule de la pensée, de la vision et de la représentation des autres et du monde. Lorsque le professeur Mohammed Ennaji a souhaité faire des recherches sur les liens d'autorité, les modalités de domination et de dépendance au sein du monde arabe, c'est la langue qui s'est révélée être la plus prolifique de ses sources. Voici ce qu'il en retrace : « Solliciter la langue à travers les grands dictionnaires arabes nous a permis de faire la lumière sur de nombreux aspects opaques des relations sociales du pouvoir. Les mots ont, en effet, conservé la mémoire des pratiques révolues ou cachées, il a suffi de les questionner pour que celles-ci se dévoilent[1]. » La langue joue un rôle de tout premier plan aussi bien dans l'éducation des enfants que dans celle des masses. Elle porte les normes culturelles et le projet politique de la société.

Quand l'écrivain Tahar Ben Jelloun évoque le début des années 1970 dans le royaume chérifien, son propos est des plus instructifs : « Le ministère de l'Intérieur décide d'arabiser la philosophie dans l'esprit et le but d'empêcher que les Marocains apprennent à penser, à douter et à réfléchir. Donc on va arabiser, on va enseigner la pensée islamique[2]. » Qui peut nier que les langues exercent une influence considérable sur les modes de pensée, la personnalité, la manière dont on se représente les autres et le monde, sur les mentalités, en un

---

1. Mohammed Ennaji, *Le Sujet et le Mamelouk. Esclavage, pouvoir et religion dans le monde arabe*, Mille et une nuits, 2007.
2. « Empreintes », France 5, février 2010.

mot sur l'identité ? Mon propos n'est pas d'opérer une quelconque hiérarchie. Il s'agit simplement de ne pas sous-estimer ce paramètre de taille dans le sujet de l'intégration qui est le nôtre, et qui est de réunir les conditions d'un vivre-ensemble apaisé.

Supprimer les ELCO

Les discussions concernant l'importance de la langue dans le processus d'intégration ont été récurrentes, de même que l'acharnement à refuser l'évidence, à savoir que le réenracinement dans la culture d'origine éloigne les enfants de l'immigration extra-européenne de l'intégration, et même de la simple insertion. Comme le souligne, entre autres, Gilles Kepel dans son enquête sur les banlieues, le réenracinement religieux des jeunes générations s'est effectué par le biais de la transmission de la langue arabe. Un jour, lors de discussions au HCI, un député-maire se vante d'avoir payé, avec des deniers publics, des cours d'arabe à tous. Dans sa commune, nous disait-il, il y avait des problèmes d'autorité au sein de familles. Selon lui, cela ne pouvait être dû qu'à des difficultés de communication entre les pères et les fils. Pour les résoudre, il décida donc de payer des cours d'arabe à tous afin qu'ils puissent communiquer entre eux. Manifestement, il ne lui serait pas venu à l'idée de leur payer plutôt, à tous, avec l'argent public, des cours de français. Nous réfléchissions sur les modalités d'intégration culturelle en France.

Ce qui se joue au travers du choix de la langue, c'est le projet de société qu'elle véhicule. Aujourd'hui, partout, et de plus en plus, ce n'est pas le français qui est employé par les personnes d'origine étrangère, mais la langue d'origine, en dépit du fait que beaucoup, en raison du code de la nationalité, détiennent les papiers d'identité français.

Régulièrement, des voix se sont élevées, en vain, pour réclamer la fin des enseignements des langues et cultures d'origine (ELCO). Les ELCO ont été institués en 1975 dans le cadre du regroupement familial. À l'époque, ils pouvaient revêtir un intérêt, car une partie des immigrés s'inscrivaient dans un schéma de retour dans leur pays d'origine. Il fallait donc aider les parents à maintenir leurs enfants dans un lien prégnant et continu avec leur culture. Dans le même temps, le regroupement familial installait définitivement les familles sur le sol français.

Contredisant dans les faits une politique d'intégration des enfants de l'immigration qu'ils feignaient de poursuivre par ailleurs, les gouvernements français qui se sont succédé ont tous maintenu ces ELCO. Dans son rapport sur l'école de 2010, au vu de ce qui était observé sur le terrain, le HCI avait à nouveau réclamé leur suppression : « Susceptibles de renforcer les références communautaires, les ELCO peuvent conduire au communautarisme, alors que la République qui doit être enseignée ne peut pas être un conglomérat de groupes. Certains interlocuteurs craignent même que certains ELCO deviennent des "catéchismes islamiques". Depuis son premier rapport de 1991, le HCI a toujours préconisé la suppression des enseignements des langues et cultures d'origine tant ils lui paraissent contraires à l'objectif d'intégration[1]. »

1. « Les Défis de l'intégration à l'école », Haut Conseil à l'intégration, rapport au Premier ministre pour l'année 2010.

Les hommes ne naissent pas libres

La laïcité est le principe organisateur des sociétés qui laissent la liberté aux hommes de penser, de douter, de réfléchir et de marcher ainsi vers l'innovation et le progrès. Qu'elles recourent ou non au concept de laïcité, toutes les sociétés occidentales vivent à l'heure de la loi des hommes. Concrètement, ce mode de fonctionnement conduit à ce que les hommes s'arrogent le droit de se doter des lois qui vont organiser les rapports qu'ils ont entre eux, sans que ces lois soient la transcription de commandements divins. Dans les sociétés qui privilégient la religion comme principe organisateur de la cité, les familles bannissent le doute, combattent l'interrogation. Comme l'écrit l'islamologue Mohammed Ibn-Guadi, « la notion propre à la réforme chrétienne de la séparation de l'Église et de l'État est totalement inconnue en Islam [...]. Le spirituel est indissociable du temporel [...]. L'islam a toujours été politique. Mais il ne faut nullement lui prêter une connotation péjorative. La seule forme d'organisation politique que connurent les musulmans à travers leur histoire depuis les origines de l'islam fut l'État islamique[1] ». Cette tribune a été publiée en 2003. Ceux qui cherchent depuis longtemps à comprendre pour quelles raisons il semble si difficile à une partie des populations musulmanes de se démarquer de ceux de leurs coreligionnaires qui mettent en cause la République trouveront peut-être là un début de réponse. L'auteur poursuit son analyse : « Que l'on soit choqué

1. Mohammed Ibn-Guadi, « L'islam a toujours été politique ! », *Le Figaro*, 17 juin 2003.

ou non, le fait que des musulmans puissent déclarer que le Coran passe avant les lois de la République est parfaitement juste en Islam. On peut en être offusqué, mais on ne peut retirer à ces propos leur cohérence avec quatorze siècles d'histoire islamique. »

L'article a été inspiré à son auteur par des propos tenus par le recteur de la Mosquée de Paris, Dalil Boubakeur, au sujet du rôle de l'Union des organisations islamiques de France (UOIF) au sein du Conseil français du culte musulman (CFCM) tout juste créé. La réflexion sur sa création avait démarré alors que Pierre Joxe occupait encore la Place Beauvau, elle s'était poursuivie sous ses successeurs, et c'est Nicolas Sarkozy qui en avait été la « sage-femme ». En quoi la puissance publique était-elle fondée à se mêler d'une telle opération ?

De même, est-il normal que, chaque année, le chef de l'État se trouve dans l'impossibilité de refuser ce qui, au fil du temps, s'est mué en obligation, celle de se présenter devant le Conseil représentatif des institutions juives de France (CRIF) pour écouter la liste des griefs et satisfecit ? Dans une telle configuration, que le ministre de l'Intérieur, qui est également chargé des cultes, soit présent est légitime, mais pas le Président, alors même qu'il représente l'ensemble des Français indépendamment de leurs convictions religieuses. Au demeurant, cette grande messe n'aura pas servi à grand-chose si l'on en juge par la réalité de l'exode massif[1] des Français de confession juive. Une action concrète et résolue au service de l'idéal

1. Extrait de la Postface des *Territoires perdus de la République* : « De 2000 à fin 2012, près de 30 000 Juifs de France ont gaggé

républicain aurait bien mieux servi la paix, que la grande parade annuelle qui permet, dans le même temps, aux responsables politiques de s'acheter une bonne conscience pour le prix d'un dîner.

L'État a l'unique obligation de veiller à ce que rien de ce qui est créé puisse ensuite attenter à la France, à ses principes républicains, aux modalités du vivre-ensemble selon sa culture, à la sécurité des biens et des personnes. Et si cela advenait, l'État dispose déjà de tout l'arsenal juridique qui lui permet d'agir, comme c'est le cas lorsque des actes répréhensibles sont commis au sein des couples et des familles. Lorsque l'État intervient dans de telles situations, il ne viendrait à l'esprit de personne d'invoquer une quelconque séparation entre la sphère privée et la sphère publique, pour empêcher l'État d'agir.

La tribune rédigée par Mohammed Ibn-Guadi au moment même où était crée le CFCM se conclut par : « L'islam a donné naissance à l'une des plus belles civilisations dans l'histoire de l'humanité. Mais son objectif est également non de dominer, mais de faire adhérer le plus grand nombre au message de Mahomet à travers la soumission à l'islam. Il n'y a rien de choquant à ce que les musulmans souhaitent être représentés par les dirigeants de l'UOIF. C'est une réaction normale puisque l'UOIF représente un islam expurgé d'artifices considérés comme propres à l'Occident (réforme, laïcité, intégration, etc.). Il est d'autant plus illusoire de penser que les musulmans dits "réactionnaires" forment la minorité en France.

---

l'État d'Israël.[...] En 2013, on comptait 3300 départs de Juifs de France vers Israël, on en a dénombré près de 4000 en 2014. »

L'État le sait, et le nier est précisément offenser les musulmans. »

Finalement, dans cette tribune, le plus important à souligner n'est-il pas « l'État le sait » ?

L'État savait, et l'État n'a pourtant eu de cesse de mettre en œuvre des politiques publiques qui entravaient toute éclosion de la liberté individuelle, indispensable préalable à la constitution d'une communauté politique commune.

Pédagogie de la laïcité et enseignement du fait religieux

Si des enfants retournent aussi promptement aux sources de la religion, c'est que leur environnement familial a, bon an mal an, veillé à ce que les fondamentaux leur en soient transmis. La religiosité était là. Elle s'exprimait sous une multitude de formes, dont la plus parlante est la condition faite à la femme.

Le statut des femmes est le plus puissant des marqueurs identitaires. La pression que le groupe exerce sur chacune des familles afin qu'elle ne dévie pas de la norme est considérable. L'expression « univers mental qui demeure », du sociologue Philippe d'Iribarne, résume fort bien la complexité du processus : « La vérité est reçue d'en haut ; la raison est une capacité à accueillir ce qui est ainsi donné, et à y adhérer, non à s'interroger et à douter ; une vie bonne est le fruit d'une conformité à un modèle qu'un grand message a révélé ; le débat ne peut être qu'un moyen d'accéder à plus de vérité, mais n'est qu'un facteur de déchirure de la communauté. Cet univers ne s'est pas effacé avec le temps [...]. Et, loin de diminuer son emprise, la modernité tend plutôt à le renforcer[1]. »

Seule une protection de la République, par l'État lui-même, aurait permis à nombre de familles de ne point avoir à mettre entre parenthèses le respect du contenu des principes républicains. Si l'État avait placé chaque famille face à l'obligation de respecter l'ensemble des principes républicains, les familles auraient de ce fait été en situation de comparer les deux forces qui s'exerçaient sur elles à chaque instant. L'État a choisi l'accommodement. Autrement dit, il a choisi de ne plus exercer de pression. La suite est rationnelle : la laïcité a été sacrifiée non par désir de la sacrifier, mais par nécessité.

Laisser penser que de tels problèmes trouveront leur solution dans une pédagogie de la laïcité relève de l'imposture. Au HCI, nous avions recommandé la rédaction d'une charte de la laïcité qui devait être affichée dans tous les établissements scolaires. Cela fut fait, et cela doit continuer de l'être. Sur la base de nos observations et des remontées de terrain, nous avions également recommandé de former, de toute urgence, les enseignants à la laïcité à l'aide d'un site Internet d'information dédié, de forums de discussion réservés aux enseignants et à leur corps administratif, de la distribution de livrets d'information, ou encore de l'organisation de réunions au sein de leurs établissements, d'une part pour qu'ils se sentent moins isolés, d'autre part pour leur permettre d'exposer leurs difficultés, tout cela dans un unique but : les aider à faire face à la montée en puissance des revendications émanant d'élèves et de familles, et aussi à faire face à la

1. Philippe d'Iribarne, « L'Islam devant la démocratie », *Le Débat*, Gallimard, mars 2013.

mise en cause croissante du contenu de certains enseignements qui se manifestait le plus souvent par la perturbation des cours, avec des conséquences mesurables non seulement sur la quiétude au sein des établissements scolaires, mais aussi sur le niveau scolaire des classes.

Malheureusement, cette recommandation s'est rapidement transformée en une idéologie de la pédagogie de la laïcité, qui a fini par convaincre l'opinion publique que, finalement, tout cela n'était qu'une question de compréhension. Il suffirait donc d'expliquer pour que tout le monde se mette à respecter la laïcité. Or, la laïcité n'est pas attaquée par ignorance. Lorsqu'elle l'est, c'est en pleine connaissance de ce qu'elle signifie, de ce qu'elle représente – une digue –, et c'est bien pour cela qu'elle a été précipitée au cœur de la mêlée.

De nos jours, beaucoup se prennent à croire qu'un tel enseignement pourrait servir la convivance ; il produira malheureusement l'effet contraire. Aujourd'hui, le contenu des programmes d'histoire convient parfaitement pour transmettre aux élèves les connaissances en matière de religion qui suffisent dans le cadre de l'école.

Enseigner le fait religieux dans un cours dédié ferait aussitôt quitter à une partie des élèves leur statut d'élèves, qui endosseraient alors celui de croyants. Se sentant juges ou avocats selon le thème abordé, ils se trouveraient mis dans des situations affectives et morales difficiles à gérer, ce qui ne manquerait pas de troubler le climat en classe, puis dans le reste de l'enceinte scolaire. Mais, une fois encore, notre époque étant à la recherche de solutions miracle, l'erreur de l'introduction de l'enseignement du fait religieux sera commise et, dans quelques années, on fera mine de s'en étonner.

La femme, enjeu récurrent pour les peuples

Si les Français tournent aujourd'hui autant leur regard vers les sociétés musulmanes, c'est qu'une forte proportion de l'immigration en France en est issue. Il est donc naturel qu'ils tentent d'y trouver des réponses. Si l'immigration provenait surtout de Chine ou d'Inde, leur champ d'analyse intégrerait ces pays-là. L'opinion publique n'a que très récemment découvert la vie difficile des femmes en Inde, le sort peu enviable de nombre d'entre elles, le sort réservé aux veuves, longtemps poussées au suicide sur le bûcher de leur défunt époux. Nombre de veuves sont aujourd'hui chassées de leur famille et errent dans les rues. Les plus jeunes n'ont souvent d'autre choix que de se prostituer pour vivre. Quant à la Chine, elle ne se résume pas, tant s'en faut, à son essor économique. Un livre des plus instructifs avait été consacré au statut des femmes en Chine. Pour l'évoquer, la journaliste Xinran[1] avait choisi de retracer des tranches de vie de femmes chinoises toutes issues de milieux différents : du plus bas au plus haut de l'échelle sociale. Son tableau est effrayant. Les témoignages sont un condensé de souffrances et d'horreur absolue. Tout y passe : pressions insupportables mais aussi viols, mariages forcés, femmes qui finissent par basculer dans la folie… Xinran a eu le mérite de briser la loi du silence qui prévaut dans les familles touchant au statut des femmes.

Comme l'avait formulé Emmanuel Todd, « au cœur du système familial, le statut de la femme, bas ou élevé, est essentiel, parce qu'il définit en lui-même un aspect

1. Xinran, *Chinoises*, éditions Philippe Picquier, 2003.

de l'existence sur lequel les peuples ne sont guère prêts à transiger[1] ».

La crèche Baby-Loup en est une illustration parfaite. En refusant de se soumettre à ce qui était exigé d'elle, à savoir laisser l'une de ses employées porter le voile sur son lieu de travail, la directrice Natalia Baleato a touché un point névralgique qui l'a entraînée dans un calvaire – qui n'est toujours pas terminé –, alors même que la Justice lui a donné définitivement raison en 2014. Comme le rappelait l'islamologue Abdelwahab Meddeb, « il faut donc constater au commencement que la prescription qui impose le voile aux femmes émane de la société en laquelle est né l'islam il y a quinze siècles, une société patriarcale et endogame – qui encourage le mariage de proximité, entre cousins – où prévaut en outre l'obsession de la généalogie, où la sexualité est indissociable de la filiation[2] ». L'honneur du groupe passe par les femmes, et c'est pourquoi elles sont placées sous surveillance, du berceau à la ménopause.

À l'occasion de la panthéonisation de l'ethnologue Germaine Tillion, le journaliste Gil Mihaely rappelle certaines de ses observations : « Les sociétés musulmanes du pourtour méditerranéen manifestent une prédilection pour le "vivre entre soi" afin de "garder toutes les filles de la famille pour les garçons de la famille"[3]. » Germaine Tillion évoque également le voile

1. Emmanuel Todd, *Le Destin des immigrés*, Le Seuil, 1994.

2. Abdelwahab Meddeb, « La burqa et le cercle des idiots », *Le Monde*, 27 décembre 2009.

3. Gil Mihaely, « Germaine Tillion indigne du Panthéon ? », *Causeur*, juin 2015.

comme étant l'un des moyens par lesquels l'homme se protège contre « l'urbanisation, l'école, l'introduction de l'État moderne ».

Le voile n'est pas anodin. Il n'est pas un simple « bout de tissu », comme je l'ai entendu de la bouche de politiques ou d'intellectuels qui, de toute façon, ne croyaient pas eux-mêmes à leurs propos. Simplement, une fois encore, l'idéologie du relativisme permet d'esquiver à bon compte la responsabilité politique ou intellectuelle. Le génie stratège de ceux qui ont introduit la burqa sur le territoire national aura été de banaliser le voile, de le faire apparaître comme un foulard anodin, un simple bout de tissu. Or, là aussi, comme a tenu à le préciser Abdelwahab Meddeb lors des débats autour de la loi sur la burqa à l'Assemblée – scrutin auquel le groupe socialiste a refusé de participer – : « La burqa procède de la prescription du voile et la radicalise. Il n'y a pas de différence de nature ni de structure mais de degré et d'intensité entre burqa et hijâb, lequel est rien qu'en lui-même une atteinte au principe de l'égalité et de la dignité partagées entre les sexes. »

Voici ce qu'en pense de son côté l'écrivain Salman Rushdie : « Mon grand-père avait fait le pèlerinage à La Mecque, ma grand-mère était très conservatrice et beaucoup de mes tantes et cousines se décrivaient elles-mêmes comme des musulmanes pratiquantes. Mais aucune de ces femmes n'aurait jamais consenti à porter aucune forme de voile ! Elles considéraient toutes que c'était l'un des instruments d'oppression de la femme dans le monde musulman, qui renvoie aux autres interdictions : de conduire, de rencontrer des hommes en public, etc. Le hidjab, le niqab, la burqa, le tchador font partie d'un même projet de réduire la population féminine en esclavage[1]. »

L'avion n'avait pas encore quitté le tarmac de l'aéroport d'Alger que les femmes voilées se levaient déjà pour rouler leur voile et le ranger. S'envoler pour la France, c'était déjà se retrouver en liberté. Je les revois arranger ensuite leur coiffure avec leurs mains, un sourire accroché aux lèvres. C'était hier.

France, que t'est-il arrivé en si peu de temps ? En France, le port du voile s'est répandu à grande vitesse ; l'explication nous est fournie par Gilles Kepel, à propos de l'affaire du voile de Creil en 1989 : « Les dirigeants des organisations islamiques politiques issues des Frères musulmans, focalisés sur la controverse du hijab à l'école qui leur paraissait la plus propice à faire émerger en France une communauté militante sous leur houlette, ne montraient pas d'intérêt pour les enjeux trop complexes du halal[2]. » Son expression « communauté militante » n'est pas anodine. Toute femme qui se voile ouvre, malgré elle, la voie à l'exercice d'une pression du groupe sur toutes les autres, car elle incarne un modèle de dignité et de pureté. Elle devient pour les autres une leçon de morale ambulante. La vie ici-bas n'est qu'une étape vers un ailleurs riche de promesses ; chacun devant, pour mériter cet ailleurs à l'instant du jugement divin, non seulement s'être comporté conformément aux commandements religieux, mais avoir également veillé à ce que ceux qu'il aura croisés dans sa vie se soient également

1. Salman Rushdie, « Les religions sont une sorte de mafia », propos reccueillis par Alexis Liebaert, *Marianne*, 16 décembre 2012.

2. Gilles Kepel, *Quatre-vingt-treize*, Gallimard, 2012.

bien comportés. Lorsqu'il s'agit de la bonne cause, l'intervention dans la vie d'autrui n'est pas considérée comme une atteinte à ce que les sociétés occidentales qualifient de « vie privée ». C'est cette propension à vouloir remettre l'autre dans le « droit chemin », toujours pour son bien, bien sûr, qui vient fragiliser la cohabitation. La distance interpersonnelle, comparativement à celle qui existe dans d'autres cultures, est minime. Les règles de civilité sont étroitement liées aux identités culturelles.

La femme constitue l'enjeu le plus important du groupe, et même de tout groupe. C'est ainsi que le voile se retrouve utilisé pour susciter les vocations et recruter d'autres voiles. On voit là comment l'article 9 de la Convention de sauvegarde des droits de l'homme et des libertés fondamentales, qui a été pensée à l'origine pour protéger les individus en leur garantissant « la liberté de manifester [leur] religion ou [leur] conviction individuellement ou collectivement, en public ou en privé, par le culte, l'enseignement, les pratiques et l'accomplissement des rites », est détourné, dans les faits, en moyen légal de placement sous tutelle d'êtres humains.

Je me souviens d'une période en Algérie – cela n'a pas du tout toujours été le cas – où porter dans la rue un simple décolleté pouvait déclencher des insultes dans le meilleur des cas, et même parfois des jets de pierres. Le port d'un jean ou de tout pantalon qui pouvait être jugé serré, *a fortiori* lorsqu'il n'était pas dissimulé sous une longue chemise, mettait la pauvre malheureuse à la merci de mains baladeuses, en pleine rue. L'agression était perçue comme normale. « Fallait pas chercher » : cette sentence, on l'entend désormais sur le territoire français.

Toute prérogative identifiée par le groupe, selon ses usages, comme appartenant aux hommes fait courir aux femmes qui se l'arrogent le risque d'être prises pour des « putes ». Entrer dans un café ; fumer une cigarette ; aller au ciné... Ces situations banales sont réservées aux hommes. À moins de revendiquer le statut d'adulte, les femmes, si elles souhaitent avoir la paix, doivent se soumettre. D'où le slogan « Ni putes, ni soumises », qui ne signale absolument pas une évolution interne à la société française comme cela a été souvent dit, mais les conséquences de l'importation en France de modalités sociales d'autres sociétés. La société française ne vit plus à une telle heure, si tant est qu'elle y ait jamais vécu.

Ce qui est à bien des égards surréaliste, c'est que certains territoires français soient désormais tenus sous cette loi ségrégationniste : « Monique, enseignante à la retraite, avait voulu y prendre un café : "Il n'y avait que des hommes qui me regardaient, comme si je n'étais pas à ma place. J'ai trouvé ça insupportable. Sur le trajet du métro, je me suis aperçue que toutes les terrasses étaient masculines[1]." » Ou encore : « C'est parfois difficile d'oser entrer et s'asseoir, c'est un vrai engagement. » Il faut bien se rendre compte de ce à quoi certaines femmes en sont rendues en France : oser entrer dans un café ! Les situations décrites dans cet article, je les ai touchées du doigt, mais de l'autre côté de la Méditerranée.

---

1. Sylvia Zappi, « Femmes de banlieue, elles occupent les cafés d'Aubervilliers », blog du *Monde* « Au centre, la banlieue », novembre 2013.

Lorsque j'étais lycéenne, sitôt les portes du bus ouvertes, nous nous ruions contre les parois pour y plaquer nos fesses, tandis que nous posions très vite nos cartables devant nous pour protéger notre intimité. C'était un cauchemar que de se vivre continuellement comme une proie potentielle. Il y a quatre ans, tandis que les images des yeux fiévreux de beaucoup d'hommes massés sur la place Tahrir, au Caire, défilaient sur nos écrans, à l'heure des journaux télévisés, ce sont ces images qui sont remontées à ma mémoire. Cela créait un douloureux contraste avec les propos creux que déversaient journalistes, politiques et pseudo-experts au sujet d'une prétendue quête éperdue de liberté. Selon eux, nous assistions en direct à l'éclosion des bourgeons du printemps. La suite est connue.

Les mères contre la femme

Ce qui peut parfois sembler incompréhensible, c'est le rôle que les mères jouent dans l'asservissement de leurs filles, ce qui perpétue le processus. Là aussi, de nombreuses études existent qui permettent de mieux comprendre. Les mères jouent leur place au sein du groupe. Elles ne sont pas nécessairement les alliées de leurs filles, qui représentent un danger pour la position sociale de leur mère. Pour les sociologues Horia Kebabza et Daniel Welzer-Lang, les mères assurent un rôle de dressage : « La question du contrôle des femmes par les hommes n'est pas seulement une affaire privée, c'est un acte social dont les hommes ont à répondre devant leur communauté tout entière. Il existe une pression sociale sur les hommes qui ne savent pas “tenir leurs femmes”, et par ricochet sur les mères qui ne savent pas “tenir leurs filles”. Ce sont les mères, véritables agents de “dressage”, qui sont chargées de ce travail[1]. »

C'est pourquoi, là aussi, les approches simplistes qui se focalisent sur la seule aide aux femmes, laissant de côté les pères et leurs fils, étaient d'avance vouées à l'échec. C'est dans le rôle attribué aux garçons, donc dans la question culturelle et identitaire, qu'il convient de chercher l'une des principales sources de l'écart extrêmement important que l'on observe entre la réussite scolaire des filles et celle des garçons[2], qui se reflète sur les taux de chômage. Se focaliser sur des conséquences tout en refusant systématiquement d'analyser les sources est on ne peut plus stérile. Comme le révèle un rapport de France Stratégie, « sur la population des jeunes actifs de moins de vingt-cinq ans, le taux de chômage des descendants d'immigrés d'Afrique (y compris le Maghreb) atteint 42 % en 2012 contre 22 % pour les descendants d'immigrés européens ou pour les natifs[3] ».

1. Horia Kebabza, Daniel Welzer-Lang, « Jeunes filles et garçons des quartiers : une approche des injonctions de genre », rapport réalisé pour la Délégation interministérielle à la Ville, septembre 2003.

2. Sur la réalité de ce différentiel rarement pris en considération, se reporter aux différents travaux de Jean-Louis Auduc, dont *Sauvons les garçons*, Éditions Descartes & Cie, novembre 2009.

3. Pierre-Yves Cusset, Hélène Garner, Mohamed Harfi, Frédéric Lainé et David Marguerit, « Jeunes issus de l'immigration : quels obstacles à leur insertion économique ? », France Stratégie, mars 2015.

Si ce sont des hommes qui sont les gardiens du temple, les geôliers se trouvent être en l'occurrence le plus souvent des geôlières. On en trouve une bonne illustration dans les cérémonies de mariage, où les femmes dansent ensemble avec le drap maculé du sang de l'hymen de la mariée qui vient d'être déflorée. Tout le monde attend le drap, dans un moment de tension, sachant exactement ce qui en cet instant est en train de se dérouler derrière la porte ; et c'est cette même société qui considère simultanément que la femme doit se voiler pour des raisons qui ont trait à la pudeur et à la dignité.

Les normes culturelles ont ceci de puissant qu'elles échappent à toute jauge universelle, pour la simple raison que la rationalité n'est pas absolue. Adolescente, j'étais choquée par ce spectacle. Mes copines et les femmes riaient à gorge déployée. Tout leur semblait normal. En effet, tandis que je pensais aux individus, elles pensaient au regard du groupe. L'honneur était sauf. Il convenait donc de rire et de danser. Plus tard, certaines de mes amies ont, elles aussi, sacrifié au rite alors que je savais pertinemment qu'elles avaient, comme nous disions à l'époque, fait les quatre cents coups ; mais peu importe, à leurs yeux, l'essentiel n'était pas de s'assumer, de devenir libres, mais de continuer d'être admises par le groupe. Alors, celles qui en avaient les moyens s'offraient un voyage à l'étranger pour se faire reconstruire un hymen. Pour les autres, les discussions allaient bon train quant aux subterfuges auxquels elles avaient bien pu recourir.

Aujourd'hui, sur le territoire français, des structures et associations aident des filles de l'immigration à continuer de perpétuer la mascarade au lieu d'assumer leur choix de vie. Lors d'une réunion, une collègue demande à une responsable d'association venant en aide aux femmes de s'expliquer sur ce point précis. Alors que nous avions affaire à une Française de souche inscrite dans la lignée des mouvements féministes de libération de la femme de Mai 1968, elle répondit qu'il fallait bien aider ces filles, faute de quoi elles subiraient les foudres de leur famille. Ces féministes auraient aussi bien pu choisir d'aider ces filles à assumer leur vie plutôt que de tricher, ce que les Occidentales ont su faire. Beaucoup des féministes d'aujourd'hui se sont muées en idiotes utiles d'une machine infernale qui lamine les progrès et conquêtes, ô combien salutaires, de leurs aînées. Ces femmes ne sont plus l'avenir de l'homme – ne serait-il qu'occidental – que chantait Jean Ferrat ; elles en sont les fossoyeuses.

L'ethnologue Camille Lacoste-Dujardin a étudié de près le rôle joué par les mères, et en particulier par les mères de garçons, au sein du modèle familial du Maghreb. Son analyse[1] est sans appel ; être mère d'un garçon permet non seulement de posséder affectivement et de régenter son fils, mais aussi d'assujettir ensuite la femme qu'il prendra pour épouse. Ce phénomène est des plus classiques au Maghreb. Les filles sont étroitement surveillées et dominées d'abord par leur mère, avant de passer sous l'autorité de leur belle-mère. Il existe une véritable terreur de la belle-mère. La dimension de mère cannibalise celle de femme. Nous sommes bien dans une situation où ce sont les femmes qui participent activement au malheur des femmes.

La laïcité, tout comme la littérature et les arts, est l'un des rares moyens qui permettent de ménager une petite voie d'accès vers un peu de liberté. Une partie des

1. Camille Lacoste-Dujardin, *Des mères contre les femmes*, La Découverte, 1985.

Occidentaux feignent de l'ignorer, car le déni constitue pour eux un sérieux atout. C'est ce déni, et le refus de tirer les enseignements de l'Histoire, qui leur permettent en effet de rester « étrangers à la destinée de tous les autres » et de continuer de « se procurer de petits et vulgaires plaisirs, dont ils emplissent leur âme », pour reprendre l'analyse d'Alexis de Tocqueville. Ce qui est exigé des personnes qui vivent au sein d'environnements familiaux qui ne possèdent pas la culture de la liberté et même plutôt la combattent, représente le plus souvent un effort surhumain. Le fait de seulement aspirer à la liberté, d'en ressentir le besoin, est déjà une gageure. Aussi l'attitude qui consiste à blâmer l'Autre tout en lui fermant au nez toutes les portes d'accès à la liberté est-elle tragique et foncièrement inhumaine.

En 2004, la loi sur les signes religieux dans les écoles publiques fut une bonne décision. Dans un souci de protection et d'apaisement, au vu d'une situation où les hommes se retouvent à agir, la plupart du temps, sous la pression de leur groupe, les décisions politiques doivent être prises le plus loin possible du terrain afin de dédouaner chacun et, surtout, offrir à chacun la possibilité de garder la face – ou son honneur face à son groupe. C'est ainsi qu'il convient de regarder la loi de 2004, d'autant qu'elle protège aussi, dans un même mouvement, les directeurs d'établissement et le corps enseignant en les plaçant d'emblée hors du champ des pressions possibles. La loi de 2004 a permis aux pères et aux frères de ne plus avoir à baisser la tête devant le reste du groupe, quand bien même leurs filles ou leur sœurs sortent nues – car c'est bien là la traduction de l'arabe *aryana,* qui désigne la femme qui sort non voilée.

Si le voile est un point aussi névralgique, c'est qu'il est vécu comme émanant de la parole divine, comme l'explique le recteur de la mosquée de Bordeaux Tareq Oubrou : « Le *khimâr* (cachant les cheveux et le cou) et le *jilbâb* (qui cache le reste du corps) sont des prescriptions vestimentaires divines qui ne sont abrogées par aucun autre texte. Objectivement, s'il y avait le moindre soupçon sur cette norme, je serais le premier à prôner sa levée[1]. »

De la hiérarchie entre le politique et le religieux

Réduire la laïcité à un simple principe de neutralité a servi bien des intérêts. Or, la laïcité n'est pas neutre. En plus d'établir une séparation entre le spirituel et le temporel, elle hiérarchise. Elle dessine bel et bien un modèle de société. Nous vivons un véritable retournement de situation. Pensée à l'origine pour protéger l'individu, la laïcité se voit placée aujourd'hui dans la situation de protéger les religions en toute circonstance, y compris lorsqu'elles se mettent à barrer aux hommes la route de l'individuation. Or, sans individuation, point de démocratie.

La laïcité a été attaquée au moment même où elle était appelée à jouer le rôle de digue pour protéger la France de la montée en puissance des vagues intégristes. Il n'y a là point de hasard.

1. Leïla Babès, Tareq Oubrou, *Loi d'Allah, loi des hommes. Liberté, égalités et femmes en islam*, Albin Michel, 2002.

De par leur mandat de représentants du peuple, les élus ont l'obligation de respecter la République. Il est regrettable qu'il soit aujourd'hui bien plus rapide de dresser la liste des élus qui ont respecté le principe de laïcité que de recenser ceux qui l'ont transgressé ; les méthodes et les manières de s'arranger avec l'esprit de la loi et la loi ne manquent pas : financement d'associations de tout ordre ou encore octroi d'avantages matériels, comme des terrains municipaux en vue d'y édifier des lieux de culte, en utilisant le subterfuge des baux emphytéotiques... Certains maires qui se bousculent dans les médias pour se vanter auprès de l'opinion publique d'être de bons républicains ne sont pas en reste en ce qui concerne le clientélisme religieux.

Les partis politiques bafouent la laïcité, la prennent pour variable d'ajustement tout en chantant aux citoyens la berceuse du respect des principes républicains. De tous les principes républicains, c'est celui de la laïcité qui gêne le plus les partis politiques, sans exception aucune, comme l'illustre la visite[1] de Marine Le Pen au Caire en mai 2015 : elle y multiplie « les rencontres avec d'importantes figures religieuses locales » ; elle a « débuté sa visite jeudi par un entretien au Caire avec l'imam Mohammed el-Tayeb, de la mosquée al-Azhar, principale autorité sunnite du pays qui dirige également la célèbre université qui lui est rattachée ». Rares sont aujourd'hui les hommes et femmes politiques capables de résister à la tentation du marketing politique. Cette gêne ira croissant,

1. Arthur Berdah, « Au Caire, l'opération séduction de Marine Le Pen à l'égard des autorités musulmanes », leFigaro.fr, 29 mai 2015.

épousant l'évolution de la composition du corps électoral français.

À l'opinion publique, le Front national se présente « en défenseur de la laïcité ». Or, la réalité semble quelque peu différente, comme le révèle le magazine *Le Point*, qui parle même de désaccords de façade entre adversaires aux élections : « Quand *Le Point* a révélé en décembre [2014] que le FN s'était abstenu, au conseil régional PACA, lors du vote de la subvention de 90 000 euros à l'Union des familles musulmanes des Bouches-du-Rhône, fondée par la suppléante de Patrick Mennucci, Jean-Marie Le Pen a demandé des comptes à Stéphane Ravier, le patron du FN dans les Bouches-du-Rhône. Le président d'honneur du FN a exigé de Stéphane Ravier qu'il publie un démenti. *Le Point* n'a jamais reçu de demande de rectificatif. Et pour cause, les documents en sa possession ne laissent pas place au doute[1]. »

Gilles Kepel nous raconte, dans son livre *Banlieue de la République. Société, politique et religion à Clichy-sous-Bois et Montfermeil* paru en 2012, comment nos élites politiques s'adaptent à leur public : « L'importance des populations de confession musulmane », dans certaines circonscriptions de la région parisienne, « a fait de la tournée des mosquées et salles affectées *ad hoc* à la prière lors des deux grandes fêtes de la fin du ramadan et de l'Aïd el Kebir un passage obligé des candidats aux élections... » C'est ainsi que, pendant les élections cantonales de 2010, les candidats, « se télescopant avec leurs adversaires dans telle ou telle mosquée, déchaussés et accompagnés d'élus musulmans

1. Aziz Zemouri, « Municipales 2014 à Marseille – Mennucci et le FN : désaccords de façade », *Le Point*, 20 mars 2014.

de tout bord parfois vêtus de la jellabah traditionnelle, sont venus réitérer leur respect de l'islam, leur appui à la réalisation interrompue du projet de grande mosquée de Clichy-Montfermeil... ».

Gilles Kepel présente également l'Union des associations musulmanes de la Seine-Saint-Denis, qu'il désigne comme « le premier "lobby musulman" » dans l'histoire de la vie politique française. Dans un encadré, il reproduit la page d'accueil de l'association, où sont listées quelques personnalités politiques « venues prendre la parole devant l'UAM 93 à l'occasion de diverses échéances électorales : Laurent Fabius, Valérie Pécresse, François Bayrou, Christiane Taubira, Jean-Paul Huchon, Claude Bartolone, Éric Raoult et autres ». Ce bref texte « invite à consulter textes et vidéos de leurs interventions[1] ». Ce que tout un chacun peut faire puisque tout est en ligne.

Voici donc une information glanée sur le site de l'association et qui illustre l'approche communautariste, dans la perspective de produire une représentation politique dite de la diversité, tactique de plus en plus répandue dans le milieu politique :

« Chaudement applaudie tout au long de la soirée, Valérie Pécresse a enfin invité les musulmans à se manifester pour faire émerger leurs élites. "Au gouvernement, nous avons du mal, car nous ne connaissons pas les réseaux pour promouvoir ces gens. Faites la même chose que les autres cultes, a-t-elle encouragé. Faites du lobbying et venez travailler avec nous[2]." »

---

1. Gilles Kepel, *Banlieue de la République*, Gallimard, 2012.

2. http://www.uam93.com/fran%C3%A7aise/031108-valerie-pecresse-je-voudrais-faire-emerger-les-rama-les-rachida-et-les-fadela-de-demain.html

Une personnalité politique qui occupe à l'époque un haut poste, en l'occurrence ministre de l'Enseignement supérieur et de la Recherche, et, par ailleurs, députée des Yvelines, encourage donc un culte à faire du lobbying. Il ne faut pas sous-estimer les conséquences dévastatrices de ce type d'approche, qui est assez répandue dans le monde politique.

Lorsque j'illustre par des exemples concrets, c'est simplement parce qu'ils correspondent à ce que j'ai pu souvent observer et que cela renseigne sur notre époque. Et si j'évoque certaines personnalités politiques en particulier, ce n'est en aucun cas pour focaliser l'attention sur elles. J'aurais pu tout aussi bien en citer d'autres. Ce qui importe, c'est la réflexion sur le fond.

Au fil des ans et des rencontres, j'ai pu observer qu'il devenait de plus en plus difficile de défendre la laïcité en invoquant la défense des Français et de la République. Aussi, pour défendre la laïcité en France, un nombre croissant d'intellectuels, y compris lors de discussions au sein de nos institutions – et même au HCI –, se sont sentis de plus en plus obligés de s'appuyer sur le fait que la laïcité était également réclamée de l'autre côté de la Méditerranée ; que des Tunisiens, des Algériens, des Marocains, des Égyptiens évoquaient eux aussi la laïcité comme un moyen de protéger leurs sociétés et leur garantir un espace de liberté. Défendre la laïcité pour les Français, cela ne passe plus, y compris auprès d'une part du personnel politique. Défendre les Français, leur héritage, ne constitue plus un argument recevable. Ce glissement est lourd de significations.

Dans l'affaire Baby-Loup, lors de l'audience du 17 octobre 2013 à la cour d'appel de Paris, Michel Henry, l'avocat de la puéricultrice voilée, avait plaidé la nécessité de respecter « l'idéologie dominante » et « le contexte local ». Il avait insisté sur le fait que, dans le quartier, les musulmans étaient présents « en proportion significative ». « La crèche doit se plier à la diversité », « ce n'est pas à la crèche de faire de l'intégration et de corriger des dysfonctionnements communautaires[1] », avait-il clamé. La véritable question soulevée par l'avocat était celle d'une démocratie basée sur la démographie, c'est-à-dire une démocratie non plus fondée sur les idées, mais sur le nombre.

Bien qu'elle ait gagné le procès après cinq années de procédure judiciaire, la crèche Baby-Loup a dû fermer ses portes et quitter le territoire de Chanteloup-les-Vignes où elle était implantée depuis plus de vingt ans. Le concept de *diversité* imposé en France avec légèreté et inconscience mène, dans les faits, à l'effacement de la diversité culturelle. La vie était devenue invivable pour le personnel, qui a été abandonné en rase campagne et qui, aujourd'hui encore, joue sa survie, peu de politiques ayant accepté de soutenir la crèche après son déménagement dans la commune voisine. Étant investie, avec le HCI, auprès de Baby-Loup depuis le tout début de l'affaire, j'ai contacté Nicolas Sarkozy et Manuel Valls. Tous deux sont immédiatement intervenus, le premier auprès du président du conseil général, qui a fait sauter un premier verrou financier, le second auprès du secrétariat d'État en charge de la Famille, qui en a fait sauter un autre. Ironie du sort, la commune qui a offert l'asile politique à Baby-Loup, dirigée jusqu'alors par le sénateur-maire du Parti radical Philippe Esnol, est passée

1. Citations extraites de la plaidoirie de maître Michel Henry, avocat de la puéricultrice voilée.

sous le pavillon de la droite lors des municipales de 2014. Depuis lors, la vie faite à Baby-Loup a été plus que compliquée. Après avoir fait de belles promesses, qu'ils ont veillé à bien relayer dans la presse, les responsables de l'UMP des Yvelines ont laissé tomber Baby-Loup, qui se bat encore aujourd'hui pour qu'on la laisse vivre, elle et ses salariés. Le tort de Natalia Baleato, ancienne réfugiée chilienne, et de ses employés ? Avoir voulu que la France et sa République continuent d'être présentes sur ce petit bout de territoire.

Ils sont restés bloqués en 1905

La hache de guerre n'a jamais été enterrée entre une partie des catholiques pratiquants et les anticléricaux. Ils sont restés bloqués en 1905 et continuent de se regarder en chiens de faïence. Pour eux, le temps a suspendu son vol depuis plus d'un siècle. Beaucoup n'ont toujours pas réalisé que le monde avait changé autour d'eux. J'ai pu observer leur manège d'apprentis sorciers et constater comment chacune des deux parties instrumentalise à sa façon les musulmans pratiquants. Pour les uns, il faut terminer d'enlever aux catholiques ce qui leur reste, et le calendrier avec ses jours fériés en fait partie : pour achever la défaite des cathos, il suffirait d'y introduire des fêtes religieuses musulmanes, cela leur taillerait des croupières. L'aveuglement conduit à oublier que le calendrier fait partie de l'héritage des Français, qu'il s'est depuis longtemps laïcisé, que la plupart des jours fériés ne sont plus perçus comme des fêtes religieuses et que le fait même de le modifier pour y inscrire des fêtes religieuses conduirait à *religiosiser* un calendrier devenu laïque.

Pour les catholiques pratiquants, les musulmans sont majoritairement des gens conservateurs sur les sujets sociétaux. Il est donc toujours bon de faire appel à eux dès qu'il s'agit de peser dans un rapport de force. En haut lieu, on tient les cathos pour quantité négligeable, beaucoup moins les musulmans. De ce fait, dès qu'il s'agit de combattre la laïcité, les musulmans pratiquants et même rigoristes se retrouvent courtisés. La main tendue d'une partie de la hiérarchie de l'Église aux religieux musulmans ne semble pas totalement innocente. Il est très tentant de tirer profit de l'avancée de la religion musulmane dans la sphère publique pour s'engouffrer à sa suite et reconquérir ainsi un peu du terrain perdu « à cause » de la loi de 1905. La France a déjà connu de redoutables tensions entre catholiques et protestants. La laïcité, en gardant à distance respectueuse le religieux dans la conduite des affaires de ce monde, avait permis de créer les conditions de l'émergence d'une fraternité entre les hommes.

Lors du Salon du livre de mars 2008, Régis Debray présente le livre témoignage[1] qu'il vient de publier après son voyage au Proche-Orient. « Ce livre, lance-t-il au Père Jean-Michel Poffet avec lequel il va échanger[2] pendant une heure, c'est le chemin de Jésus-Christ deux mille ans après, si j'ose dire. Je vais de ville en ville pour reconstituer, au fond, ce qu'est le religieux aujourd'hui, comment il est vécu par les croyants musulmans, juifs et chrétiens. »

1. Régis Debray, *Un candide en Terre sainte*, Flammarion, coll. « Café Voltaire », 2008.

2. Régis Debray, Père Jean-Michel Poffet, au Salon du livre de Paris, mars 2008.

Je me trouve dans le public, venue pour l'écouter. Tout ce qui est dit résonne fortement avec l'actualité d'aujourd'hui, du monde et de la France. « Je pense, dit Régis Debray, que l'intrusion de Dieu dans cette bagarre est une catastrophe. Pourquoi ? Parce qu'on transige sur des intérêts, on négocie en ce qui concerne un territoire. Sur le sacré, on ne transige pas. » Sa conclusion était sans appel : « La Terre sainte, c'est un petit concentré de la terre. Et qu'est-ce qu'on y trouve ? Quelque chose qui nous met en face de notre avenir possible : les murs de séparation, les ségrégations. »

Jamais il n'a été aussi impérieux de faire que l'école de la République redevienne un sanctuaire, non seulement pour protéger les enfants, mais désormais, et surtout, pour protéger notre société dans son ensemble. Ce qu'il nous est donné de vivre n'est nullement la conséquence d'une méconnaissance de l'Autre ni d'une prétendue absence de valeurs, mais les étapes d'un classique processus qui a pour ambition d'asseoir une emprise sur le système de représentation culturelle des masses.

La sagesse de Clermont-Tonnerre

Les politiques ont enfreint l'indispensable principe politique de séparation des Églises et de l'État, et de hiérarchie entre le politique et le religieux, seul à même de créer les conditions de la convivance. Cet enfermement contraint et emprisonne les enfants de l'immigration, auxquels il est dans le même temps demandé de s'intégrer. La mission d'intégration, et même de simple insertion, est rendue impossible, d'autant qu'à la politique intérieure s'ajoute le vacarme des événements qui se produisent sur les terres d'origine. Sans émancipation préalable, nulle intégration culturelle n'est possible, car nous sommes là en présence de deux modes de pensée irréconciliables. L'un pense groupe quand l'autre pense individu. C'est cette même opposition qui était à l'œuvre dans les régimes communistes et qui a été fort bien décrite par Arthur Koestler. Pour que la communauté puisse vivre et surtout s'épanouir, elle n'a d'autre choix que de soumettre intégralement chacun de ses membres à ses lois. L'individu n'a pas droit de cité. Il n'existe pas.

Les Européeens s'imaginent, à tort, et cela les empêche de saisir ce qui leur arrive, que la civilisation occidentale, qu'ils réduisent très souvent à sa seule dimension religieuse, a toujours été ce qu'elle est aujourd'hui. Comme si leur civilisation était restée figée, identique à ce qu'elle était des siècles avant l'époque d'aujourd'hui. Or, tout ce qui s'est produit sur le plan des idées, des connaissances, des techniques, des conditions de vie, et qui participe à traduire dans les faits l'état de la civilisation occidentale, atteste de son caractère dynamique.

Dans ses traductions au quotidien, la civilisation dans laquelle nous baignons – même si certaines racines profondes demeurent et demeureront – n'a plus guère de traits en commun avec celle qui l'a précédée de plusieurs siècles, qui est antérieure à la Renaissance et au siècle des Lumières, ni même avec celle qui est antérieure à la révolution culturelle de Mai 1968. Quel Français d'aujourd'hui, éduqué dans la civilisation occidentale, accepterait de replonger dans celle, tout aussi occidentale, de Giordano Bruno ? Liberté de pensée contre pensée unique de la communauté. Quel Français, y compris parmi ceux qui rejettent, à juste titre, certaines dérives liées à Mai 1968, accepterait de vivre à nouveau dans la France corsetée qui a précédé Mai 1968 et qui l'a au demeurant enfanté ?

Chaque civilisation a son propre fondement et évolue dans le temps. Chacune selon une trajectoire qui lui est spécifique. C'est pourquoi des civilisations qui n'ont pas emprunté les mêmes chemins ont une probabilité très faible de converger.

Si elles avaient été sages, nos élites de commandement se seraient comportées selon la sage préconisation du comte Stanislas de Clermont-Tonnerre, qui reste d'actualité et constituerait en la matière l'une des voies peut-être encore possibles pour sauver le vivre-ensemble. Partisan de l'accession des Juifs à la citoyenneté, il déclara à la Constituante, en décembre 1789 : « Il faut tout refuser aux Juifs comme nation et tout accorder aux Juifs comme individus. Il faut qu'ils ne fassent dans l'État ni un corps politique ni un ordre. Il faut qu'ils soient individuellement citoyens. » C'est là l'effort à consentir pour faire émerger une conscience politique collective, prélude à un vivre-ensemble dans la durée, placé sous le sceau de la sérénité. Il m'apparaît de plus en plus qu'« on ne règle pas un problème en utilisant le système de pensée qui l'a engendré », comme l'a très justement analysé Albert Einstein.

Par la faute des hommes qui ont oublié les enseignements de l'Histoire, la France se retrouve de nouveau prise au piège. Lorsque la digue cédera, qu'il soit sécularisé ou pas, qu'il soit français ou non, chacun saisira alors pleinement le rôle protecteur qui a été celui de la laïcité.

8.

Nationalité, la mère des réformes

« Voulons-nous que les peuples soient vertueux ? Commençons donc par leur faire aimer la patrie : mais comment l'aimeront-ils, si la patrie n'est rien de plus pour eux que pour des étrangers, et qu'elle ne leur accorde que ce qu'elle ne peut refuser à personne ? Ce serait bien pis s'ils n'y jouissaient pas même de la sûreté civile, et que leurs biens, leur vie ou leur liberté, fussent à la discrétion des hommes puissants, sans qu'il leur fût possible ou permis d'oser réclamer les lois[1]. »

Jean-Jacques ROUSSEAU

Mission d'information sur le droit de la nationalité

9 février 2011, je suis auditionnée par la Mission d'information sur le droit de la nationalité en France.

---

1. Jean-Jacques Rousseau, *Discours sur l'économie politique*, publié dans l'*Encyclopédie* de Diderot et d'Alembert, 1755.

Cette mission est présidée par Manuel Valls. Son rapporteur en est Claude Goasguen, un élu rigoureux et extrêmement cultivé, qui est chargé de la rédaction du rapport[1] sur le droit de la nationalité en France. Quelques mois plus tard, lorsque le HCI élaborera la Charte des droits et des devoirs du citoyen français qui sera aussitôt déployée par le ministre de l'Intérieur Claude Guéant, c'est Claude Goasguen qui viendra travailler avec nous à sa rédaction pour le compte de l'Assemblée nationale.

Beaucoup de nos élites jugent inacceptable que l'on puisse demander aux enfants de l'immigration de s'assimiler. Leur assimilation serait un fait acquis, puisqu'ils sont nés sur le sol français. Quel parent français oserait imaginer que son enfant né en Arabie saoudite serait de fait saoudien, ou né en Chine, chinois ?

D'autre part, lorsqu'on évoque le code de la nationalité, le cas des mariages n'est jamais abordé. Par quel miracle un conjoint de Français se transforme-t-il en Français ? Les faits viennent invalider les affirmations auxquelles nos dirigeants ne croient pas eux-mêmes. Si le migrant a, comme toute personne, droit à « une vie familiale normale », en quoi cela implique-t-il qu'elle doive nécessairement se dérouler sur le territoire français et non dans le pays du conjoint ? Voilà des années que le mariage, qui conduit au regroupement familial, est devenu l'une des principales sources d'immigration et, surtout, de réenracinement des familles de

1. Commission des lois constitutionnelles, de la législation et de l'administration générale de la République, rapport d'information sur le droit de la nationalité en France, 29 juin 2011.

l'immigration dans la culture des sociétés d'origine, qui ne vivent pas à la même heure que la société française. Voilà l'une des causes principales des problèmes d'intégration et de vivre-ensemble que nous connaissons.

Les élites, pour la plupart, disposent d'une carte maîtresse. Elles ont la possibilité et les moyens de s'extraire, et d'extraire leurs enfants, de la réalité quotidienne qu'elles ont imposée à l'ensemble des Français, à commencer par les ravages de l'égalitarisme, premier pourvoyeur des inégalités, qui a poussé à continuellement baisser les exigences à l'école pour permettre aux élèves des milieux défavorisés (sur le plan de la maîtrise des savoirs) de réussir cahin-caha. Au lieu d'aider les enfants à apprendre à sauter une haie dont la hauteur leur posait quelque difficulté, il a été jugé plus intelligent d'abaisser la hauteur des haies pour tous. Cela n'a fait que repousser l'heure de vérité. Il suffit d'analyser les taux d'échec au passage de la première vers la deuxième année d'enseignement supérieur pour constater l'ampleur du drame. Malheureusement, il est alors trop tard pour espérer sauver la majorité d'entre eux. L'idéologie des droits de l'homme portée par les bien-pensants consiste à aider les autres, pourvu que cela ne leur coûte rien, et surtout n'entame pas leur confort personnel.

Les élites ne sont pas dupes. Elles savent que la constitution d'une même communauté politique est une condition nécessaire pour minimiser les sources de conflits possibles. Or, nulle communauté politique ne peut se former en l'absence d'un socle partagé de principes identitaires fondamentaux. C'est la raison pour laquelle elles se sont mises à évoquer, sur le ton de l'incantation, le « rassemblement des Français autour de nos valeurs ». Que faire alors lorsque des incompatibilités ou des oppositions frontales se font jour ? Les nouveaux entrants étant dotés d'une identité forte et assumée, nos élites ont changé de stratégie face à la difficulté, voire au refus d'un grand nombre de respecter les codes sociaux des Français de culture française. Tandis qu'aux migrants intraeuropéens elles imposaient le respect des principes dits républicains, qui ne sont en réalité que le condensé de l'identité française, c'est aux Français qu'elles se sont mises à imposer, petit à petit, d'accepter ce qu'il est désormais convenu de nommer la *diversité culturelle*, concept des plus commodes. C'est ainsi que l'étranger qui arrive ou qui naît puis grandit sur le sol français n'a plus aucune nécessité de s'intégrer culturellement.

Ce qui est particulièrement grave dans la situation présente, c'est que ce ne sont pas des facteurs externes qui ont créé les conditions de la décomposition, mais ceux-là mêmes qui avaient pour mission première d'assurer la cohésion de leurs peuples. Le pacte de confiance se trouve atteint au cœur.

Il faut bien comprendre dans quel sens les choses ont été posées. C'est parce qu'on constatait, sur le terrain, que les descendants des immigrés extra-européens peinaient à s'assimiler et étaient même de plus en plus nombreux à refuser l'assimilation, que les pouvoirs publics ont décidé de tourner le dos à ce modèle. Nous n'avons pas fini d'en payer la facture : on en vient à constater que ce sont désormais des lois de la société qui sont de plus en plus rejetées.

La responsabilité des États europééens

Comme l'a mis en lumière la démographe et ancien membre du collège du HCI, Michèle Tribalat[1], c'est en 2004 que les pays de l'Union européenne ont officiellement décidé de tourner définitivement le dos au modèle d'assimilation qui passe par l'intégration culturelle : « Lors de ce Conseil, les États de l'UE ont opté pour un modèle d'intégration qui n'a rien à voir avec celui de l'assimilation. D'après le premier principe, "l'intégration est un processus dynamique à double sens d'acceptation mutuelle de la part de tous les immigrants et résidents des États membres". »

Analysant cette décision de l'UE, Michèle Tribalat nous rappelle que, « au contraire, l'assimilation suppose une asymétrie entre la société d'accueil qui sert de référent culturel et les nouveaux venus, lesquels ont à fournir l'essentiel des efforts d'adaptation. Les nouveaux venus sont guidés par la pression sociale qui ne laisse aucune ambiguïté sur le sens dans lequel les ajustements doivent intervenir. Placer sur le même plan les immigrants et les "résidents" (on retrouve, à l'échelon européen, la difficulté de nommer ; l'emploi du terme résident ne résout rien puisque les immigrants eux-mêmes sont aussi des résidents), c'est nier l'existence de cette asymétrie entre la nation qui accueille et ceux qui s'y installent. »

Il ne faudra pas attendre bien longtemps pour que cette dérive des responsables des États de l'Union

1. Michèle Tribalat, *La Fin de l'assimilation*, Édition du Toucan, 2013.

soit entérinée par le Haut Conseil à l'intégration de l'époque. En 2006, dans son rapport au Premier ministre, le HCI écrit en effet que l'intégration « demande un effort réciproque à l'immigré et à la société du pays d'accueil, une ouverture à la diversité qui est un enrichissement, mais aussi une adhésion et une volonté responsable pour garantir et construire une culture démocratique commune[1] ». Et la politique d'accommodements, qui n'ont de raisonnable que le nom, en est encore relancée. « Ils sont français », répètent à l'envi nos élites, qui dans le même temps vont chercher par tous les moyens, y compris par la ruse, à adapter ou à diluer les principes républicains.

Mais s'ils sont français, alors pourquoi diantre accommoder ? S'ils sont français, c'est qu'ils portent déjà ces principes et les transmettent à leur descendance, non ?

Il ne faut pas accuser les immigrés et leurs descendants d'avoir rejeté l'assimilation. Certes, ils ont demandé et obtenu des papiers d'identité français, mais beaucoup n'ont fait que bénéficier de dispositions législatives et réglementaires. Pourquoi se seraient-ils astreints aux efforts, aux sacrifices qu'impose toute assimilation, alors même que la qualité d'étranger culturel donne accès au « statut de victime potentielle », qui peut ensuite faire bénéficier d'un traitement prioritaire grâce à la discrimination positive ? Rester étranger tout en possédant la carte d'identité française est bien plus intéressant que devenir Français français. Qui se soucie aujourd'hui du sort de ces

1. Haut Conseil à l'intégration, « Le bilan de la politique d'intégration 2002-2005 », rapport au Premier ministre, La Documentation française, 2006.

derniers ? Ils ne déclenchent aucun sentiment d'empathie chez les élites de commandement, n'attirent nulle bienveillance sur eux. Être Français français devient un handicap, quand être Français de la diversité fait de vous une « chance pour la France ». Aujourd'hui, rien n'incite plus à l'assimilation.

L'assimilation est individuelle, jamais globale

On n'assimile jamais des populations ; seulement des individus, et des individus émancipés et libres. Or, les États des sociétés d'accueil ont rendu impossible l'émergence d'une liberté individuelle pour ceux qui se trouvent être issus de groupes qui ne reconnaissent pas l'existence de l'individu. La pression du groupe est devenue trop forte pour qu'un individu, seul, puisse y résister. Il doit faire face à des communautés instituées, reconnues presque ouvertement par les élites politiques. C'est pourquoi beaucoup d'immigrés n'ont plus d'autre choix que celui de sacrifier la République, dans le but de faire diminuer la pression que leur groupe culturel exerce sur eux. Les demandes en accommodements ne se tariront pas. Pour éviter d'être entraînée dans une spirale inflationniste, la société, dans son ensemble, aurait gagné à maintenir ses positions, celles de ses principes et valeurs, et à empêcher l'installation du communautarisme.

S'il ne faut pas accuser ceux parmi les immigrés et leurs descendants qui refusent de s'assimiler, il est par contre un comportement qu'il convient de déplorer, c'est le manque de reconnaissance envers la terre d'accueil. Nul n'a jamais été contraint de choisir la France, ou tout autre pays d'accueil, comme terre de résidence. Le monde est vaste, et beaucoup des migrants des dernières vagues auraient pu opter pour des terres sur lesquelles le problème sensible de l'identité ne se serait pas posé. Ceux qui ont effectué ce choix l'ont fait parce qu'il présentait à leurs yeux des avantages : soit qu'il leur permettait de mener une existence plus confortable sur le plan matériel, soit qu'il leur offrait la possibilité d'échapper à la dictature de leur groupe. La décence et l'honnêteté commandent à tous ceux qui ont fait le choix des terres européennes d'avoir quelque reconnaissance à l'égard des peuples qui les ont accueillis, souvent au demeurant sans que leur approbation ait jamais été demandée. Le manque de reconnaissance et la propension à dénigrer les pays d'accueil auraient dû alerter, car ces signes ne sont pas anodins. L'absence de socle de reconnaissance construit par les parents pour leurs enfants constitue le point de bascule entre l'immigration extra-européenne des quarante dernières années et l'immigration intra-européenne qui l'avait précédée. Cette dernière (et même, d'ailleurs, une part de l'immigration extra-européenne, dont l'immigration maghrébine, d'avant les années 1970) exprimait à ses enfants cette reconnaissance et le respect qu'elle ressentait pour la France qui l'avait accueillie.

Voici l'extrait d'un échange[1] qui eut lieu en 1993 entre la journaliste Anne Sinclair et le roi du

1. Anne Sinclair, émission « 7/7 » diffusée sur TF1, Palais royal de Rabat, 14 mai 1993.

Maroc Hassan II. Il y est question de nationalité et de l'intégration des Marocains résidant en France. Cette conversation éclaire d'une manière saisissante l'impossibilité qu'il y a à assimiler des populations.

Anne Sinclair : « Est-ce que vous aimeriez qu'ils [les Marocains ayant émigré en France] soient intégrés en France ? Le principe même de l'intégration, est-ce que vous êtes pour ? Est-ce que vous êtes contre ? »

Hassan II : « Je n'appellerai même pas cela l'intégration. Je n'aimerais pas du tout qu'ils soient l'objet d'une tentative, car ils ne seront jamais intégrés. »

Anne Sinclair : « Vous croyez que c'est eux qui ne le veulent pas ou que c'est les Français qui le refusent ? »

Hassan II : « L'exprimeront-ils qu'ils ne le pourront pas. C'est possible entre Européens ; la trame est la même. Les mouvements européens, dans l'histoire, ont été Est/Ouest, et les mouvements humains, la religion, enfin un tas de choses, mais là, c'est un autre continent. Et vous n'en avez que faire : ce seront de mauvais Français. »

Anne Sinclair : « Vous nous découragez de chercher à intégrer ? »

Hassan II : « Je vous décourage en ce qui concerne les miens, les Marocains, d'essayer des détournements de nationalité, car ils ne seront jamais français à cent pour cent. Ça, je peux vous l'assurer. »

Dans cet échange rien ne peut être reproché au roi du Maroc Hassan II, qui aurait mérité d'être remercié pour son honnêteté intellectuelle sur la question de l'intégration. Nous voyons bien là à quel point l'identité n'est nullement subordonnée à des conditions bassement matérielles, comme se plaisent à le penser des Européeens dont le ventre tend malheureusement trop souvent à cannibaliser l'esprit au sein de leur société de consommation. Bien que leur pays soit responsable de leur migration et les ait même parfois maltraités, c'est vers lui que le cœur de beaucoup de migrants reste tourné. C'est la volonté de faire valoir l'héritage qu'ils ont reçu indivis, selon l'expression consacrée d'Ernest Renan, qu'ils expriment au travers de revendications d'ordre identitaire qui ne cessent de croître. Quant au drapeau de leur nation qu'ils exhibent à la moindre occasion, y compris lorsque les Français fêtent l'élection de leur Président, ce n'est là que la démonstration du fait que « l'existence d'une nation est un plébiscite de tous les jours ». L'assimilation ne s'impose pas. Elle résulte toujours d'une décision individuelle, volontaire.

La position, citée plus haut, du Premier ministre Erdogan, est en parfaite conformité avec celle du roi du Maroc Hassan II. D'ailleurs, la plupart des pays sources de l'immigration ne reconnaissent pas le fait que leurs nationaux puissent détenir une autre identité nationale. Ce qui ne les empêche pas d'encourager leurs ressortissants et leurs descendants à s'investir, là où ils sont, au service de leur pays d'origine et à lui venir en aide par des transferts de fonds. Selon le décompte annuel effectué par la Banque mondiale, ces transferts se sont élevés à 435 milliards de dollars en 2014. Le premier pays récepteur en est l'Inde, immédiatement suivi par la Chine au niveau mondial.

Prenons ici l'exemple du Maroc. Le conseil dénommé Conseil de la communauté marocaine à l'étranger est, selon les termes du *dahir* (décret royal) du 21 décembre 2007 portant sa création, une « instance consultative placée auprès de Notre Majesté [roi du Maroc] » et ayant pour objet le « suivi et l'évaluation des politiques publiques du Royaume envers ses ressortissants à l'étranger ». Le décret ne prévoit que deux motifs de perte du statut de membre, « la vacance de siège pour décès ou invalidité corporelle permanente » et « l'atteinte à l'esprit et la lettre du *dahir*, notamment l'inobservance des règles de conduite et de déontologie requises sur l'honneur d'appartenance [au conseil] ». La possibilité de démission n'est pas prévue par le décret royal. Un certain nombre de personnalités marocaines connues en France y ont été nommées par le roi du Maroc, parmi lesquelles figure Najat Belkacem[1]. C'est en effet sous ce nom qu'elle apparaît, y compris actuellement, dans le « Groupe de travail "Approche, genre et nouvelles générations" », comme en atteste le site Internet[2] du Conseil où le nom de Vallaud en sa qualité d'épouse ne figure pas. Selon le code de la famille marocain, « la Marocaine musulmane n'est autorisée à épouser qu'un musulman. L'homme quant à lui peut épouser une femme non musulmane à condition qu'elle appartienne à l'une des religions bibliques[3] ».

Pour bien que l'on comprenne ce que constitue ce conseil directement rattaché au roi du Maroc, il est nécessaire de citer des extraits du *dahir* l'ayant

1. http://www.ccme.org.ma/fr/ccme/groupes-de-travail.

2. *Ibid.*

3. « Le nouveau code de la famille marocain », rapport établi par des magistrats français à l'issue d'un voyage d'étude (du 19 au 29 juin 2007) sur l'application de cette législation. Voyage organisé conjointement par le ministère de la Justice du royaume du Maroc et l'ambassade de France, avec le concours de l'École nationale de la magistrature.

promulgué : le roi précise son attachement à « l'exercice plein et entier, par Nos citoyens résidant à l'étranger, de leur citoyenneté, en termes de droits et d'obligations, où qu'ils se trouvent », car, quand bien même des personnalités n'en seraient plus membres, il est fondamental de connaître quels ont été leurs engagements. Dans le décret est précisé aussi que « les personnalités marocaines connues » ont été choisies pour « leur attachement aux constantes et aux valeurs sacrées de la Nation [marocaine], à son identité homogène et riche de ses multiples affluents, ainsi que parmi les forces vives reconnues pour leur compétence, leur grande expérience, leur intégrité, leur crédibilité et leurs remarquables contributions ». Parmi les attributions de ce conseil, citons qu'il « a pour attributions d'émettre des avis sur : les principales orientations des politiques publiques permettant d'assurer aux Marocains résidant à l'étranger le maintien de liens étroits avec leur identité marocaine et notamment celles relatives à l'enseignement des langues, l'éducation religieuse et l'action culturelle ».

Dans le chapitre consacré au statut de ses membres, il est spécifié qu'ils « doivent assumer les fonctions qui leur sont dévolues avec fidélité, impartialité et dévouement pour la défense des intérêts suprêmes de la Nation [marocaine] ». Les termes choisis sont puissants. Il ne s'agit pas là d'une responsabilité banale. Aujourd'hui, en tant que ministre de l'Éducation nationale de la France, Najat Vallaud-Belkacem veille à l'élaboration de la politique éducative des futures générations françaises. Une nouvelle fois, il est naturel et spontané que tout être humain se saisisse des perches qui lui sont tendues, ici par le commandement français. Le problème n'est donc pas celui de Najat Vallaud-Belkacem.

Dans un précédent ouvrage, j'avais évoqué une autre personnalité qui, elle aussi, se trouvait au cœur du commandement politique. En 2006, moins d'un an avant d'être nommée garde des Sceaux de la France, Rachida Dati déclare : « Je suis toujours allée au Maroc en disant : "On est votre première vitrine." Peut-être considèrent-ils qu'on n'est pas assez malléables. C'est dommage, ils [les pouvoirs politiques marocains] se privent d'une vraie représentation » ; « Moi, je donne pour le Maroc, j'aimerais aussi un peu de retour. J'ai toujours entendu dire au plus haut niveau de l'État [marocain] qu'on était les bienvenus et qu'on était des Marocains. Tant que ce discours ne sera pas contredit, je continuerai à me battre pour mettre le pied dans la porte de ce pays[1]. »

Ce qu'illustrent ces exemples, et il y en aurait pléthore à citer, c'est que le sommet du commandement politique, à savoir celui qui, en dernière instance, nomme ceux qui vont participer à gouverner la France, décider de l'avenir du projet politique et culturel du peuple français, n'est pas insensible à une logique de marketing politique, lui-même guidé par des considérations liées à l'évolution de la composition du corps électoral.

Nous n'avons pas ici affaire à des citoyens lambda, mais à des personnes qui gravitent autour du sommet de l'État, et il en est de même au sein des cabinets ministériels ou encore de la haute administration. Ce n'est pas un sujet de politique partisane, mais un sujet qui concerne la réflexion sur la raison d'État. C'est

1. Youssef Lahlali, « Une Marocaine place Beauvau », *Libération Casablanca*, 31 août 2006.

pourquoi il ne peut être éludé, écarté d'un simple revers de main. Dans le monde des ingénieurs, les questions d'engagement et de confidentialité sont traitées avec bien plus de sérieux qu'au sommet de l'État. Je me souviens que, jeune ingénieur, alors que je discutais avec un responsable de l'entreprise Matra sur un salon de recrutement à Supélec, école dans laquelle je suivais alors des cours, celui-ci me précisa que participer à certains de ses projets nécessitait une habilitation confidentiel-défense, parfois même secret-défense. Les exigences d'une telle habilitation sont élevées. On doit veiller à ce que les ingénieurs qui contribuent à de tels programmes, et qui auront accès à des informations sensibles, ne puissent faire l'objet d'aucune pression extérieure. Des enquêtes minutieuses sont même menées pour l'habilitation secret-défense. Il convient de s'assurer que ces personnels ne sont pas étroitement engagés avec certains pays sur le plan affectif, y compris au travers de liens de mariage. Comment expliquer qu'aucune procédure de ce type ne soit de mise pour ceux qui s'assoient autour de la table d'un Conseil des ministres, ou encore pour tous ceux qui peuvent avoir accès à des informations sensibles ou stratégiques au sein de l'appareil d'État ?

Nationalité et identité ont été dissociées

Pour conserver la maîtrise de son destin, il fallait avant toute chose commencer par réduire drastiquement les flux migratoires, transformer le flot en un filet régulé et imposer simultanément l'insertion des nouveaux arrivants dans la société, car il n'est pas possible – et nous le vivons désormais au travers de l'exode des Français qui quittent massivement certains territoires – de cohabiter dans la sérénité sans respecter les mêmes normes, les mêmes usages, les mêmes lois. L'intégration à la communauté nationale, à savoir l'assimilation, n'aurait jamais dû constituer un objectif politique. Il n'y a pas obligation à devenir français. Imposer l'assimilation, c'est une forme de colonisation. C'est affubler quelqu'un d'une identité qui n'est pas la sienne. Cela ne peut être que superficiel. Or, s'inscrire avec sa descendance dans un arbre généalogique autre que celui de ses ascendants est une décision profonde. L'assimilation ne commande pas aux nouveaux Français de devenir amnésiques de leur passé, de leurs origines ; mais il est certain que l'on ne peut être reconnu français par les Français si l'on conserve de son passé des principes ou valeurs qu'ils jugent incompatibles avec les leurs.

Tout peuple est fruit d'un héritage. On ne peut former le même peuple, la même communauté politique sans reconnaissance de cet héritage. Les Français sont liés par des liens spirituels très forts, à travers le partage de l'histoire et de la culture. Or, qu'a-t-il été donné aux Français d'observer depuis plusieurs décennies ? L'expression d'un sentiment de rejet envers ce qu'incarnent ou symbolisent les Français de souche culturelle européenne. Qu'ont fait les élites ? Elles ont refusé de prendre au sérieux ce qui s'étalait sous leurs yeux. Elles ont préféré mentir au peuple, mais aussi aux enfants de l'immigration, en attribuant à ce rejet des justifications socio-économiques. Elles savaient que c'était faux, mais l'explication était bien trop commode.

Pour les Français, la citoyenneté et le sentiment d'appartenance à la Nation ne sont pas des concepts abstraits. Ce sont des concepts vivants, pourvus d'une réalité charnelle et indissociable. C'est d'ailleurs l'une des raisons pour lesquelles les Français sont si opposés à la dilution de la citoyenneté française dans la citoyenneté-résidence par l'octroi du droit de vote aux étrangers.

Pour les Français, la citoyenneté renvoie en tout premier lieu au principe de la légitimité politique, à savoir que le citoyen est détenteur d'une part de la souveraineté politique. Ses concitoyens et lui-même forment une communauté politique. Ils appartiennent à un même corps politique et c'est cette communauté de citoyens qui est la source du pouvoir politique et qui concourt à l'élaboration de la Loi, par l'intermédiaire des élus ou directement par référendum, comme le précise le titre Ier de la Constitution consacré à la Souveraineté nationale.

Il existe un principe de transcendance par le politique qui est au fondement de la citoyenneté. Ce lien a été défait, et les citoyens ont perdu là le dernier élément de verticalité qui leur restait et qui pouvait les maintenir unis, ensemble. Les conditions du maintien de la cohésion nationale ne sont plus réunies. C'est pourquoi nous assistons déjà, et cela ira en s'amplifiant si rien ne vient enrayer le processus de décomposition, au besoin de chacun de se replier sur des liens d'appartenance particuliers. Chacun élève les murs censés le protéger. Les rois de France ont aboli murs et frontières pour réaliser l'unité du territoire, parfois au prix de longues batailles. La République, elle aussi, a su tisser un nouveau lien vertical, comme un fil qui s'élève au-dessus de la tête de chaque citoyen et rappelle aux Français qu'ils font partie intégrante d'un même corps. Pour se sentir en sécurité, les hommes ont besoin de se sentir appartenir à un ensemble plus grand qu'eux-mêmes.

Le migrant – ou son descendant, s'il ne s'assimile pas – ne peut donc être coopté par le peuple français. C'est pourquoi, face aux difficultés croissantes observées, le pouvoir politique a décidé de transformer la nation culturelle, escomptant pouvoir modifier en profondeur la nature de la nation et inclure ainsi la part de l'immigration non assimilée au sein du peuple français, nonobstant le fait qu'elle n'aura pas été reconnue par les Français comme faisant partie de leur grande famille. C'est pour cette raison que des conflits de légitimité pourraient éclater.

Le plus tragique, c'est que ce sont des Français de souche, donc ceux des Français qui ont reçu la France en héritage, qui ont mis en place tous les mécanismes par lesquels elle se décompose désormais sous nos yeux. Ceux qui persistent à croire que la génétique constitue une solide garantie et doit être utilisée comme bouclier pour préserver l'identité française en sont pour leurs frais. L'identité est un sujet complexe qui mérite mieux que des slogans expéditifs tels que celui du droit du sang.

Les papiers d'identité français ne renseignent plus nécessairement sur l'identité du porteur. On peut être français sans épouser les normes collectives du peuple français, et sans même pratiquer la langue française pourtant inscrite dans la Constitution.

C'est dans un bureau de la préfecture de Paris que j'ai moi-même réceptionné ma carte d'identité française. À côté de moi, et faisant face tout comme moi à une fonctionnaire, était assis un monsieur qui venait lui aussi réceptionner ses papiers d'identité français. Je n'oublierai jamais la scène à laquelle j'ai assisté. Cet homme tentait désespérément, à l'aide de signes et de mots que je ne comprenais pas, d'échanger avec la fonctionnaire, également désespérée de ne pouvoir transmettre les informations et recommandations qui accompagnent toute délivrance de ces papiers, comme garder en sécurité le certificat d'ampliation qui atteste de l'acquisition de la nationalité française. Elle répétait sans cesse les mêmes mots. Manifestement, il ne parlait pas ni ne comprenait un seul mot de français. Nous nous regardions toutes les deux, et nos regards en disaient long sur l'absurdité de la situation. Comment pouvait-on délivrer une carte d'identité française à quelqu'un qui ne comprend pas le français ? Les ayatollahs de la pensée unique diront que la langue n'est pas un critère, et qu'il fut un temps où l'on ne parlait pas nécessairement la langue française partout dans le royaume ou dans la France des petites patries. Cet argument, j'ai eu à l'entendre bien des fois en réunion, s'appuyant souvent sur le cas des Bretons en guise d'illustration. Ceux qui sont de mauvaise foi trouveront toujours un argument de mauvaise foi. En vérité, faire appel aux Bretons fait partie de la panoplie des tenants du relativisme culturel : puisque tout se vaut, en définitive il n'y a plus aucun problème.

Le contenu de la citoyenneté, le sentiment d'appartenance à la nation, se construisent et se consolident d'abord au sein de la famille. Les parents jouent un rôle de premier plan dans le fait que l'enfant possédera plus tard, ou ne possédera pas, une mentalité qui sera perçue par la communauté nationale comme française ou pas. Les enfants font l'apprentissage de la citoyenneté par mimétisme. Ils apprennent en observant leurs parents, car la meilleure voie d'acquisition des principes et des valeurs, c'est la pratique. En 2007, un rapport remis à Xavier Darcos[1], alors ministre de l'Éducation nationale, évoquait l'existence de problèmes de compatibilité culturelle entre l'école et la maison pour ces « enfants venus d'ailleurs[2] ».

Le deuxième lieu d'acquisition du pacte moral et d'apprentissage de la citoyenneté, c'est l'école, où l'élève n'arrive pas à l'état de page blanche sur laquelle l'enseignant pourrait librement écrire, dans le but de l'éduquer et de l'instruire selon les codes socio-culturels de notre société. L'une des définitions de la culture – celle des psychologues, et qui est particulièrement pertinente pour bien comprendre la problématique de l'intégration culturelle –, c'est la pression que le milieu social exerce sur le développement psycho-physiologique des individus.

Nul hasard si au fondement de l'école de la République se trouvait le projet d'émancipation. L'école était aussi chargée de la mission de développer la dimension rationnelle dans le but d'amener l'enfant à devenir un adulte libre, un citoyen responsable, capable d'exercer son esprit critique et de concourir ainsi à l'élaboration du projet politique collectif. Les enfants de l'immigration extra-européenne ont-ils jamais réussi à s'émanciper de la tutelle de leur groupe ? Il y a eu une réelle amorce en ce sens. Il fut un temps où le processus d'intégration était, lui aussi, sur la bonne voie, mais, une fois encore,

1. « La maternelle au front des inégalités linguistiques et sociales », rapport au ministre de l'Éducation nationale Xavier Darcos, décembre 2007.

2. Expression tirée du rapport au ministre de l'Éducation nationale Xavier Darcos, « La maternelle : au front des inégalités linguistiques et sociales », sous la direction d'Alain Bentolila, décembre 2007.

l'importance des flux migratoires de mêmes origines culturelles est venue ruiner les chances d'intégration de ceux qui se trouvaient déjà sur place. Chacun peut mesurer le phénomène autour de lui en observant la communautarisation à l'œuvre et les demandes croissantes de dérogation à la règle commune.

Lorsque l'enfant rencontre ses premiers instituteurs, ses parents, qui sont les premiers éducateurs qu'il a trouvés sur son chemin, lui ont déjà imprimé leur marque ; et ces parents continueront d'écrire sur cette page, même lorsque le corps enseignant aura entamé la mission qui lui est confiée par la République. Si des éléments du référentiel culturel transmis par la famille ne sont pas compatibles avec ceux de l'école, alors l'enseignant doit consacrer une partie de son temps à faire en sorte que l'enfant accepte de prendre en compte sa parole. Ce volet éducatif, opéré au détriment du volet instruction, va dès le départ creuser un fossé entre les élèves.

Pour des raisons budgétaires, et aussi pour répondre à des demandes communautaires, de plus en plus de voix, ou encore de lobbies, souhaitent octroyer davantage de liberté aux chefs d'établissement. Sans régler aucun des problèmes de fond qui entraînent notre système éducatif et notre société dans le gouffre, la libéralisation de l'enseignement en provoquera bien d'autres. Qui pourra garantir, entre autres, que le recrutement des enseignants, mais aussi que ce qui leur sera demandé « entre les murs », loin des oreilles de l'État, sera compatible avec la République et ses principes de liberté, d'égalité hommes-femmes, de fraternité ?

Alors même qu'elles constataient que l'école n'est plus en mesure de jouer son rôle d'intégrateur culturel, les élites ont persisté à tenir les mêmes discours.

Dans notre rapport « Les défis de l'intégration à l'école[1] », nous avions insisté sur le fait que l'échec scolaire est principalement dû à des facteurs exogènes à l'école. Bien sûr, un certain nombre de raisons à l'échec sont imputables à l'école elle-même, mais elles ne peuvent en aucun cas expliquer à elles seules l'ampleur du naufrage dans lequel notre école a été entraînée. L'école a été lourdement handicapée et entravée dans sa mission.

Lors de son audition par le HCI en décembre 2011, le philosophe Alain Finkielkraut s'était interrogé sur « certaines hésitations du rapport » sur l'école[2] que nous avions remis au Premier ministre François Fillon. La plupart des points qu'il avait soulevés avaient fait l'objet de discussions parfois âpres au sein du Haut Conseil. Alain Finkielkraut pointa un problème central : « La vraie question », dit-il, et elle « n'est pas posée dans le rapport du HCI sur l'école [est la suivante] : Ces difficultés sont grandes. A-t-on une chance de les résoudre si l'afflux continu d'immigrés persiste ? ». Bien sûr, la réponse est non. La question est restée hors du champ, assurément. Les acteurs du système s'accordent tous à dire que c'est à l'école de la République qu'incombe le devoir de former le citoyen français et dans le même temps rendent sa mission impossible. En raison même des flux migratoires, les familles ont perdu toute liberté d'agir. Elles

1. « Les défis de l'intégration à l'école », Haut Conseil à l'intégration, rapport au Premier ministre pour l'année 2010.

2. « Les défis de l'intégration à l'école et recommandations du Haut Conseil à l'intégration au Premier ministre relatives à l'expression religieuse dans les espaces publics de la République », La Documentation française, janvier 2011.

se sont retrouvées enchaînées par leur groupe culturel d'origine. De ce fait, elles n'ont pas d'autre choix que celui de sacrifier le pays d'accueil lorsque des principes de ce dernier se révèlent incompatibles avec ceux du pays d'origine. Or, l'école ne peut assurer sa mission qu'à la condition que les familles l'accompagnent dans cette mission ou à tout le moins ne l'entravent pas. Le débat sur l'identité nationale aurait dû commencer par poser puis résoudre le problème des flux migratoires.

Il est désormais bien tard pour que l'école puisse à nouveau jouer le rôle d'intégrateur culturel et, surtout, de préparation au devoir du citoyen qu'elle a su jouer par le passé auprès des enfants de l'immigration. Sur ce point précis, l'école ne pourra plus jouer qu'à la marge. Lorsque, en 2002, Emmanuel Brenner publie *Les Territoires perdus de la République*[1], recueil de témoignages plus édifiants les uns que les autres de professeurs de l'enseignement secondaire sur ce qu'ils observent et vivent au quotidien, il était encore temps d'agir pour tenter de reprendre les choses en main. Agir signifie agir simultanément sur tous les paramètres de l'équation immigration-intégration-assimilation, qui va de la maîtrise des flux migratoires à la responsabilisation des parents de l'immigration, en passant par le rôle qui doit être celui de l'école et du corps enseignant. Dans mon précédent ouvrage, *Immigration-intégration : le langage de vérité*, j'avais en quelque sorte tiré les grandes lignes de ce qui s'apparentait à un programme politique pour ces questions.

1. Sous la direction d'Emmanuel Brenner, *Les Territoires perdus de la République*, Mille et une nuits, 2002 ; réédition, Fayard, coll. « Pluriel », postface de Georges Bensoussan, mars 2015.

Tout ce qui était exposé dans *Les Territoires perdus de la République* concernant le rejet de la France, la contestation des principes républicains, le sexisme, la violence, l'antisémitisme, le racisme anti-Français chrétiens, s'est considérablement aggravé depuis lors. Le livre raconte les scènes de joie observées au sein d'établissements scolaires en 2001, au lendemain des attentats contre les Twin Towers. En janvier 2015, après les attentats contre *Charlie-Hebdo* et l'épicerie casher, menaces, insultes, agressions se produisent dans des établissements scolaires. De nombreux incidents ont été constatés lors de la minute de silence en mémoire des victimes, dont le ministère a d'abord tenté de minimiser l'ampleur. Des professeurs ont raconté leur refus d'aborder en classe le sujet des attentats, par peur de leurs élèves, de leurs réactions, de leur violence potentielle ; peur de voir à l'œuvre l'expression d'une solidarité culturelle.

Des accommodements non raisonnables

La stratégie des accommodements dits raisonnables a peu à peu habitué notre société à adapter ses exigences en fonction du public. Cela a d'ailleurs commencé dans le monde de l'éducation, avec la participation active d'une grande partie du monde enseignant, qui a commis l'erreur magistrale de croire qu'il serait ainsi plus facile d'aider l'Autre. L'apitoiement était aisé, spontané : ce petit Autre appartenait souvent à un milieu pauvre et non lettré ; ce qui est somme toute logique, vu que les familles de l'immigration sont issues majoritairement des couches sociales inférieures de leur pays d'origine. Logique ? Mais qui se soucie de logique ? L'immigration est l'angle mort de toute réflexion. Chaque année, les médias, les politiques, le monde associatif s'alarment, quand sont publiés des rapports sur l'état de la pauvreté en France, de l'absence de progrès dans ce domaine, voire d'une aggravation ; de l'insuffisance chronique de logements sociaux. Mais, bien entendu, cela n'a strictement rien à voir avec les flux d'immigration. L'immigration doit demeurer l'angle mort. Reconnaître que l'accroissement de tous les paramètres du même membre d'une équation ne pourra qu'avoir nécessairement une incidence sur le résultat de l'opération est accessible à un élève du niveau de l'école primaire. Nous sommes donc confrontés à de la mauvaise foi.

Les accommodements n'ont pas seulement concerné les comportements, ils ont aussi marqué le contenu même des enseignements, ce qui a fini par causer préjudice à l'ensemble des familles, y compris celles qui ne sont pas issues de l'immigration, et pèse désormais sur l'avenir même de la compétitivité de la France. Alain Viala avait présidé la commission chargée de réformer les programmes d'enseignement du français en 2000. Dans un entretien avec Marcel Gauchet, il a reconnu que la modification des programmes était guidée par le fait que « l'arrivée des nouveaux publics, autrement dit d'adolescents venant de milieux ne leur permettant pas d'avoir une maîtrise suffisante, l'exigeait[1] ». C'est pour cette même raison qu'a été modifié le « travail sur la langue – vocabulaire et grammaire : travail à mener dès le primaire et au collège et à poursuivre au lycée – »,

1. Entretien avec Alain Viala, « Programmes : comment enseigner le français. Former la personne et le citoyen », *Le Débat*, Gallimard, mai-août 2005.

avait-il précisé. La langue, la littérature, au travers de l'imaginaire qu'elles construisent, sont les vecteurs de l'identité. Il est illusoire d'imaginer que, en aval d'un tel programme d'adaptation, faire peuple, faire nation, tous ensemble, puisse être encore possible.

C'est bien connu, quand le sage montre la Lune, l'idiot regarde le doigt. Lorsque Samuel Huntington publie la thèse *Le Choc des civilisations*, il n'anticipe probablement pas l'effet contre-productif que son analyse va provoquer au sein des élites occidentales. La plupart enfouissent aussitôt la tête dans le sable. « Le choc des civilisations ? interroge Hubert Védrine. Plutôt que de nous offusquer de cette théorie, trouvons les moyens d'en sortir, car il a commencé il y a longtemps, il se poursuit sous nos yeux, il peut s'aggraver. Comment nier le choc Islam-Occident alors même qu'il se manifeste de mille façons, que ses racines plongent profondément dans l'histoire, que des extrémistes spéculent sur lui, et qu'une guerre en Irak, la privation de toute espérance pour les Palestiniens, le terrorisme islamique et l'*ubris* américaine peuvent le faire dégénérer ? On a caricaturé Samuel Huntington, comme s'il avait préconisé cet affrontement, alors qu'il prévenait d'un risque[1]. »

Oui, il fallait que nos autruches, au lieu de s'enfouir la tête dans le sable, mettent tout en œuvre pour nous permettre de construire ce vivre-ensemble qui emplit leur bouche. C'était possible.

La reconstitution des peuples d'origine sur le territoire a rendu la mission de l'école, dans sa dimension d'intégration culturelle, impossible pour le plus

1. Hubert Védrine, « Comment nier le choc Islam-Occident ? », *Le Monde*, 27 février 2003.

grand nombre. La problématique s'est muée en un classique rapport de force. Tous ceux qui ont compris qu'ils pouvaient s'arroger des parcelles de pouvoir ne les céderont pas d'eux-mêmes. Pourquoi le feraient-ils ? Mis à part l'arrêt de l'immigration de masse et la réforme en profondeur du code de la nationalité, pour s'inspirer des dispositions des codes marocain et algérien, tout le reste ne relève que de la diversion, ou de la manipulation, de l'opinion publique.

De tout temps, les êtres humains se sont regroupés sur la base des affinités qu'ils partagent ou des intérêts qu'ils ont à défendre en commun. Pour intégrer, il faut être deux. Or, pour beaucoup, ni les immigrés ni les Français de souche ne souhaitent plus l'intégration, comme en témoignent les stratégies d'évitement que ces derniers mettent en œuvre. C'est pour échapper à une vie placée sous le sceau de coutumes et de mœurs venues d'ailleurs que les Français quittent certains territoires. Au lieu d'analyser et de chercher à comprendre ce mouvement, les élites ont riposté avec la loi SRU[1], qui incarne à la perfection le placement sous tutelle des Français, privés de la liberté de choisir, pour eux et leurs enfants, leur mode de vie. Les Français se retrouvent dans la situation d'évoluer sur un même terrain de jeu avec d'autres joueurs, dans une configuration où les équipes en présence sont

1. La loi SRU, ou loi relative à la solidarité et au renouvellement urbains, a été instaurée en décembre 2000 par le gouvernement de Lionel Jospin. Après avoir imposé 20 % de logements sociaux aux communes de plus de 3 500 habitants (1 500 pour la région parisienne), ce taux a été augmenté à 25 % par la loi portée en 2013 par Cécile Duflot...

censées jouer la même partie, mais chacune selon des règles qui lui sont propres. Il était de ce fait prévisible qu'une partie des joueurs finît par vouloir quitter la partie. Les normes collectives constituent les modalités du rapport social, ainsi que le mode d'organisation du champ collectif. Elles sont des règles de jeu. Cette loi qui prive les Français de leur droit à vivre dans des territoires où ce sont leurs normes qui fondent les règles du jeu constitue l'un des meilleurs symboles d'une forfaiture qui ne dit pas son nom.

Nombreux sont ceux, dont le pape, qui continuent d'oser dire que « c'est l'ignorance qui nourrit le rejet de l'autre ». Ce diagnostic est faux. Nous ne sommes pas du tout dans ce cas de figure.

Mon engagement est celui de la justice. Si j'étais née, par exemple, au moment de la guerre d'indépendance de l'Algérie, j'aurais qualifié de juste le combat du peuple algérien pour recouvrer sa souveraineté. Pour avoir connu de près des anciens combattants qui se sont battus pour l'indépendance de leur pays, l'Algérie, je considère en effet que leur combat était juste et légitime. Le peuple algérien, lui aussi, est porteur d'une identité forte. Il était inéluctable qu'il finît par chercher à reprendre en main son destin. Les pieds-noirs et les harkis sont des victimes collatérales d'une situation que nul n'a su pacifier quand il était encore temps. L'Histoire qui a forgé les hommes ne date pas d'aujourd'hui, ni d'hier.

Prénom et trajectoire

Lors de sa visite d'État en France – déjà évoquée plus haut –, alors même qu'il exhortait ses compatriotes à demander les papiers d'identité français et à refuser de s'assimiler, le Premier ministre turc Recep Tayyip Erdoğan leur déclarait que cela permettrait que l'usage des « prénoms turcs » augmente en Europe. L'origine des prénoms revêt donc son importance, et Martin Hirsch, alors président de l'Agence du service civique, avait raison de soulever la question : « Sur le fond, ce qu'il dit est quand même assez lamentable [Éric Zemmour dans *Mélancolie française*]... La vraie intégration, c'est quand des catholiques appelleront leurs enfants Mohamed. Là, c'est plus intéressant[1]. »

Les prénoms renseignent sur la trajectoire dans laquelle les parents souhaitent inscrire leur descendance.

La réticence, voire le refus de franciser les prénoms des enfants ou de leur octroyer des prénoms français à la naissance, alors même qu'une carte d'identité française sera réclamée pour eux, ne se cantonne pas aux seules personnes d'origine chinoise, africaine ou arabe, comme en témoignent les propos tenus par Michel Marian, membre du comité de rédaction de la revue *Esprit* au sujet des Arméniens : « Je sais que,

1. Martin Hirsch, ancien haut-commissaire aux solidarités actives contre la pauvreté (de 2007 à 2010), dans le gouvernement de François Fillon, déclaration dans l'émission « News Show » animée par Bruce Toussaint, Canal+, 1er juillet 2010.

lorsqu'ils changent de noms, les autres Arméniens ont du mal à le supporter[1]. »

À chaque instant, le prénom va rappeler à l'enfant, et au reste de la société, ses origines ethnoculturelles. La volonté de maintenir ses enfants dans un arbre généalogique étranger commence avec le prénom. Il est évident que ceux qui ne sont ni portés ni accompagnés par le regard bienveillant et protecteur de leurs parents auront à traverser un processus d'intégration culturelle bien plus compliqué que ceux qui le sont. Et si d'aventure ces enfants optent un peu plus tard pour l'assimilation, alors même que leurs parents ont fait le choix de les ancrer dans l'arbre généalogique de leur propre peuple, ils devront réussir à surmonter de lourds conflits d'ordre affectif et moral. Comme l'avaient observé deux chercheurs, « quand ils ont, au contraire, pu s'émanciper de leurs parents et se sont bien intégrés en France, c'est au prix d'une rupture avec eux[2] ». Comment peut-on sous-estimer une donnée aussi sensible ?

Pour autant, il ne faut pas en déduire qu'il suffit de faire le choix de la francisation des prénoms pour que l'assimilation se produise. La francisation facilite le processus d'intégration culturelle, mais elle ne le rend pas pour autant certain. Il n'y a aucun déterminisme. Il faut garder à l'esprit que nous avons affaire à des êtres humains et non à des machines.

Je ne dis pas non plus que la francisation des prénoms doit être imposée. J'ai toujours dit ma conviction

1. « Répliques », émission d'Alain Finkielkraut, « Un génocide fait-il une identité ? », France Culture, 20 juin 2015.

2. Claudine Attias-Donfut, François-Charles Wolff, *Le Destin des enfants d'immigrés*, Stock, 2009.

que l'assimilation ne pouvait pas, et ne devait pas, être imposée, car c'est une décision individuelle grave au regard de ce qu'elle implique, et il est essentiel que cette décision, une fois prise, puisse ensuite être assumée par l'individu lui-même. La décision d'assimilation ou pas doit être respectée. La complexité du processus d'assimilation est étroitement corrélée à la distance qui peut exister entre la culture familiale et celle du peuple d'accueil. Il est une autre donnée qui ne doit pas être négligée, c'est l'histoire des relations qui se sont tissées au fil du temps entre les deux pays. Tout ce qui a pu rapprocher les deux terres (d'origine et d'accueil), mais aussi tout ce qui a pu les opposer, aura une incidence sur le processus d'assimilation.

La réforme du code de la nationalité de nouveau enterrée

Qu'est-il advenu du rapport, publié en 2011, par la Mission d'information sur le droit de la nationalité qui avait été présidée par Manuel Valls, alors député ? Aussitôt nommé ministre de l'Intérieur, celui-ci dénonce le fait que les naturalisations ont fondu l'année précédente. Effectivement, la Charte des droits et des devoirs du citoyen français que nous avions, en tant que Haut Conseil à l'intégration, remise à son prédécesseur Place Beauvau, Claude Guéant, en novembre 2011, et qui avait été immédiatement introduite dans les procédures d'acquisition de la nationalité française, pour tenter de faire un tant soit peu respecter le code civil, a rapidement commencé à porter ses fruits. Manuel Valls a accusé la droite sur l'une des rares actions qu'elle avait à porter au crédit de son bilan sur ce dossier de l'identité nationale.

Dès son arrivée Place Beauvau, Manuel Valls adresse ses propres directives aux préfets, et c'est ainsi que, dès l'année suivante, les naturalisations font un bond de 14 %. Mais cela ne lui suffit manifestement pas, puisque quelques mois plus tard il prend de nouvelles dispositions pour « faciliter l'accès à la nationalité des précaires, des jeunes et des talents, notamment[1] ». Sur ce, la porte-parole du gouvernement, Najat Vallaud-Belkacem, atteste du fait que « ce décret est une nouvelle marque de la rupture par rapport au précédent gouvernement sur ces questions ». Effectivement, c'est la stricte vérité, puisque, comme rapporté dans *Le Point*, les consignes de Manuel Valls « ont eu leur effet : sur l'ensemble des demandes, 40 % obtenaient un avis favorable des préfets en 2011, ce taux est remonté à 61 % aujourd'hui, selon les premiers chiffres officiels rendus publics ». Manuel Valls a également introduit la notion de « présomption d'assimilation » pour les moins de 25 ans, pour lesquels il suffit d'avoir résidé plus de dix ans en France et y avoir été scolarisé au moins cinq ans sans discontinuer, pour bénéficier de cette « présomption d'assimilation ».

Le rapport rédigé par Claude Goasguen a été enterré, comme avant lui le rapport de la Commission sur la réforme de la nationalité française, présidée par Marceau Long en 1987, dans lequel était déjà constaté l'ensemble des problèmes d'intégration qui n'ont cessé de s'intensifier depuis, mais l'honneur de nos

1. « Valls relance les naturalisations », dépêche AFP publiée par *Le Point*, 29 août 2013.

gouvernants est sauf, car, comme disait Clemenceau : « Si vous voulez enterrer un problème, nommez une commission. » De leur côté, les Français continuent de penser, à tort, que la création d'une commission est le début d'une aventure politique, quand elle en constitue le point final pour les politiques.

La question de fond qui se pose est de savoir si le mandat des politiques leur confère, dans le même temps, la qualité de propriétaires de la France, dont ils peuvent, à ce titre, disposer à leur guise. Gageons, sans grand risque de nous tromper, que ce sont d'autres préceptes qu'ils appliquent lorsqu'il s'agit de la gestion de leur propre patrimoine.

9.

Le poisson pourrit par la tête

Tout projet de société est le reflet de l'identité d'un peuple. Au-delà de la question de l'immigration, ce qui se joue véritablement au travers de la non-intégration culturelle et la non-assimilation, c'est bien la transformation du projet politique de la France.

Le fait que l'intégration culturelle se soit soldée par un échec pour une proportion non négligeable d'enfants de l'immigration signifie que, au-delà d'un certain niveau d'immigration et de taux de natalité des immigrés non assimilés – par rapport à celui des autochtones, et ce, dans la mesure où le code de la nationalité attribue la qualité de Français sans respecter l'obligation d'assimilation prévue pourtant par le code civil –, l'on est bel et bien en présence d'un phénomène de mise en minorité progressive du peuple autochtone sur ses propres terres. C'est le simple jeu de l'arithmétique, et cela, les élites politiques le savent.

Lorsque le jeu démocratique se fait sur le nombre, c'est-à-dire sur la simple arithmétique, être mis en minorité signifie se retrouver en position de céder le pouvoir de décision, ne plus avoir prise sur le projet de société. Cela encore, les élites politiques, et pas seulement en

France mais partout en Europe, le savent parfaitement. Et si elles continuent de s'enfoncer dans le déni et le mensonge alors même que subsiste une petite fenêtre pour l'action, c'est pour les raisons que j'ai pu indiquer, la principale étant qu'il leur est impossible de dire la vérité sur ce processus de perte de souveraineté qu'elles ont elles-mêmes participé à enclencher.

Ce qui les chagrine n'est pas tant la perte de souveraineté, que les conséquences potentielles sur leurs privilèges ; mais peut-être leurs craintes sont-elles infondées et leurs peuples, après tout, seraient-ils prêts à se délester de leur pouvoir suprême. Tant de théories n'ont-elles pas fleuries sur les peuples européens, fatigués et dans la haine d'eux-mêmes ? La seule manière de le savoir serait d'organiser une consultation selon les modalités prévues par le général de Gaulle. La vérité, c'est que les Français, pas plus que les autres peuples européens, ne sont fatigués ni suicidaires. Tout au contraire, ils aspirent à pouvoir de nouveau croquer la vie avec insouciance, et c'est bien pourquoi nul référendum ne sera organisé, car son résultat est connu d'avance. Pourtant, comme l'avait exprimé Philippe Séguin, « rien n'est plus dangereux qu'une nation trop longtemps frustrée de la souveraineté par laquelle s'exprime sa liberté, c'est-à-dire son droit imprescriptible à choisir son destin ». Il rappelait alors une constante de l'Histoire : « On ne joue pas impunément avec les peuples et leur histoire. Toutes les chimères politiques sont appelées un jour ou l'autre à se briser sur les réalités historiques[1]. »

---

1. Discours de Philippe Séguin à l'Assemblée nationale, le 5 mai 1992, pour opposer l'exception d'irrecevabilité au projet

Pour preuve que le processus de perte de souveraineté ne les perturbe pas, il se trouve de hautes personnalités politiques, y compris de droite, pour continuer à vanter à l'opinion publique l'instauration de quotas ou d'accords avec les pays sources de l'immigration. Cette approche est appliquée depuis longtemps au Canada et elle y a échoué. Ce pays connaît exactement les mêmes problèmes d'intégration que la France, et même pire, comme en témoigne le combat qui y est mené depuis des années pour tenter d'y importer la laïcité à la française. Au HCI, nous avons rencontré des officiels de plusieurs pays, dont, justement, le Canada. Le constat est sans appel : malgré la politique des quotas et l'immigration choisie, le Canada rencontre exactement les mêmes difficultés que la France. Au Canada, l'intégration culturelle et même la simple insertion au sein de la société se dégradent pour les générations qui suivent celle des primo-arrivants. Les immigrés arrivent, s'investissent – pour ne serait-ce que s'insérer dans la société canadienne –, mais, pour une partie de leurs enfants, il en va tout autrement. Bien que l'immigration choisie ait déjà touché ses limites au Canada, nos élites de gouvernement continuent à défendre l'idée selon laquelle l'une des solutions résiderait dans le fait que le Parlement puisse voter, chaque année, sur des quotas d'immigration. Cette opération n'est rien d'autre qu'une diversion.

Le phénomène de dégradation de l'intégration culturelle dans le temps des enfants de l'immigration a été

---

de loi constitutionnelle, préalable à la ratification des accords de Maastricht.

observé et consigné par des chercheurs, dont Hugues Lagrange, et ce qu'il a écrit ne souffre d'aucune ambiguïté : « Depuis deux décennies, une tendance néo-traditionnelle s'est développée au sein de la deuxième génération venue d'Afrique sahélienne, de Turquie et du Maroc, notamment. En matière religieuse aussi bien qu'au sujet du mariage et de la conception des rôles sexués, de nombreux descendants de migrants ont adopté des positions hypertraditionnelles, franchissant à rebours le chemin que la génération de leurs parents avait suivi à la fin des années 1970[1]. »

Une arithmétique implacable

La France se trouve dans une situation où les flux entrants sont le fait d'une immigration extra-européenne (dont l'Asie), et le flux sortant est grandement alimenté par des Français qui s'exilent, dont les jeunes diplômés qui tournent le dos à la France pour tenter leur chance ailleurs : « Pour ce qui concerne les jeunes diplômés, les baromètres d'humeur et les enquêtes d'opinion évoquent de meilleures opportunités à l'étranger, qu'il s'agisse du niveau de rémunération ou des responsabilités confiées[2]. »

Selon Michèle Tribalat, « depuis 2009, c'est environ 200 000 personnes nées en France qui quittent le

1. Hugues Lagrange, *Le Déni des cultures*, Le Seuil, 2010.
2. Julien Gonzalez, « Alerte à la fuite des cerveaux : ce que nous coûte le nombre de départs grandissants des chercheurs et autres inventeurs formés par la France », Atlantico, 16 octobre 2014.

pays tous les ans. Soit près d'un million en cinq ans. Surtout des jeunes[1] ».

Aujourd'hui, la plupart des cursus des filières d'excellence imposent une part d'études à l'étranger, et les jeunes sont vivement encouragés à partir pour acquérir une expérience à l'international. Il se trouve que beaucoup de nos jeunes cerveaux partent et ne reviennent pas pour aider leur pays. Qui s'en soucie ? Même la droite a passé son temps à tenter d'attirer les étudiants étrangers. La droite est habitée par deux obsessions : attirer les jeunes étrangers et libéraliser l'enseignement supérieur. Alors qu'elle prétend vouloir défendre la compétitivité de la France, elle n'a jamais lancé aucun programme pour récupérer nos jeunes talents partis à l'étranger. Ces derniers ont été formés par la France. Leurs études ont coûté à la collectivité parfois très cher. Ils sont animés d'une soif de réussite. Ils n'intéressent plus nos politiques, qui préfèrent l'importation d'immigrés et ont même ouvert la possibilité aux étudiants étrangers de rester travailler en France après leurs études, alors même que les jeunes Français sont de plus en plus nombreux à s'exiler pour trouver un emploi, laissant ainsi derrière eux leur famille, leur pays.

Le solde migratoire, qui est la simple différence entre les entrées et les sorties indépendamment de la nationalité, ne suffit pas à renseigner sur le processus à l'œuvre.

D'après les données d'Eurostat reproduites et analysées par la démographe Michèle Tribalat[2], la pro-

1. Michèle Tribalat, « Rapport de l'Insee : + 21 % d'entrées d'immigrés entre 2009 et 2013 », FigaroVox.fr, 13 octobre 2015.

2. Michèle Tribalat, *La Fin de l'assimilation*, Édition du Toucan, 2013. Source : Eurostat, *Migrants in Europe. A Statistical Portrait*

portion de personnes nées à l'étranger ou nées dans le pays d'au moins un parent né à l'étranger pour les 25-54 ans s'élevait, en 2008, à 26,6 % en France ; 25,8 % en Suède ; 25,3 % en Autriche ; 24,4 % au Royaume-Uni ; 21,9 % en Allemagne ; 20,2 % en Espagne ; 11,8 % au Portugal ; 11,6 % en Italie. En ce qui concerne la France, ce taux se décompose en 49,3 % qui sont nés à l'étranger et 50,7 % qui sont nés sur le sol français.

Les démographes Bernard Aubry et Michèle Tribalat ont analysé « l'évolution de la proportion de jeunes d'origine étrangère dans douze grandes villes d'un grand quart ouest de la France », toujours sur la base de données de l'Insee. Il en ressort, par exemple, qu'à Blois ce taux est passé de 5,4 % en 1968 à 40,1 % en 2009. À Évreux, toujours dans la même période, il est passé de 6 % à 31,6 %, à Poitiers de 3,3 % à 27,4 % et à Rouen de 4,6 % à 24,7 %.

En ce qui concerne « la proportion de jeunes d'origine étrangère (moins de 18 ans) par taille de commune », là aussi des données existent, et elles ont été analysées pour la période allant de 1968 à 2011 par Bernard Aubry. Pour les communes de 10 000 à 30 000 habitants, cette proportion qui était de 13,1 en 1968 est passée à 26,8 % en 2011. Pour celles de 30 000 à 50 000 habitants, elle est passée de 14,2 % à 36 %. Pour celles de 50 000 à 100 000, la proportion est passée de 14,3 % à 36,5 % et pour les communes dont la population excède 100 000 habitants, la proportion est passée de 14,8 % à 33,5 %.

---

of the First and the Second Generation, Luxembourg, Publications Office of the European Union, 2011. Chiffres publiés en 2011.

Selon des données détaillées de statistiques fournies par l'Insee en 2011, il ressort, par exemple, qu'en région parisienne 46,2 % des naissances l'ont été d'au moins un parent étranger. Ce taux s'élève à 32,5 pour la région Provence-Alpes-Côte d'Azur ; 31,5 pour l'Alsace ; 28,3 pour la région Rhône-Alpes ; 27,8 pour la région Languedoc-Roussillon.

La région parisienne, à elle seule, absorbe un peu plus de 40 % du flux migratoire entrant. Entre 1968 et 2009, la proportion de jeunes d'origine étrangère y est passée de 15,8 % à 38,9 %. Si l'on souhaite poser la loupe sur le département de la Seine-Saint-Denis, les proportions ont évolué comme suit sur la période 1968-2009 : les personnes originaires du sud de l'Europe y sont passées de 43,1 % à 5,7 % ; celles originaires du Maghreb de 40,9 % à 39,2 % et celles du reste de l'Afrique de 1,3 % à 28,4 %.

Concernant le Royaume-Uni, les données publiées par l'Office national des statistiques britannique faisaient état du fait que 50 % des bébés qui naissent à Londres le sont de mères étrangères, ce taux s'élevant à 25 % pour l'ensemble du territoire britannique.

En ce qui concerne la France, ceux qui sont nés sur le sol français de deux parents qui sont eux-mêmes nés sur le sol français, quand bien même ils n'auraient pas été éduqués pour épouser une trajectoire d'acquisition de l'identité française, mais de celle de leur pays d'origine, disparaissent des statistiques liées à l'immigration. Une fois encore, la naissance sur une terre ne préjuge en rien de l'identité. Ce qui importe dans la formation d'une communauté politique – donc d'un peuple, car pour les Français les deux se confondent –, ce n'est pas tant les chiffres en eux-mêmes que l'identité effective.

On fait mine de croire que seuls les corps des hommes se déplacent lors d'une migration. Le bien-être matériel étant l'alpha et l'oméga dans une société de consommation, et donc de consommateurs, l'homme est réduit à son ventre. Pour garantir une cohabitation heureuse entre tous ces ventres, il suffirait que tous aient de quoi vivre. D'où les prières quotidiennes des élites de tous bords adressées à la bonne fée Croissance. C'est cette grandiose supercherie qui a progressivement affaibli la résistance des peuples d'accueil. En guise d'illustration, le syndrome de la grenouille décrit par l'écrivain Olivier Clerc : « Imaginez une marmite remplie d'eau froide dans laquelle nage tranquillement une grenouille. Le feu est allumé sous la marmite, l'eau chauffe doucement. Elle est bientôt tiède. La grenouille trouve cela plutôt agréable et continue de nager. La température continue de grimper. L'eau est maintenant chaude. C'est un peu plus que n'apprécie la grenouille, ça la fatigue un peu, mais elle ne s'affole pas pour autant. L'eau est cette fois vraiment chaude ; la grenouille commence à trouver cela désagréable, mais elle s'est affaiblie, alors elle supporte et ne fait rien. La température continue de monter, jusqu'au moment où la grenouille va tout simplement finir par cuire et mourir. Si la même grenouille avait été plongée directement dans l'eau à 50 degrés, elle aurait immédiatement donné le coup de patte adéquat qui l'aurait éjectée aussitôt de la marmite. » Et l'écrivain de conclure : « Cette expérience montre que, lorsqu'un changement s'effectue d'une manière suffisamment lente, il échappe à la conscience et ne suscite la plupart du temps aucune réaction, aucune opposition, aucune révolte. »

Le muticulturalisme est un opportunisme

En refusant d'adapter le code de la nationalité à la nouvelle situation, celle d'une assimilation qui allait déclinant, les élites politiques, dont les élus, se sont lié les pieds et les poings. Du fait de l'évolution de la composition du corps électoral, nombre d'élus, pour être reconduits, sont contraints – ou se croient contraints – d'adapter par anticipation leur comportement. Ils pratiquent un clientélisme ouvert ou larvé, pensant ne pas disposer d'autre choix. C'est à l'aune de cette évolution démographique majeure que les Français doivent lire beaucoup des actions politiques qui ont été déployées ces quarante dernières années, à commencer par celles qui concernent le contenu des programmes scolaires.

Je l'ignorais avant de débuter mon voyage au sein du monde politique, mais les hommes et femmes politiques connaissaient depuis déjà longtemps les terribles défis que l'immigration extra-européenne avait fini par poser à la France. Malgré cela, ils ont continué de laisser entrer en masse – et même parfois à encourager – des flux de populations que notre pays ne parvenait plus à insérer, et encore moins à intégrer. À tout moment, notre classe politique avait le choix entre dire la vérité sur ses errements ou s'enfoncer davantage dans le mensonge. Elle a préféré persévérer dans sa fuite en avant, laissant s'installer une situation qui finirait par échapper à tout contrôle. Le comportement de notre classe politique est la conséquence directe d'un système politique qui empêche son propre renouvellement. Il est aussi la conséquence de la quasi-impossibilité faite aux parlementaires de se soustraire aux consignes de vote édictées par leur groupe politique.

L'importance des privilèges conduit ceux qui entrent dans le Système à se trouver rapidement contaminés par le virus de la durée. Pour durer, il convient de sécuriser sa position en cooptant de nouveaux membres sur la base de leur aptitude à pérenniser le système, et pas nécessairement sur la base de leur capacité à gérer les problèmes auxquels la France se trouve confrontée. C'est pourquoi même ceux qui se distinguent par leur mauvaise gestion ou leur incapacité d'anticipation demeurent en place et sont recyclés à l'infini, verrouillant le système à leur profit. Sans grand risque pour eux-mêmes, ils trouvent toujours le moyen de rebondir à l'intérieur de l'« oligarchie des incapables » : « Ils monopolisent les postes les plus importants, cumulent les privilèges et font de l'argent leur principale passion. Ils se servent de l'État pour aider leurs amis. [...] Patrons, hauts fonctionnaires, élus ou experts, ces oligarques nous gouvernent avec un mélange d'incompétence et de lâcheté[1]. »

L'opinion publique a continuellement été manœuvrée. On ne lui a pas permis d'accéder à des études contradictoires. Or, les réactions d'une opinion publique étreinte par l'émotion sont souvent les plus dangereuses : si elle venait ensuite à découvrir qu'elle a été manœuvrée et qu'elle n'est finalement pas d'accord *a posteriori*, l'opinion publique peut réagir de

1. Sophie Coignard, Romain Gubert, *L'Oligarchie des incapables*, Albin Michel, 2012.

manière virulente et incontrôlée, ne serait-ce que pour effacer à ses yeux le poids de sa propre culpabilité. L'exploitation éhontée des images et films en rapport avec les migrants ou les réfugiés, qui amènent ensuite les peuples européens à être submergés par un sentiment de pitié, puis à infléchir leurs positions, aura des conséquences.

Beaucoup de ce que j'écris s'applique à l'ensemble des pays européens, transformés en terres d'accueil massif en un temps très court. Partout, on constate un alignement des élites sur le modèle multiculturaliste – celui d'une utopie qui ne s'est jamais réalisée – d'une société où des groupes culturels qui ne partagent pas les mêmes valeurs fondamentales accepteraient de vivre, côte à côte, en toute harmonie. La France était l'un des rares pays européens à rejeter le multiculturalisme. Ses élites l'ont précipitée dans la gueule du loup. « Pourquoi, en dépit de tout ce qui sépare leurs cultures et les politiques qu'elles mènent, les sociétés européennes se rejoignent-elles ainsi dans leurs difficultés ? » interroge le sociologue Philippe d'Iribarne. « Cette convergence conduit à s'interroger sur la viabilité d'une société réellement multiculturelle[1]. »

Le fait que les politiques, ces dernières années, n'aient eu que le « rassemblement sur les valeurs communes » à la bouche est révélateur. En effet, jamais ces valeurs communes – celles sans lesquelles il n'est pas possible de faire société commune – n'auront été aussi souvent convoquées dans le débat que depuis que l'intersection entre les cultures est devenue source de préoccupation.

1. Philippe d'Iribarne, *Les Immigrés de la République*, Le Seuil, 2010.

Les élites ont installé une situation qui leur a échappé et qu'elles ne savent plus contrôler.

La situation aurait-elle été autre si les flux migratoires avaient été de cultures à intersection importante avec la culture des Français, comme c'est le cas, par exemple, des Anglais ou encore des Allemands ? Sur le court terme, oui, mais seulement sur le court terme. La situation aurait été différente au tout début, car les Français, dans leur vie quotidienne, n'auraient senti que des transformations minimes, mais sur le long terme, dans une même configuration de flux migratoire important et de différence entre taux de natalité des deux parties en présence, l'enjeu aurait été le même que celui qui se pose avec l'immigration extra-européenne. Quid de l'identité du projet pour demain ? Quid de la souveraineté ? Qui tient les rênes du pouvoir ? Il suffit de regarder l'Histoire. Les Français et les Anglais se sont fait la guerre pendant très longtemps pour des raisons afférentes au pouvoir détenu sur des terres situées dans l'Hexagone.

Partout, les mêmes problèmes se produisent aujourd'hui, et partout l'on retrouve, tout comme en France, une même propension des élites mondialisées qui se retrouvent au sein de cercles d'influence ou d'institutions de pouvoir à l'échelle mondiale à mener, à marche forcée, leur propre pays vers sa décomposition. Elles affaiblissent les défenses de leurs peuples pour mieux les faire entrer dans le royaume de la mondialisation, sur lequel règne le dieu Capital. L'immigration constitue un merveilleux outil. Même une Angela Merkel, qui donne le sentiment d'œuvrer pour les intérêts de l'Allemagne et l'intérêt général du peuple allemand, n'a rien fait de véritablement significatif pour éviter à son pays les conséquences de la non-assimilation d'un grand nombre d'enfants de l'immigration. L'œuvre des hommes et femmes politiques se juge sur le long cours et, dans ce registre, l'action déterminée d'Angela Merkel dans le domaine économique risque fort d'être obscurcie par les actions qui auront été les siennes en matière d'immigration.

Dans un livre[1] dont le succès phénoménal a traduit l'inquiétude des Allemands quant au devenir de leur identité, un membre du directoire de la Bundesbank, également membre du Parti social-démocrate allemand, fait une analyse sans concession de la situation de l'Allemagne. Pour lui, il ne fait aucun doute que si les élites de commandement allemandes persistent dans leurs erreurs, alors l'Allemagne disparaîtra. Plutôt que de déclencher une réflexion de fond parmi ces élites, le livre a été attaqué de toutes parts, et Thilo Sarrazin a été poussé à la démission. Il finit par quitter la Bundesbank, jugeant qu'il lui était impossible de « s'opposer à l'établissement politique et médiatique tout entier[2] ».

La même chancelière Angela Merkel qui avait qualifié les propos de Thilo Sarrazin d'« absurdes » et de « complétement inacceptables », et qui a, de ce fait, participé à accentuer les pressions qui s'exerçaient sur lui, en vint, en octobre 2010, à déclarer devant

---

1. Thilo Sarrazin, *L'Allemagne disparaît*, éditions du Toucan, 2013. L'ouvrage a été publié en allemand en août 2010, sous le titre *Deutschland schafft sich ab*.

2. Philippine de Maigret et Laurent Dandrieu, « Allemagne : Thilo Sarrazin démissionne, mais le débat sur l'immigration est lancé », *Valeurs actuelles*, 10 septembre 2010.

les jeunes de l'Union des chrétiens-démocrates réunis en congrès à Postdam que le modèle multiculturaliste allemand a « échoué, totalement échoué ». Elle enfonce le clou, disant qu'il n'est pas possible de faire coexister des populations aux origines culturelles différentes sans chercher à les intégrer. Or, quelles actions Angela Merkel a-t-elle entreprises pour infléchir le cours des choses ? L'Allemagne a persisté dans la voie de l'accueil massif d'immigrés et dans l'évolution du code de la nationalité vers l'introduction d'un droit du sol totalement inapproprié. Le code de la nationalité allemand aurait pourtant pu décider de poser l'assimilation comme préalable à l'octroi de la nationalité allemande.

La chancelière a régulièrement défendu le recours à l'immigration de travail. Comme le souligne un article de *Libération*, « les experts s'accordent cependant sur un point : c'est bien sous sa houlette que la droite allemande a accepté l'immigration[1] ».

Si l'on souhaite citer un autre pays, citons le Royaume-Uni, dont le Premier ministre, David Cameron, a, lui aussi, évoqué publiquement, et à plusieurs reprises, l'échec du modèle multiculturaliste. Les propos de David Cameron n'ont pas été une surprise pour moi. Je me souviens d'échanges à huis clos, entre autres, avec un ambassadeur qui nous expliquait dans le détail les conséquences de l'échec de ce modèle, outre-Manche, et le fait que les Britanniques étaient très ouverts à un partage d'expérience avec nous dans le but de s'inspirer de nos pratiques. À leurs yeux, la

1. Thomas Schnee, « Angela Merkel fait un pas de plus vers les migrants », *Libération*, 26 août 2015.

société française a su mieux résister. Les émeutes de 2005 s'étaient déjà déroulées et, pourtant, nos voisins étaient convaincus que nous faisions mieux qu'eux, ce que je pense aussi. Nos quatre principes républicains fondamentaux constituent la meilleure des protections. Pourtant, les uns après les autres, ils ont été pris comme variables d'ajustement. La France et son peuple ont été conduits vers le multicultarisme.

S'il en est qui doutent encore du fait que les élites de commandement disposaient d'informations suffisantes pour éclairer l'arithmétique du processus démographique en cours, en France et en Europe, voici ci-après les propos tenus par des personnalités exerçant ou ayant exercé à un très haut niveau politique, puis des résumés de séminaires rassemblant des délégations de différents pays européens.

Tout d'abord ceux de Jean-Louis Borloo. À l'époque, soit en mars 2006, il est ministre de l'Emploi, de la Cohésion sociale et du Logement du gouvernement de Dominique de Villepin : « Il faut bien que les Français, on ait en tête une chose, c'est que l'avenir du pays se joue là, dans les banlieues. Pourquoi ? Parce que le taux de natalité de ces quartiers est deux fois plus élevé que sur le reste du territoire national[1]. » Bien sûr, à ce taux de natalité qu'évoque Jean-Louis Borloo, il convient d'ajouter le flux migratoire entrant annuel. Les mots ont un sens. Le ministre parle bien de clés de l'avenir, c'est-à-dire de la société de demain, de ceux qui la feront. Cette émission a été enregistrée en 2006. La regarder à la lumière de l'évolution de

1. Émission « Complément d'enquête » : « Banlieues : le feu est-il éteint ? », France 2, 13 mars 2006.

la situation de la société française depuis lors présente un intérêt certain.

Les propos qui suivent sont ceux tenus sur un marché d'Évry, le 7 juin 2009, par Manuel Valls, alors maire de la ville et député d'une circonscription de l'Essonne : « Belle image de la ville d'Évry. Tu me mets quelques Blancs, quelques White, quelques Blancos. » Manuel Valls constate ce qui s'est produit dans sa ville et exprime le souhait d'y voir réintroduite l'espèce des « Français de souche européenne ». Une fois encore, si l'intégration culturelle ou assimilation s'était produite pour une majorité des migrants et de leurs descendants, Manuel Valls, que l'on ne peut soupçonner de juger au faciès, n'aurait pas pu tenir de tels propos. Il ne fait que valider le fait que l'assimilation ne s'est pas produite et, manifestement, cela semble lui sauter aux yeux.

Régulièrement, les médias évoquent l'inexistence de statistiques, qui viendrait justifier l'inaction de l'État. Dans les faits, l'appareil d'État disposait de toutes les données et analyses utiles et nécessaires pour juger de la situation et prendre les décisions politiques qui s'imposaient. Ce que j'ai eu tout le loisir de constater lors de mon voyage à l'intérieur de l'État. Rien de ce qui advient n'est tombé subitement du ciel.

Des séminaires ministériels

En décembre 2009, j'assiste à un séminaire ministériel intitulé « Les migrations en Méditerranée : construire un espace de prospérité partagé », organisé par le ministre Éric Besson. Des experts se succèdent à la tribune, ainsi que des ministres de pays comme la Suède, Chypre, la Grèce, l'Espagne, la Croatie, Malte, le Monténégro, le Maroc et l'Égypte. Dès le début du séminaire, un expert s'exprime pour planter le décor. Puisque la population européenne vieillit, que nous ne pouvons pas retarder l'âge de la retraite, ni mettre davantage les femmes au travail, alors nous devons organiser les migrations internationales. Puis le fil conducteur du séminaire est le suivant : le Nord ne faisant pas assez d'enfants, et le Sud en faisant beaucoup, il faut donc s'atteler à organiser les flux migratoires du Sud vers le Nord. Plusieurs ministres déclarent que, de toute façon, l'immigration se produisant de manière illégale, il serait préférable de la légaliser et de l'organiser. L'un des intervenants mentionne le fait que 75 % des jeunes Tunisiens envisagent de quitter leur pays. C'est tout juste s'il ne fallait pas applaudir. Avec le recul, cela me semble stupéfiant. Nous sommes en effet le 14 décembre 2009, soit tout juste un an avant la tentative de suicide par immolation d'un jeune vendeur de primeurs qui décédera deux semaines plus tard de ses blessures. Son décès déclenchera des émeutes. Le grand malaise de la jeunesse tunisienne fera le tour de la planète. Ces émeutes aboutiront à un soulèvement généralisé qui sera pris en exemple par la jeunesse d'autres pays, ce qui donnera lieu à ce qui a été appelé « le Printemps arabe ».

Au fur et à mesure de ce séminaire ministériel, les propos m'apparaissaient comme décalés, déconnectés du réel, proprement surréalistes, d'autant plus que la planète vit encore sous l'onde de choc provoquée par la crise des *subprimes* et que ce sujet tourne en boucle dans les médias.

Voici un échantillon de propos tenus lors de ce séminaire : « Les pays du Nord ont besoin de main-d'œuvre » ; « L'immigration augmente la compétitivité des pays du Nord » ; « Un monde sans immigration serait un monde plus divisé, plus radical » ; « Nous devons faciliter le fait que les immigrés gardent le contact avec leur pays d'origine et y transfèrent une partie de leur argent » ; « Nous devons organiser les sociétés d'accueil de manière à ce qu'elles reconnaissent qu'elles sont diverses. De toute façon, c'est le modèle qui est appelé à se répandre partout. La priorité doit être donnée à la lutte contre les discriminations » ; « La pauvreté et le manque de développement ont été causés par la colonisation. » Le ministre suédois pousse le zèle jusqu'à dire très solennellement : « L'immigration est peut-être la solution à la crise [celle des *subprimes*]. » Il est vrai que la Suède préside alors l'Union européenne. Peut-être s'est-il senti obligé d'en faire plus que les autres.

Les deux ministres du Sud, ceux des pays sources de l'immigration, demandent aux ministres des pays du Nord que leurs ressortissants soient bien traités dans les pays hôtes, que l'on veille à faire en sorte que ces derniers puissent maintenir un lien prégnant avec leur pays d'origine afin qu'ils y transfèrent des fonds. Le ministre marocain insiste sur le fait que ses migrants constituent une diaspora (la communauté des Marocains résidant à l'étranger), et que le Maroc s'en occupera de manière très active. Quant à la ministre égyptienne, elle formule le souhait que la langue arabe soit beaucoup plus présente à l'avenir dans le bassin méditerranéen. Le mot de la fin revient à la France, pays hôte du séminaire, que son ministre clôt par une déclaration d'intention : « Nous devons accélérer et accroître les flux de circulation. »

Parmi les rencontres auxquelles j'ai pu assister ou participer, citons celle d'avril 2013 où se tient un séminaire sur les dispositifs européens d'accueil des primo-arrivants mis en place au sein de l'Union européenne. Les pays participants y sont nombreux : la France, la Belgique, l'Allemagne, le Luxembourg, les Pays-Bas, le Royaume-Uni, l'Espagne, l'Autriche, la Suède, l'Estonie, le Portugal, l'Italie, la Suisse, la République tchèque et aussi le Québec. Les responsables des différents pays européens se tiennent aux côtés de la Commission européenne, qui se félicite de s'être, au fil des ans, mise à se mêler de plus en plus de la politique d'intégration menée par les État de l'Union, car il convient d'« améliorer la connaissance des étrangers, car c'est cette connaissance qui nous permettra de mieux répondre à leurs besoins ».

La personne qui représente la Commission européenne entonne le couplet sur le déficit démographique des Européens, qu'il faut combler par l'importation d'immigrés : « Le haut niveau de chômage peut faire dire à certains que nous n'avons plus besoin d'immigration. En même temps, nous avons besoin d'immigration, car la démographie décline de manière dramatique. » Toutes les institutions marchent main dans la main, et l'OCDE s'applique aussi à présenter l'immigration comme une solution au vieillissement. Ce qu'il faut considérer, c'est que la plupart des organisations internationales sont devenues des relais de la mondialisation à marche forcée, et c'est la raison pour laquelle l'étau n'a cessé de se resserrer autour des peuples. Les immigrés sont eux-mêmes piégés dans le filet d'une mondialisation insensible aux conséquences des situations de tension et de conflits identitaires qu'elle crée.

Le séminaire se poursuit. Vient tout un développement sur la manière de diminuer les barrières à l'entrée de l'Europe, qui tendent, selon la Commission, à en diminuer l'attrait. Pour y remédier, il convient, entre autres, de faciliter la circulation en Europe et d'octroyer l'autorisation de travailler aux étudiants étrangers. Il est fait grande mention de l'apport que constitue l'adoption de la Carte bleue européenne dans le domaine de l'immigration. Ce dont il est question ici, c'est de la directive européenne 2009/50/CE adoptée le 25 mai 2009 qui crée une nouvelle filière d'immigration de travail aux fins d'un emploi hautement qualifié. La présente directive a pour but de renforcer les capacités de l'Union européenne à attirer les ressortissants de pays tiers aux fins d'emplois hautement qualifiés. Son but ? Selon la directive, « renforcer la compétitivité dans le cadre de la stratégie de Lisbonne ». Son avantage : « Elle simplifie les procédures d'admission des migrants hautement qualifiés » et « améliore le statut juridique de ceux déjà présents sur le territoire des États membres ». La directive s'applique également « aux membres de leur famille ». Elle leur « reconnaît des droits sociaux et économiques équivalant à ceux des ressortissants des États membres d'accueil dans un certain nombre de domaines ». Qu'est-ce que l'Union européenne désigne par « hautement qualifié » ? Les « titulaires » de « tout diplôme, certificat ou autre titre de formation » bac +3 minimum d'un institut reconnu comme établissement d'enseignement supérieur par le « pays d'origine ».

Voici à présent un bref échantillon de ce qui a été exposé lors de ce séminaire européen.

La France se félicite de l'adoption du label diversité par les entreprises. Il est fait mention des grandes entreprises (donc du patronat) qui jouent un grand rôle dans l'accueil des étrangers. Durant ce séminaire, chaque pays souhaite montrer qu'il agit bien, c'est-à-dire conformément aux préconisations de l'Union européenne. Les Pays-Bas ont adopté, dès 2004, onze principes de base dont le principal est que « l'intégration est un processus à double sens ». Donc effectivement tout à fait conforme avec ce que j'avais cité plus haut, au sujet du Conseil de l'UE qui s'était tenu en 2004 et avait adopté comme premier principe que « l'intégration est un processus dynamique à double sens d'acceptation mutuelle de la part de tous les immigrants et résidents des États membres ».

Le représentant du Royaume-Uni s'excuse presque : « Nous avons relié la question de l'intégration et celle de la citoyenneté. Vous pourriez dire que ça va trop loin et vous n'auriez pas tort. » Il développe ensuite son propos et je n'y vois rien qui puisse concerner la citoyenneté, en dehors de l'apprentissage de la langue et d'un test « basé sur un livre de culture ». Il précise que, contrairement aux Néerlandais, les Britanniques n'ont pas de cours d'éducation civique et qu'ils délèguent tout à l'échelon local. Après tout, s'exclame-t-il, « l'intégration, c'est local ! ». Il expose ensuite une idée qu'il a l'air de trouver vraiment géniale pour aider à l'intégration, c'est que les Anglais se préoccupent d'emmener les femmes étrangères faire leurs courses, car, dit-il, « les légumes ne sont pas pareils », et aussi qu'ils leur montrent « comment on fait les courses en Grande-Bretagne ».

L'Espagne annonce qu'elle vit « un rajeunissement très important de la population et une augmentation de la natalité ».

Pour l'Allemagne, « l'État et le migrant se mettent d'accord sur le délai et le contenu du programme d'intégration ». En somme, c'est un accord à l'amiable où l'État et le migrant sont placés sur le même plan !

Au Luxembourg aussi, il est pareillement question de « co-construction » du contrat d'intégration. Le migrant est co-décideur. C'est comme si on lui présentait un panier et qu'il y puisait ce qu'il souhaitait pour constituer son propre petit panier-contrat.

Pour le Portugal, la principale préoccupation semble être de pouvoir fournir « des plateformes de services intégrés pour les immigrés », afin que tout soit au même endroit, avec le souci de maximisation de la qualité du service rendu, avec un accueil réalisé au guichet par des personnes qui « parlent leur langue et connaissent leurs besoins ».

Les pays qui s'expriment associent systématiquement intégration et lutte contre les discriminations, car, disent-ils, ces deux volets « ont beaucoup de points en commun ».

Ce jour-là, en discutant en aparté avec un officiel québécois, j'ai enfin compris pourquoi le Québec s'était lancé avec autant de fougue dans sa politique migratoire : le Québec est littéralement obsédé par le poids des anglophones au Canada. Pour perdurer avec ses spécificités francophones, il a continuellement besoin de chair fraîche pour augmenter son poids ou à tout le moins le maintenir. Mission brillamment accomplie par ses élites…

Le séminaire a duré un jour et demi. Impossible de tout relater ici. J'en suis sortie accablée, avec toujours ce sentiment que les peuples européens ont affaire à une véritable armada de petits soldats de l'armée orwellienne qui, chacun, obéissent à la voix de leur maître ou de leur supérieur hiérarchique direct – ou pensent pouvoir ainsi lui plaire. C'est ainsi que, de proche en proche, d'étage en étage, un alignement presque parfait sur la doctrine officielle se produit. Il eût simplement suffi que ceux qui se trouvent au sommet de la hiérarchie changent de cap pour que le banc de sardines change de direction. Et les mêmes que j'ai eu à rencontrer durant tout mon voyage chez les « élites » – et c'est le même processus qui se produit dans tous les pays d'accueil – se seraient mis à parler la langue de la cohésion nationale et non celle de sa décomposition. Le poisson pourrit par la tête.

Le fait que l'Europe constitue un pôle d'attraction n'est pas nouveau. J'ai connu l'Algérie à une époque où beaucoup vivaient dans le dénuement et où l'Europe représentait un eldorado, encore plus que de nos jours. Nul n'aurait alors songé à traverser la mer, car l'Europe accueillait très difficilement et prenait encore moins en charge sur le plan social les immigrés. Toute infraction à la loi en matière de séjour était prise au sérieux par les autorités. Tout cela appartient à une époque révolue, où les États européens exerçaient leur autorité pour le bien commun. Qui a défait cette autorité, si ce n'est les élites politiques et administratives des vingt-cinq dernières années ? De par son histoire, le peuple français a un rapport très particulier avec l'État et ce rapport est l'une des composantes de son identité. Le fait que l'État ait été autant discrédité aura, à n'en pas douter, des conséquences.

Il suffit de prendre connaissance des rapports et recommandations de différentes organisations internationales ou simplement d'écouter les experts qui gravitent dans leurs réseaux pour réaliser que, en Europe aussi bien qu'au Canada ou ailleurs, c'est exactement le même logiciel qui tourne depuis des décennies et qui a fini par s'imposer. Plus d'une fois, j'ai été frappée de voir à quel point les institutionnels des différents pays de l'Union européenne ou encore du Canada tenaient exactement le même discours et parlaient la même langue, celle du multiculturalisme.

L'écrasante responsabilité de l'Union européenne et des gouvernements de ses États membres

Comme le rappelle la préface du « Rapport final relatif au projet sur les relations intercommunautaires[1] » du Conseil de l'Europe, c'est en 1987 que le Comité des ministres du Conseil de l'Europe décide de lancer une réflexion profonde autour « des relations entre la population autochtone et les divers groupes de migrants ou groupes ethniques présents du fait de l'immigration ». La décision de lancer cette réflexion a été motivée par une observation pratique : « La plupart des migrants finissent par s'établir définitivement. »

Le principal défi figure en toutes lettres dans le rapport, à savoir que « pour de nombreux immigrés et membres des groupes ethniques, l'identité culturelle se confond largement avec la religion », et c'est pourquoi « faire face à une diversité religieuse croissante devient

1. Rapport final relatif au projet sur les relations intercommunautaires du Conseil de l'Europe, « Les relations intercommunautaires et interethniques en Europe », 1991.

rapidement un problème central dans la plupart des pays européens d'immigration ».

Les travaux sont conduits sous l'autorité du comité européen sur les migrations, instance intergouvernementale entre les pays membres du Conseil de l'Europe, dont font partie les États de l'Union européenne, ainsi qu'un certain nombre de pays considérés comme faisant géographiquement partie de l'Europe. C'est le Comité des ministres, composé des ministres des Affaires étrangères des États membres, qui détient le pouvoir d'agir au nom du Conseil de l'Europe.

La réflexion va s'appuyer sur un comité d'experts qui a en réalité déjà commencé ses travaux avant 1987, puisque le rapport précise que leur première réunion s'est tenue en octobre 1985. Les travaux sont clôturés en 1991. Ils débouchent sur l'adoption par le Comité des ministres d'une recommandation[1] aux États membres, d'ailleurs annexée au rapport.

Le rapport final rappelle que, « lors de leur Quatrième Conférence, tenue les 17 et 18 septembre 1991 à Luxembourg, les ministres européens chargés des questions de migration ont été unanimes à apprécier le travail accompli à travers le projet des relations intercommunautaires ». Ce sont ces ministres qui décident de « diffuser largement ce rapport dans les milieux concernés de chaque pays et de faire en sorte qu'il soit discuté publiquement et au sein des organes officiels, politiques ou consultatifs, chargés des migrations et de l'intégration des immigrés ». Ce qui fut fait, et même

1. Annexe 5 : « Recommandation n° R(92)12 du Comité des ministres aux États membres sur les relations intercommunautaires ».

très bien fait. En matière de politique d'immigration et d'intégration, quasiment toute l'approche conduite depuis lors dans les pays respectifs par les élites politiques des États de l'Union européenne se retrouve en effet dans ce rapport, y compris les actions concrètes déployées sur le terrain. Il est donc intéressant d'en citer quelques passages qui le mettent en lumière.

En ce qui concerne le volet de « l'Éducation pour une société pluriethnique », il est précisé que « des handicaps importants viennent du système scolaire lui-même : enseignants incapables de s'adapter à des situations pluriculturelles, manuels et programmes véhiculant des préjugés et des messages ethnocentriques ». La solution proposée est d'« encourager des immigrés et des membres des groupes ethniques à entrer dans l'enseignement. Ils serviraient ainsi de modèles aux élèves immigrés ; en outre, ils connaissent mieux que les enseignants autochtones les problèmes des jeunes de ces communautés ainsi que les moyens de les résoudre. Il est très important aussi de faire une plus large place aux relations intercommunautaires dans la formation initiale et continue de tous les enseignants ».

Au sujet des programmes scolaires : « Il faut tenir compte, dans les politiques d'éducation, du fait que les sociétés européennes vont vers une pluriethnicité croissante. Ce phénomène doit se refléter : non seulement dans la composition ethnique des classes, mais également dans le contenu des programmes. Bref, l'éducation doit devenir plus interculturelle. » Pour y parvenir, plusieurs voies sont suggérées : « s'attacher davantage à l'histoire, à la géographie et à la culture des pays dont sont originaires les immigrés » ; mener « une éducation antiraciste, visant à faire prendre conscience aux élèves des préjugés et croyances racistes qui sont en eux » ; ou encore considérer que « l'éducation interculturelle a pour première mission de donner le sens de la relativité de toutes les cultures ».

Dès l'époque, des problèmes de convivance sont connus : « Des problèmes pouvant surgir lorsque les pratiques ou les sensibilités religieuses des immigrés sont étrangères ou contraires aux traditions de la société du pays d'accueil, il importe que les gouvernements fassent tout leur possible pour promouvoir le dialogue avec et entre les représentants des différentes religions. » Le rapport précise que la question de « l'absorption potentielle du droit du mariage et de la famille des étrangers dans les législations nationales » a été posée, mais que, finalement, étant donné les « problèmes particulièrement complexes » qui « peuvent apparaître dans le domaine du droit du mariage et de la famille, le Comité ne pense pas qu'il faille nécessairement intégrer le droit de la famille des communautés d'immigrés ou des groupes ethniques dans le droit interne des pays d'accueil ».

En revanche, il est demandé aux États membres de faire preuve d'« une souplesse accrue dans l'application de la législation ou de la coutume des pays européens », car cela peut, « dans bien des cas, aider grandement à satisfaire les attentes légitimes des groupes d'immigrés ». Il est également recommandé que « les gouvernements fassent tout leur possible pour promouvoir le dialogue avec et entre les représentants des différentes religions ».

En matière de délinquance : « Il arrive d'ailleurs d'ores et déjà que les quartiers défavorisés des villes européennes, où vivent beaucoup d'immigrés, soient le théâtre de violences qui mettent aux prises soit la majorité autochtone et des groupes d'immigrés, soit les immigrés et la police, qui représente l'autorité de la société majoritaire. » C'est ce qui doit inciter les pays d'accueil à se mobiliser d'urgence : « Les flambées de violence, qui peuvent dégénérer en véritables émeutes, restent heureusement rares, mais il est certain que le climat de tension est largement répandu et qu'il faut agir avec détermination pour chercher à réduire les risques que cette situation comporte pour l'avenir. »

Le rapport observe que, « dans tous les États membres cependant, la délinquance est généralement plus répandue chez ceux qui sont insuffisamment intégrés dans la société [le terme "intégration" désigne ici l'insertion économique]. Or, tel est relativement plus souvent le cas chez les communautés d'immigrés et les groupes ethniques que dans l'ensemble de la population ; rien de surprenant donc que dans ces groupes la délinquance dépasse la moyenne. C'est vrai en particulier pour les jeunes gens issus de certains groupes ethniques ou communautés d'immigrés, mais seulement en ce qui concerne des formes spécifiques de délinquance (délits mineurs, vols, etc.) ». Des mesures préventives sont préconisées, qui consistent à « améliorer les moyens éducatifs et à favoriser l'égalité des chances ». Le rapport fait état de recherches qui ont mis en évidence que « le risque d'être appréhendé par la police est plus grand pour les immigrés que pour les autochtones » ; c'est pourquoi « il faut interpréter les statistiques avec beaucoup de prudence ».

Au sujet des médias : selon le rapport, « les médias ont eux aussi un rôle important à jouer à cet égard. Chaque fois qu'ils rendent compte d'un acte criminel impliquant un immigré, ils doivent se demander si, pour le public, il est important de connaître l'origine ethnique de l'auteur pour bien comprendre les faits. Une attitude de retenue des médias sur ces sujets devrait faire partie d'un code de bonne conduite qu'ils s'imposeraient volontairement ». Les médias font l'objet d'un long développement, précisant notamment les actions de sensibilisation que les gouvernements doivent conduire à leur égard.

Le comportement de la police est abordé, car, « en tant que représentante de l'autorité dans la vie quotidienne, elle polarise souvent l'hostilité des immigrés contre la société en général ; aussi est-il important que ses membres fassent un effort particulier pour s'adapter aux réalités d'une société pluriethnique [...]. La démarche la plus efficace peut consister à souligner que la sensibilité à la diversité ethnique et culturelle de la société et le respect de toutes les cultures sont des éléments essentiels du professionnalisme de la police et que, dans le monde d'aujourd'hui, le bon policier est celui qui fait preuve d'ouverture d'esprit, de tolérance et d'une bonne aptitude aux relations interpersonnelles et interculturelles ».

Le Royaume-Uni est cité en exemple : « Le Royaume-Uni est peut-être le pays qui a le plus d'expérience dans ce domaine. Au cours des vingt-cinq dernières années, une série de lois sur les relations interraciales ont fait de la lutte contre la discrimination et de la promotion de l'harmonie interraciale un pilier de la politique britannique d'intégration des immigrés. » Au vu de la situation du Royaume-Uni, nous avons là une belle illustration de l'incapacité des élites à anticiper.

Dans le rapport, la discrimination positive est rebaptisée « action positive » et elle a un objectif : « favoriser le recrutement d'agents de police issus des communautés d'immigrés et des groupes ethniques. La composition de la police devrait, en effet, refléter la diversité ethnique de la société que ce corps a pour mission de servir. Comme dans les autres secteurs de l'emploi, privé ou public, des programmes d'action positive s'imposent ici ».

Le système judiciaire est lui aussi concerné : « Pour les raisons exposées ci-dessus, un nombre disproportionné de jeunes issus de l'immigration sont souvent en contact avec le système et il est donc très important qu'ils soient traités de manière équitable et non discriminatoire [...]. En ce qui concerne le choix des peines, tous les agents du système de justice pénale et de prise en charge devraient veiller à ce qu'il soit tenu compte des spécificités ethniques et culturelle. » C'est pourquoi il convient de « dispenser une formation spécialisée au personnel, de mettre à disposition des interprètes et de recruter des agents dans les groupes ethniques ».

Sur la base de ce rapport, le Comité des ministres recommande « aux gouvernements des États membres d'adopter des politiques explicites en matière de relations intercommunautaires et de veiller à leur mise en œuvre dans tous les secteurs de l'action gouvernementale ».

La Cour européenne des droits de l'homme, qui est l'une des institutions du Conseil de l'Europe, peut être saisie d'un recours individuel formé par toute personne qui s'estime victime de la violation commise par l'un des États membres d'un des droits garantis par la Convention européenne des droits de l'homme. C'est elle qui détient le pouvoir de sanctionner les États qui auraient failli aux engagements qu'ils ont souscrits en signant la Convention.

Ceux qui pensent que les gouvernements des États de l'Union ont été dépossédés de toute capacité d'agir et que les malheurs des nations européennes, en la matière, proviennent intégralement des institutions européennes, sont dans l'erreur. Ce sont bien les gouvernements des États qui ont décidé de mettre en œuvre dans leurs pays respectifs les recommandations qui leur avaient été soumises, preuve s'il en fallait encore de l'impéritie et de l'incapacité d'anticipation des organes de décision politique qui se sont succédé depuis le milieu des années 1980 à la tête des pays de l'Union européenne.

De même, ceux qui cultivent la nostalgie de la monarchie se bercent d'illusions. Il existe en Europe un nombre important de monarchies ; aucune d'elles n'a évité à son pays la situation que connaît la France, parfois leur situation est même pire. Cela n'est pas dû au seul fait que les familles royales ne détiennent qu'un pouvoir de représentation. Celles-ci sont à l'image des élites de leur époque, y ajoutant parfois une indécente « peopolisation ».

La responsabilité de l'Église

Il est impossible de taire ici la responsabilité majeure qui est celle de l'Église et que j'ai commencé pour ma part à découvrir lorsque Dominique de Villepin était Premier ministre. En février 2006, alors que je demande à l'un de ses conseillers, dans son bureau, la raison de l'impuissance du Premier ministre sur la question des expulsions de clandestins, je suis stupéfaite de m'entendre répondre que, à chaque fois que ce sujet de l'immigration ressurgit dans le débat public, de hauts responsables de l'Église font le sitting devant la porte du Premier ministre, et il lui devient alors très difficile d'agir.

Les Occidentaux, même s'ils se sont sécularisés, possèdent une conscience qui demeurent largement façonnée par le christianisme. Pétris de bons sentiments et pensant œuvrer pour une bonne cause, celle des miséreux et démunis, ils ont en réalité largement participé à réunir les conditions du chaos pour tous.

Il ne faut pas sous-estimer la responsabilité de la hiérarchie de l'Église, qui ne rate pas une occasion de culpabiliser ses ouailles et de leur faire encore plus courber l'échine.

Les différentes prises de parole de l'ensemble de la hiérarchie de l'Église resteront pour les générations futures comme autant de témoins de la pression morale qu'elle a exercée dans ce dossier. Les générations à venir qui auront à trouver la voie pour sortir du chaos engendré pourront mesurer à quel point l'ingérence continue et orientée des responsables de l'Église dans le débat sur l'accueil des migrants a participé à créer leur malheur à eux et aux migrants eux-mêmes, car quitter sa terre pour des raisons matérielles n'est jamais sans conséquence.

Début juillet 2013, c'est l'île de Lampedusa que le pape François choisit pour y faire sa première sortie médiatique, hors de Rome, en tant que pape. Il y va pour demander pardon pour les drames des migrants en Méditerranée. Au regard de tout ce que les Européens consentent comme efforts, j'ai trouvé son discours criant d'injustice. En voici des extraits, avec, au préalable, le rappel du contexte effectué par la Conférence des évêques de France :

« Une cinquantaine d'immigrés l'attendait sur le quai, à Punta Favarolo, dont beaucoup de musulmans, se trouvant dans les centres d'accueil de Lampedusa. Le Pape a salué personnellement chacun d'eux avant de se rendre au centre sportif Arena où il a célébré la messe. La formule liturgique choisie était celle de la rémission des péchés prévue par le Missel Romain. Les textes de la liturgie de la Parole (le récit de Caïn et Abel, le massacre des innocents, le psaume Miserere) soulignaient l'aspect pénitentiel de la Liturgie. […][1] »

Extraits de l'homélie du pape :

« L'Église vous est proche dans la recherche d'une vie plus digne pour vous et vos familles […] »

« Tant de nous, et moi aussi, sont désorientés. Nous ne sommes plus attentifs au monde dans lequel nous vivons […] Nous ne prenons pas soin de ce que Dieu a créé pour tous et nous ne sommes plus capables non plus de prendre soin les uns des autres.

« Ces frères et sœurs cherchaient à sortir de situations difficiles pour trouver un peu de sérénité et de paix. Ils cherchaient un endroit meilleur pour eux et leurs familles, mais ils ont trouvé la mort. Combien de fois ceux qui cherchent cela ne trouvent pas compréhension, ne trouvent pas accueil, ne trouvent pas solidarité !

« Qui est responsable de ce sang ? […] Aujourd'hui, personne dans le monde ne se sent responsable de cela. Nous avons perdu le sens de la responsabilité fraternelle.

« Qui de nous a pleuré pour ce fait et pour d'autres comme celui-ci ? Pour la mort de ces frères et sœurs ? Qui a pleuré pour ces personnes qui étaient sur le

1. Site de l'Église catholique de France. Texte édité par la Conférence des évêques de France, à Lampedusa, « François demande pardon pour l'indifférence envers les migrants », 8 juillet 2013.

bateau ? Pour les jeunes mamans qui portaient leurs enfants ? Pour ces hommes qui désiraient quelque chose pour soutenir leurs familles ?

« Nous avons perdu le sens de la responsabilité fraternelle [...], la culture du bien-être nous rend insensibles aux cris d'autrui [...], aboutit à une globalisation de l'indifférence.

« Seigneur, dans cette liturgie qui est une liturgie de pénitence, nous demandons pardon pour notre indifférence envers nos frères et sœurs. »

Le 6 septembre 2015, le pape lance un appel solennel en direction de l'Europe : « Chaque paroisse, chaque communauté religieuse, chaque monastère, chaque sanctuaire d'Europe accueille une famille [de réfugiés]. » Certains journaux iront jusqu'à écrire, pour le féliciter de son appel, que le pape lève son armée.

La position de l'Église n'est que de courte vue et elle participe de surcroît à déstabiliser les terres d'accueil, à les mettre en danger. Accueillir, et ensuite ? Assister impuissants à la transformation de l'Europe en Liban, en Balkans ou encore en Syrie, avec les conséquences que l'on sait ? Est-ce cela que l'on appelle la charité chrétienne : donner pour se ménager une place au Paradis en se lavant les mains des conséquences ici-bas ?

Aujourd'hui, tout comme hier, et l'Histoire est là pour en attester – y compris celle de la Révolution française –, la hiérarchie de l'Église, sans en prendre nécessairement pleine conscience, se retrouve du côté des puissants. Les puissants d'aujourd'hui sont tous ceux qui trouvent un intérêt dans la main-d'œuvre étrangère, comme une partie du patronat, ou encore tous ceux qui tirent profit, sous une forme ou sous une autre, de la libéralisation sauvage sur laquelle repose une mondialisation pensée puis mise en œuvre par des élites déterritorialisées. Autochtones, immigrés et descendants d'immigrés se retrouvent dans la même barque.

Ceux que l'on désigne par le terme de « bobos » et que l'on retrouve, pour une part, à exercer une influence au sein de l'élite dans les différents pays occidentaux sont, malgré des apparences trompeuses en raison de certains des sujets sociétaux libéraux qu'ils portent, des descendants en ligne directe des chrétiens qui prennent au pied de la lettre, et les appliquent, le contenu des Évangiles, comme celui de Matthieu, et c'est exactement cette doctrine philosophique et politique qui est à l'œuvre, partout en Occident :

« Lorsque le Fils de l'Homme viendra dans sa gloire accompagnée de tous les anges, il s'assiéra sur le trône de Gloire, le sien. Toutes les nations seront amenées devant lui ; il séparera les uns d'avec les autres, comme le berger sépare les brebis d'avec les chèvres. À sa droite il rangera les brebis, et à sa gauche les chèvres. Alors le Roi dira à ceux qui sont à sa droite : "Venez, les bénis de mon Père, prenez possession du Royaume qui est préparé pour vous depuis la création du monde. Car j'ai eu faim et vous m'avez donné à manger ; j'ai eu soif et vous m'avez donné à boire ; j'étais étranger et vous m'avez accueilli, sans vêtement, et vous m'avez habillé. J'étais malade et vous m'avez visité, j'étais en prison et vous êtes venus vers moi." Alors les justes lui demanderont : "Quand donc, Seigneur, t'avons-nous vu affamé pour ainsi te nourrir ? Quand t'avons-nous vu assoiffé et t'avons-nous donné à boire ? Quand t'avons-nous vu étranger et t'avons-nous accueilli, quand étais-tu sans vêtements et t'avons-nous vêtu, quand t'avons-nous vu malade ou en prison et sommes-nous venus à toi ?" Et le Roi leur répondra : "En vérité, je vous le dis, tout ce que vous avez fait à l'un de ces petits qui sont mes frères, c'est à moi que vous l'avez fait." Puis il dira à ceux qui sont à sa gauche : "Retirez-vous loin de moi, maudits ! Allez au feu éternel qui a été préparé pour le démon et pour ses anges. Car j'ai eu faim et vous ne m'avez pas donné à manger ; j'avais soif et vous ne m'avez pas donné à boire ; j'étais étranger et vous ne m'avez pas accueilli, sans vêtement, et vous ne m'avez pas habillé ; malade et en prison, et vous ne m'avez pas visité." Tous alors protesteront : "Seigneur, quand t'avons-nous vu affamé ou assoiffé, quand t'avons-nous vu étranger, sans vêtement, malade et en prison, sans te porter secours ?" Et lui leur répondra : "En vérité, je vous le dis, si vous ne l'avez pas fait à l'un de ces petits, c'est à moi que vous ne l'avez pas fait." Alors ceux-ci iront au châtiment éternel, et les justes à la vie éternelle[1]. »

Aujourd'hui, nombre d'Occidentaux réclament que, par exemple, ceux des musulmans qui souhaitent s'installer durablement en terre occidentale prennent leur distance avec certains commandements de leur religion. Pour vivre en paix, dans la durée, cela ne sera pas suffisant. Il est indispensable que les Occidentaux eux-mêmes réalisent leur autocritique et acceptent de prendre quelque distance avec certains de leurs principes et valeurs qui paraissent, de prime abord,

1. Matthieu XXV, 31-46.

charitables, mais qui, en fait, ne le sont pas, puisqu'ils emprisonnent l'Autre dans une position d'inférieur, le déresponsabilisent, l'empêchent de s'émanciper de sa condition de dépendance et de son statut d'étranger, et lui ménagent de surcroît la possibilité de renoncer aux sacrifices que tout homme doit se résoudre à consentir pour, un jour, devenir un individu libre. En l'absence de cette liberté individuelle, ceux qui n'ont pas connu le processus d'individuation, que l'Occident a connu pour sa part, ne pourront exercer la même citoyenneté que les Occidentaux, et, de ce fait, ne pourront participer au même projet collectif, avec des conséquences que l'on commence d'ores et déjà à mesurer.

Lorsque pendant des siècles, et encore de nos jours, à chaque messe, il est récité en chœur, les bras ouverts, le Notre-Père, où l'on retrouve un « Pardonne-nous nos offenses, comme nous pardonnons aussi à ceux qui nous ont offensés », sans même que cela soit aussitôt accompagné d'une réflexion sur ce qui a été commis, ce qui constitue en somme un pardon sans analyse ni condition, il est évident que cela ne peut pas ne pas avoir laissé de trace au long cours sur les mentalités, avec, là aussi, des conséquences sur ce qui se produit au sein de la société. L'enfer est définitivement pavé de bonnes intentions.

10.

Opération liquidation. La France doit disparaître

> « Les moutons vont à l'abattoir. Ils ne se disent rien, eux, et ils n'espèrent rien. Mais au moins ils ne votent pas pour le boucher qui les tuera, et pour le bourgeois qui les mangera. Plus bête que les bêtes, plus moutonnier que les moutons, l'électeur nomme son boucher et choisit son bourgeois. Il a fait des révolutions pour conquérir ce droit. »
>
> Octave MIRBEAU,
> « La Grève des électeurs ».

Depuis le retour de la gauche au pouvoir, le processus s'accélère, comme si nous entrions dans une phase terminale. Face à une droite qui n'assume plus ni l'héritage du général de Gaulle ni même le peuple et son identité, la gauche sans complexe s'active à arracher de terre, sans état d'âme, ce qui subsiste de racines à l'arbre français. En guise de projet culturel, le déracinement.

Aussitôt arrivé au pouvoir, François Hollande met en route une réflexion autour de la politique d'intégration. Pour survivre, du fait de la démographie électorale, la gauche n'a pas d'autre choix. C'est ce qu'expose le rapport publié en 2011 par le laboratoire d'idées de la gauche Terra Nova en prévision de l'élection présidentielle de 2012 :

« La coalition historique de la gauche, centrée sur la classe ouvrière, est en déclin. Mais une nouvelle coalition émerge. Elle dessine une nouvelle identité sociologique de la gauche, la France de demain, face à une droite dépositaire de la France traditionnelle. [...] La population des Français issus de l'immigration est en expansion démographique et en mutation identitaire : en 2006, près de 150 000 acquisitions de la nationalité française ont été accordées, en augmentation de 60 % par rapport à 1995. Dans l'hypothèse d'une continuation à l'identique, ce sont entre 500 000 et 750 000 nouveaux électeurs, naturalisés français entre 2007 et 2012, qui pourront participer au prochain scrutin présidentiel sans avoir pu participer au précédent [...]. Au-delà des non-religieux, ce sont aussi tous les non-catholiques, notamment les individus d'"autres religions", composés à 80 % de musulmans, qui sont plutôt enclins à voter à gauche. Dans ces conditions, la dynamique démographique est très favorable à la gauche[1]. »

Lors de la campagne présidentielle de 2012, François Hollande surfe déjà sur l'arithmétique implacable de la démographie : « Les quartiers, les cités, sont une chance pour la République. Ne sous-estimez pas la force de votre décision. Avec le suffrage universel, une voix en vaut une autre, et si certains sont plus riches

---

1. Terra Nova, « Gauche : quelle majorité électorale pour 2012 ? », mai 2011.

que vous, vous, vous êtes plus nombreux qu'eux », lance-t-il à Aulnay-sous-Bois, le 7 avril 2012. Relevons au passage que les termes « quartiers », « cités », prononcés en Seine-Saint-Denis, sont là pour éviter de nommer la réalité, qualifier le réel.

La « refondation de la politique d'intégration » se déroule en trois temps. C'est le même logiciel qui continue de tourner, que ce soit pour la réforme des programmes scolaires et du collège, ou encore l'introduction des actions de groupe dans la lutte contre les discriminations. Il s'agit de rompre avec l'intégration à la française.

Dans la feuille de route du gouvernement, Matignon va pourtant réaffirmer que l'ambition est de renouveler en profondeur l'approche des questions d'intégration « dans un esprit de responsabilité et avec le souci constant du respect des valeurs de la République ». Cette intention n'empêche pourtant pas que la République soit prise pour cible, au travers de la remise en cause de ses principes.

Le premier temps de cette refondation, c'est la remise du rapport « La Grande Nation pour une société inclusive » par le conseiller d'État Thierry Tuot au Premier ministre Jean-Marc Ayrault, le 1er février 2013.

Le deuxième temps, la nomination, le 5 avril 2013, de Jean-Louis Bianco à la tête de l'Observatoire de la laïcité.

Le troisième temps est marqué par la publication, sur le site Internet de Matignon, d'un rapport en cinq volets sur l'intégration. Ils ont été élaborés sous l'égide d'environ une dizaine de ministres du gouvernement. Leur publication va déclencher une immense polémique qui va contribuer à profondément déstabiliser le

Premier ministre Jean-Marc Ayrault. Il sera remplacé par Manuel Valls, dont le cabinet a piloté l'élaboration de l'un des volets, comme en atteste la signature du ministre de l'Intérieur au bas de la lettre de mission, datée du 5 août 2013, qu'il a adressée au groupe de travail de son ministère.

La Grande Nation pour une société inclusive

La « refondation de l'intégration » souhaitée par le président Hollande démarre donc avec le rapport « La Grande Nation pour une société inclusive », rédigé par le conseiller d'État Thierry Tuot.

Comme le rappelle *Libération*[1], « si le sort des étrangers vivant en France le passionne depuis longtemps (en 2000, il avait signé un livre remarqué, *Les Indésirables*), l'homme a d'autres cordes à son arc. Entre quatre heures et minuit, il est occupé par : la direction du conseil d'administration de la Villa Médicis ; celles des ports autonomes de Rouen, du Havre et de Paris ; le pilotage de la mission de refonte du code minier ; la coordination du comité stratégique des industries de santé. Sans, bien sûr, oublier son travail de juge administratif au Conseil d'État, dont il dirige la sous-section chargée des libertés publiques et des étrangers ». Thierry Tuot est également, entre autres, président du Pôle de recherche et d'enseignement supérieur (PRES) de Sorbonne Universités, président du conseil d'administration de

1. Fabrice Tassel, « Thierry Tuot, volontaire d'asile », *Libération*, 26 mars 2013.

l'Établissement public des fonds de prévoyance militaire et de l'aéronautique, président de la Commission des sanctions à l'Autorité de régulation des jeux en ligne.

Lors de mon audition par Thierry Tuot, nous avions échangé en toute confiance. Je ne m'attendais pas le moins du monde à ce qu'il publie une prose empreinte d'un si grand mépris pour la France et les Français, lui qui apprécie le charme de nos villages. Extraits du rapport :

« Encore plus périphérique, et stratosphérique même, l'invocation rituelle, chamanique, des Grands Concepts et Valeurs Suprêmes ! Empilons sans crainte – ni du ridicule ni de l'anachronisme – les majuscules les plus sonores, clinquantes et rutilantes : Droits et Devoirs ! Citoyenneté ! Histoire ! Œuvre ! Civilisation Française ! Patrie ! Identité ! France ! – on se retient, pour ne paraître point nihiliste ; dans quel monde faut-il vivre pour croire un instant opérante la frénétique invocation du drapeau ? Depuis quand Déroulède a-t-il résolu un seul problème social ? De quoi s'agit-il – où est la frontière à défendre, le Reich à combattre, l'ennemi à refouler ? Marchons-nous vers Verdun ou le Vercors ? Ou quelque part entre Pôle emploi et un foyer de travailleurs migrants en déshérence ?

« Au XXIe siècle, on ne peut plus parler en ces termes à des générations de migrants, qui d'ailleurs n'arrivent plus de l'ancien empire français seulement, on ne peut plus leur tenir un discours qui fait sourire nos compatriotes par son archaïsme et sa boursouflure. Nous parlons de société, de justice ; d'équité, et de quartier, d'habitat, de vie privée. De liberté. Ne parlons pas à ceux qui peinent à s'intégrer avec des mots que nos manuels scolaires ont abandonnés depuis cinquante ans. Nous sommes des générations de paix, de prospérité, d'Europe, de liberté : cessons de singer le discours martial de la revanche de 1870 – dont on finira par croire qu'il ne sert qu'à masquer l'incapacité à penser la société de demain. Du reste, les seuls qui versent vraiment leur sang pour la patrie aujourd'hui, nos soldats, sont souvent issus de l'immigration ! »

Le conseiller d'État s'interroge : « Doit-on encore parler d'intégration ? »

Sa réponse est claire : « L'intégration appelle aussi une référence, à ce à quoi on intègre – qu'on serait bien en peine de décrire : à notre société émiettée, tribalisée, internationalisée, individualiste, fragmentée, où les communautés multiséculaires, qui étaient famille, paroisse, province, – et les groupements collectifs assurant la socialisation – syndicats, partis, Église – sont remplacés par des multiples appartenances croisant les critères et insoucieuses de cohérence, qui dira comment on y est intégré ? » Il résume ensuite son propos : « L'intégration mène des populations mal définies sur un parcours incertain pour rejoindre on ne sait quoi. »

Le modèle français d'intégration doit donc céder la place à une politique d'« inclusion », qui est celle des efforts réciproques entre le migrant et la société d'accueil : « La politique nouvelle doit être collective – les personnes concernées doivent en être aussi les acteurs, non dans la logique enfermant dans des droits et des devoirs, mais dans celle, collective, des efforts partagés : le vôtre, le mien, pour que nous soyons français ensemble. La société qui intègre se transforme autant qu'elle transforme celui qui s'intègre. » Le conseiller d'État ne manque pas d'interpeller ceux qui refuseraient de tourner le dos au modèle d'intégration français, c'est-à-dire à l'assimilation, pour participer à cette nouvelle politique d'inclusion : « À tous ceux qui la récuseraient pour ne pas quitter le confort même minime de la société actuelle, où un passé souvent fantasmé, rappelons que s'ils ne veulent pas quitter l'état actuel de notre société, cette société les quittera, quoi qu'ils en aient : mieux vaut participer au mouvement et au choix de la construction que de rester sur le bord de la route où passe l'histoire de la nation… »

Dans ce rapport, on ne trouve rien sur le rôle des parents, comme si les enfants de l'immigration tombaient du ciel. On ne trouvait rien non plus au sujet de l'école. Rien, pas une ligne sur les voies à emprunter pour endiguer l'inquiétant échec scolaire qui se traduit à présent par le déclassement de la France dans les enquêtes PISA. Cependant, le conseiller d'État a pensé à recommander d'offrir les papiers d'identité français à toute personne qui aurait accompli sa scolarité en France : « Puisque la nationalité est présentée et ressentie comme le signe d'une parfaite intégration, donnons-la, en vertu d'une simple déclaration, à tous ceux qui auront suivi une scolarité complète, du primaire à seize ans et plus, quelles qu'aient été les conditions de leur séjour. » Comme si l'école jouait encore son rôle intégrateur, qu'elle avait su jouer auprès des enfants des précédents flux migratoires, y compris ceux du Maghreb, dont un certain nombre s'étaient culturellement intégrés !

La politique à conduire en matière d'inclusion doit être « une politique sociale : elle vise à apporter à chacun, selon son besoin, équitablement, les outils, les appuis, qui corrigeront les dysfonctionnements sociaux ». Elle doit, plus que toute autre politique, reposer sur « un devoir d'intelligence », et le conseiller d'État poursuit : « L'immigration commence à être plutôt asiatique, pourquoi demeurer obsédés par l'islam et les Maghrébins ? Les vieux sont une urgence sociale, pourquoi tout focaliser sur les jeunes délinquants ? »

Après avoir discouru longuement sur ce qui semble être une réflexion au sujet de l'application du principe de laïcité, Thierry Tuot conclut par des propos qui se veulent rassurants : « Les croyances passant les frontières, elles ne sont pas tenues d'y porter les habits d'ailleurs et peuvent présenter des lignes différentes et neuves. Nous avons déjà changé de mœurs alimentaires, et que le vêtement évolue nous rendra peut-être un peu moins gris, compassés, et encravatés. Quand même, reprenons-nous ! La France a-t-elle jamais dépendu de ce qu'un bout de tissu – boubou, coiffe bretonne, chèche ou béret – soit porté d'une façon ou d'une autre ? Il ne nous faut pas grand-chose pour pacifier notre horizon mental commun. »

Dans le rapport qu'il remet à Jean-Marc Ayrault, c'est le « titre de tolérance » que le conseiller d'État Thierry Tuot préconise de délivrer sans restriction, qui fait trembler le pouvoir politique jusqu'à son sommet. Le président François Hollande, qui se trouve alors en voyage au Brésil, puis à Cayenne, se voit contraint de réagir pour tenter d'éteindre l'incendie. Il prend immédiatement ses distances avec le rapport Tuot, et les médias décrivent dans leurs colonnes un François Hollande furieux, qui ne décolère pas.

Tout cela n'est que comédie, car, en réalité, le contenu est très vite traduit en recommandations concrètes stipulées dans les cinq volets du rapport sur l'intégration. Le tort de Thierry Tuot aux yeux du pouvoir ? Avoir exprimé le fait que, dans la mesure où tous ceux qui franchissent la frontière et réussissent à se maintenir sur le territoire français, même illégalement, finissent tous par être régularisés, alors autant leur délivrer d'emblée un titre de tolérance pour ne pas entraver leur parcours ! Se trouve ainsi écrit, noir sur blanc, et dans un rapport officiel, le fait que l'État accorde une prime à tous ceux qui enfreignent les lois de la République. Car c'est exactement ce qui se passe concrètement, et c'est pourquoi les migrants n'ont jamais cessé d'affluer, y compris sous Nicolas Sarkozy, comme l'avait révélé à ses dépens le directeur de la police générale à la préfecture de police de Paris, Yannick Blanc. Dans un article du *Monde* de juillet 2006, il avait exprimé le fait que « la logique politique conduit à élever la barrière à l'entrée du territoire, mais la loi multiplie les petites portes d'entrée ». Il pointait aussi la circulaire du 13 juin 2006 du ministre de l'Intérieur, car, selon lui, elle « entraînerait de fait la régularisation de plusieurs milliers de familles de clandestins ». C'est bel et bien le comportement d'un État perçu comme démissionnaire, incapable de faire respecter les lois de la République, qui conduit, en tout premier lieu, à l'afflux de migrants, et non la situation des pays sources de l'immigration.

Une gouvernance qui repose sur un État perçu comme impuissant pose la question du devenir même de la démocratie. Ce n'est pas du tout un hasard si la défiance des citoyens envers la classe politique n'a cessé de grandir au fil du temps. Désormais, 74 % des Français pensent que « les idées politiques doivent venir des citoyens plutôt que des élus[1] ».

En réalité, le concept de démocratie participative propagé avec tambour et trompettes en 2007 masque l'incapacité des élites politiques à être elles-mêmes des réservoirs d'idées et, surtout, d'être en capacité d'anticipation. Maintes fois, il m'est arrivé de participer à des réunions où de hauts responsables se lançaient à la recherche d'idées à partir des réponses des Français à des sondages qui interrogeaient leur opinion sur tel ou tel sujet. Ce qui se dessine derrière ce 74 %, c'est le spectre d'une crise politique majeure. En l'absence de tout lien vertical qui la maintient tout ensemble, la société court, à tout moment, le risque de se fragmenter et de tomber en miettes. Ce lien vertical est d'autant plus important que nous sommes, pour reprendre l'expression de Marcel Gauchet, dans une époque où règne une « logique individualiste, poussée à l'extrême[2] ».

Le rapport « La Grande Nation pour une société inclusive » apparaît comme étant hors sol, complètement déconnecté du réel. C'est pourtant la philosophie de ce rapport qui va être déclinée en actions par une dizaine de ministères, pour la simple raison qu'il contient ce qui est recherché : ouvrir les frontières, distribuer la nationalité (incidence directe sur le corps électoral) et tourner le dos au modèle culturel d'intégration, donc à la transmission de pans entiers de la

1. OpinionWay pour *20 minutes*, « Nouvelles citoyennetés, nouvelles influences », 15 septembre 2015.

2. Olivier Padis, *Marcel Gauchet. La Genèse de la démocratie*, Michalon, coll. « Le Bien commun », 1996.

culture des Français – c'est ce qui sera fait au travers de la réforme du collège.

L'Observatoire de la laïcité

Le deuxième temps de la refondation de la politique d'intégration, c'est la mise en place de l'Observatoire de la laïcité début avril 2013, présidé par Jean-Louis Bianco, ancien codirecteur de la campagne de Ségolène Royal lors de la présidentielle de 2007 et conseiller spécial de la ministre de l'Écologie.

Aussitôt nommé à la tête de l'Observatoire, Jean-Louis Bianco s'empresse de dire que « la France n'a pas de problème avec sa laïcité[1] ». Effectivement, toutes les enquêtes sociologiques le prouvent, les Français, donc la France, adhèrent massivement à la laïcité. Par contre, et là aussi j'ai pu l'observer dans de nombreuses réunions, beaucoup de responsables sont gênés par la laïcité.

Plus aucun lieu n'est aujourd'hui épargné par la contestation et les demandes de dérogations à la règle commune. La situation à laquelle entreprises, hôpitaux, écoles, universités, centres de formation, ainsi que l'armée, sont confrontés est édifiante. Partout, des réunions se déroulent avec pour thème la gestion des tensions et conflits. Les Français sont très loin d'imaginer l'ampleur et la teneur de ce qui se produit. La réalité leur est soigneusement cachée, sauf

1. Jean-Louis Bianco, « La France n'a pas de problème avec sa laïcité », propos recueillis par Stéphanie Le Bars, *Le Monde*, 25 juin 2013.

lorsqu'elle prend des proportions si importantes qu'il n'est plus possible de dissimuler les choses, comme lors des menaces de mort proférées à l'encontre du directeur de l'IUT de Saint-Denis, Samuel Mayol.

Au HCI, nous étions informés d'un grand nombre de dérives qui se produisaient dans nos universités[1]. Le pouvoir politique et la hiérarchie universitaire ont toujours été informés de tout.

« Quinze lettres de menaces de mort, une tentative d'intrusion au domicile, un véhicule dégradé, une agression en pleine rue, un soir, à Paris, par des individus qui le frappent et lui lancent “on t'avait prévenu”, “t'arrêtes tout”, des SMS menaçants aux accents racistes et antisémites [...][2] », c'est ce dont Samuel Mayol, directeur de l'IUT de Saint-Denis, a été victime. Parmi la longue liste de ce qu'il a tenté de mettre en échec, le fait que « les femmes étaient systématiquement écartées de l'enseignement » dans l'un des départements de l'IUT. Comment sa hiérarchie a-t-elle réagi ? « L'isolement, en revanche, est le sentiment ressenti par Samuel Mayol et d'autres professeurs. » Pour Christian Mestre, doyen de la faculté de droit de Strasbourg, « il y a trop de gens complaisants dans ce milieu, qui n'ont pas envie de faire des vagues ».

Les problèmes qui se posent sur le terrain ne sont pas récents. Ils se sont aggravés au fil du temps, répandus à travers le territoire, par la faute des gouvernants,

1. Haut Conseil à l'intégration, « Expression religieuse et laïcité dans les établissements publics d'enseignement supérieur », rapport au Premier ministre, mars 2013.

2. Mickaël Fonton, « IUT de Saint-Denis : sous la menace communautariste », *Valeurs actuelles*, 29 mai 2015.

qui ont refusé de les traiter. Lors de nos travaux, au HCI, nous avons été stupéfaits de constater que ces problèmes pouvaient se poser partout, jusqu'au sein des classes préparatoires aux grandes écoles, ce qui tord le cou à la théorie de ceux qui osent encore dire à l'opinion publique que tout ne serait que conséquence de méconnaissance ou encore d'ignorance. De jeunes hommes refusent de passer l'oral avec un professeur femme, ou l'étude de la pensée de philosophes tels que Voltaire ou Thomas d'Aquin y est contestée.

En 2004, la Conférence des présidents d'université avait déjà été saisie d'un si grand nombre de problèmes qu'elle avait dû élaborer un « guide laïcité et enseignement supérieur » pour aider le personnel à faire face sur le terrain. C'est tout à son mérite de ne pas avoir abandonné son personnel en rase campagne. Tous les ministres de l'Enseignement supérieur qui se sont succédé depuis plus de dix ans étaient informés ou auraient dû l'être. Il suffit de retrouver leur appréciation sur ce sujet pour connaître ceux qui, avec leurs relais courtisans au sein de la structure, ont préféré adopter la stratégie du « pas de vagues » qu'évoque Christian Mestre. Ce sont nos autruches. C'est bien parce que les problèmes n'ont pas été traités au niveau politique qu'ils n'ont eu de cesse de s'amplifier sur le terrain. Dès 2004, la loi sur les signes religieux aurait dû être étendue à l'enseignement supérieur. Le climat sur les campus aurait été autre.

Toujours dans le cadre de nos travaux au sein du HCI, et pour ce qui concerne le monde de l'entreprise, nous avions été informés, entre autres, du fait qu'une grande entreprise dans le monde des télécommunications avait renoncé à promouvoir une femme, car des hommes refusaient le fait d'être dirigés par une femme et n'envisageaient pas par ailleurs de pouvoir se retrouver en tête à tête avec une femme lors de l'entretien annuel d'évaluation. Ça se passe ici, en France. Le monde politique et celui du patronat préfèrent taire le réel et glorifier la diversité. Dans ces conditions, il est naturel que la diversité s'exprime et demande la prise en compte de ses spécificités. Une nouvelle fois, il convient de bien hiérarchiser les responsabilités, car les choses seraient autres si les décideurs avaient daigné prendre en compte le réel. Il fut un temps où le vivre-ensemble était harmonieux, aussi bien dans les universités que dans les entreprises. Nous avions des origines différentes, mais il n'était pas encore question de diversité, seulement d'êtres humains dotées d'un statut.

Aux affirmations du président de l'Observatoire de la laïcité, selon lequel la France n'a pas de problème de laïcité, opposons les déclarations de plusieurs membres de ce même observatoire, comme le député Jean Glavany, la sénatrice Françoise Laborde et le président du Comité Laïcité République Patrick Kessel : « Sur le fond, au-delà de ces propositions pour l'essentiel angéliques et pusillanimes, cosmétiques dans le meilleur des cas, certaines sont clairement anti-laïques et évidemment inacceptables pour la République [...][1]. »

Quant à Élisabeth Badinter, elle fustige « la position comique du nouvel Observatoire de la laïcité [la

1. Jean Glavany, Patrick Kessel, Françoise Laborde, « Observatoire de la laïcité : des propositions angéliques, cosmétiques, voire antilaïques », communiqué du 15 janvier 2015.

France n'a pas de problème de laïcité], cet édredon qui a remplacé le Haut Conseil à l'intégration : il n'y a pas de problèmes, c'est vous qui les inventez, ce n'est pas si grave...[1] »

Poussons la logique jusqu'au bout : quelle est l'utilité d'un observatoire chargé d'observer ce qui n'existe point ? Il convient donc de dissoudre l'Observatoire de la laïcité.

Le rapport de la refondation en cinq volets

Le troisième temps de la refondation de la politique d'intégration, est celui de la rédaction des cinq volets qui détaillent ce projet de refondation dans un nouveau rapport. Ils sont élaborés sous l'égide d'une dizaine de membres du gouvernement de Jean-Marc Ayrault. Les groupes de travail sont installés mi-juillet 2013. Le texte des volets est mis en ligne sur le site du Premier ministre environ trois mois plus tard.

Chaque volet embrasse un certain nombre de domaines :

– « Connaissance-Reconnaissance » : Kader Arif (ministre délégué chargé des Anciens Combattants auprès du ministre de la Défense Jean-Yves Le Drian) ; Aurélie Filippetti (ministre de la Culture et de la Communication) ;

1. Élisabeth Badinter, « Je ne pardonne pas à la gauche d'avoir abandonné la laïcité », propos recueillis par Éric Conan, *Marianne*, « Laïcité, une valeur menacée ? », hors-série, février 2015.

– « Faire société », qui deviendra « Faire société commune dans une société diverse » : Manuel Valls (ministre de l'Intérieur) ; Marylise Lebranchu (ministre de la Réforme de l'État, de la Décentralisation et de la Fonction publique) ;

– « Habitat », qui deviendra « Habitat facteur d'intégration » : Cécile Duflot (ministre de l'Égalité des territoires et du Logement) ; François Lamy (ministre délégué chargé de la Ville auprès du ministre Cécile Duflot) ;

– « Mobilités sociales » : Michel Sapin (ministre du Travail, de l'Emploi, de la Formation professionnelle et du Dialogue social) ; George Pau-Langevin (ministre déléguée chargée de la Réussite éducative auprès du ministre de l'Éducation nationale Vincent Peillon) ;

– « Protection sociale » : Marisol Touraine (ministre des Affaires sociales et de la Santé) ; Marie-Arlette Carlotti (ministre déléguée chargée des Personnes handicapées et de la Lutte contre l'exclusion auprès du ministre Marisol Touraine).

Deux mois se sont écoulés depuis que le Premier ministre Jean-Marc Ayrault a réceptionné, début février 2013, le rapport sur la « société inclusive » qui lui a été remis par le conseiller d'État Thierry Tuot. Alors que j'assiste à un séminaire organisé par l'Union européenne, consacré au traitement de l'immigration et de l'intégration par les pays de l'Union, la conseillère du ministre de l'Intérieur Manuel Valls m'aperçoit et vient discuter avec moi. D'emblée, elle engage la conversation en évoquant le rapport « La Grande Nation pour une société inclusive » de Thierry Tuot. Je la laisse vider son sac et la relance de temps à autre par une question ou une demande de précision. C'est ainsi que j'apprends que la Place Beauvau est déçue, très déçue. Et pourquoi Manuel Valls est-il déçu et avec lui le Premier ministre ? Le rapport de Thierry Tuot présente l'inconvénient majeur d'être trop théorique. Ce qui chagrine le gouvernement, c'est qu'il lui manque le mode opératoire. Thierry Tuot ne lui a pas donné suffisamment de recommandations concrètes, prêtes à être déployées. En résumé, les ministres ont les ingrédients, leur manque seulement la recette de cuisine !

À partir de là, je vais me mettre en mode alerte et surveiller l'évolution de ce dossier. Le contenu des cinq volets de la politique de refondation de l'intégration va largement dépasser tout ce que j'aurais pu imaginer que le gouvernement puisse se permettre de rendre public, donc accessible aux citoyens. C'est la première fois que l'idéologie à l'œuvre est couchée sur le papier, sans fioritures ni langue de bois.

C'est une chance extraordinaire pour le décryptage de notre époque par les générations futures, que le Premier ministre d'alors, Jean-Marc Ayrault, ait laissé publier, sur le site de Matignon, le logiciel de reconfiguration de l'identité française. Si cela n'avait pas été fait, les Français, en parfaits citoyens de nos démocraties modernes qui ne croient que ce qu'ils voient de leurs propres yeux, ne l'auraient pas cru. Bien des éléments qui sont contenus dans ces volets circulent depuis des années au sein du monde politique et de la communauté universitaire. Ce qu'il manquait, c'est que cela soit mis sur la place publique tel quel, brut de décoffrage !

Lorsque, en décembre 2013, la polémique prend de l'ampleur, le Premier ministre Jean-Marc Ayrault clame haut et fort qu'il n'est pas seul à la manœuvre, et c'est vrai. Le Premier ministre a commandé une refondation de la politique d'intégration telle qu'elle lui a été demandée par la présidence de la République. Souvenez-vous du contenu de mon entretien à l'Élysée, que je raconte au tout début du livre. La charpente de la refondation de la politique d'intégration était alors déjà construite. « Excédé par les critiques, y compris de ses propres ministres, ayant suivi la mise en ligne de ces travaux explosifs, le chef du gouvernement a demandé à la presse de “ne pas se laisser manipuler[1]”. » Cette démarche a « associé tous les ministres », a affirmé Jean-Marc Ayrault. Dans son entourage, on précise que « dix ministres sont concernés, surtout Manuel Valls (Intérieur) et François Lamy (Ville) ». « Les ministères ont proposé les deux présidents de chacun des groupes de travail, insiste-t-on à Matignon. Ces noms ont ensuite été validés par Matignon et par l'Élysée. » Ce qui est vrai.

Manuel Valls arrive au ministère de l'Intérieur en mai 2012. Au début, il ne s'occupe pas de la politique d'intégration. Quelques mois après sa nomination Place Beauvau, soit en février 2013, se produit un événement dont je ne saisis pas, sur le coup, la signification ni la portée. Il est mis fin à la mission du directeur de l'Accueil, de l'Intégration et de la Citoyenneté (DAIC). La politique d'intégration de la France est supprimée, mais je ne le comprendrai que plus tard.

À l'époque, je suis encore persuadée que Manuel Valls, que je connais, et qui s'est tenu aux côtés de la

1. Stephane Kovacs, « Rapport sur l'intégration : Matignon refuse d'assumer seul », *Le Figaro*, 18 décembre 2013.

crèche Baby-Loup déclamant d'une voix vibrante des vers à la gloire de la République et de ses principes, est un cadeau tombé du ciel, pile au bon endroit : le ministère de l'Intérieur. Je vais déchanter.

Selon le jargon consacré, il convient de s'appuyer – et ce qui est également le cas pour les cinq groupes de travail qui produisent les cinq volets de la refondation de la politique d'intégration –, sur des *personnalités qualifiées, susceptibles de garantir le changement de cap*. Effectivement, le gouvernement s'apprête à tourner le dos au modèle français d'intégration. Manuel Valls a manifestement déjà décidé de changer de politique en la matière. Le directeur de l'Intégration ne peut donc pas être maintenu à son poste. L'entourage du ministre de l'Intérieur va pousser le zèle jusqu'à l'expédier sur une île située au milieu de l'océan Pacifique, qu'on ne peut atteindre qu'après plusieurs jours de voyage, en avion et bateau. C'est ainsi que Michel Aubouin, haut fonctionnaire passionné par l'histoire de France – il publie aussi des livres d'histoire[1] –, et qui détient une grande compétence sur ce sujet de l'intégration, devient préfet de l'archipel Wallis et Futuna tandis que la DAIC est remplacée, en août 2013, par décret, par la Direction générale des étrangers en France.

L'intégration disparaît du champ politique. Désormais, il n'y a plus que des étrangers qui sont accueillis, puis, quelque temps plus tard, ils deviennent français grâce à l'octroi de papiers d'identité. C'est la politique de « l'intégration par la nationalité », c'est-à-dire celle qui consiste à placer la charrue avant les bœufs.

---

1. Michel Aubouin, *Brissot, le roman d'un révolutionnaire*, Le Cherche-Midi, 2014.

Les cinq volets de la refondation, mode d'emploi de la liquidation

Abordons à présent le contenu[1] des cinq volets du rapport de refondation de la politique d'intégration. Ils s'inscrivent dans une filiation directe avec le rapport Tuot, auquel il est d'ailleurs fait référence. C'est ainsi qu'il est recommandé d'abandonner l'intégration, car, « symboliquement, l'abandon du terme peut constituer un signal fort pour celles et ceux qui sont soumis à cette injonction au quotidien et à tort ». On y parle de « faire France en reconnaissant la richesse des identités multiples », de « nous inclusif et solidaire », d'un « vivre-ensemble égalitaire », de « changement de paradigme », de « production de possibles », du « faire de l'en commun ». Le prix à payer pour atteindre ce monde merveilleux est également annoncé : « L'un des enjeux majeurs, pour tout citoyen, mais plus encore pour les institutions, est en conséquence l'apprentissage d'un savoir-faire avec l'hétérogénéité et dans la conflictualité. » Les Français doivent apprendre à négocier les contenus de leurs principes et valeurs puisque « la rencontre interculturelle doit être conçue comme un échange entre personnes, ou groupes de personnes, de différentes cultures permettant l'émergence d'un espace de négociation ». Même la langue française voit sa suprématie contestée, car il convient que toutes les langues « soient reconnues de manière identique ».

1. « Refonder la politique d'intégration », éditeur : Premier ministre ; date de remise : novembre 2013 ; http://www.ladocumentationfrancaise.fr/rapports-publics/.

Ce qui frappe, c'est que tout se retrouve essentialisé. Il y a l'axe du bien et celui du mal, et on y tombe à la naissance. On pourrait résumer cette approche primaire à : extra-européen = bien ; européen = mal. Même les enseignants sont accusés d'être otages de « stéréotypes et préjugés » qui les poussent à opérer une hiérarchisation des élèves en fonction de leurs origines ethno-raciales. Si les élèves issus de l'immigration réussissent moins bien ou sont plus massivement orientés vers les filières professionnelles, ce serait donc en partie la faute des enseignants.

Revisiter l'histoire et effacer la mémoire

L'école et le corps enseignant sont les plus violemment malmenés dans la partie réquisitoire de cette politique de refondation de l'intégration. Ils se voient reprocher de transmettre une histoire qui « se réfère à des figures incarnées qui demeurent très largement des "grands hommes mâles, blancs et hétérosexuels" » et d'avoir enseigné, « jusqu'aux années 1960, une histoire "qui avait pour tâche de communiquer l'amour de la patrie, par une représentation du passé autour de la seule France" ».

Pour amener les Français à changer de référentiel, il convient de procéder à l'éducation des masses et cela doit commencer au plus tôt. Tout au long de la scolarité, il est recommandé de « renforcer et/ou inscrire dans les programmes scolaires l'histoire des mouvements de population dans leur globalité, c'est-à-dire ceux liés à l'esclavage et à la traite négrière, aux colonisations et décolonisations, y compris celles des guerres d'indépendance, des immigrations économiques dont celles organisées par la France et les pays de recrutement, des immigrations d'ordre familial, des réfugiés, sans oublier celles les plus récentes liées aux printemps arabes et celles des Roms », et encore de mentionner « l'histoire de la participation des populations des colonies françaises aux différentes guerres ».

De « nouvelles rues et places de villes et de villages » doivent aussi être nommées « en écho avec cette histoire des migrations ». Cela est déjà en cours dans la ville de Paris. C'est ainsi que, « depuis plus d'une dizaine d'années, la Mairie de Paris s'est fait une spécialité : réviser les noms de rue, plaques et autres noms d'établissement selon les critères de la bien-pensance et du politiquement correct[1] », comme le rapporte l'historien Dimitri Casali.

Tout comme dans le roman de George Orwell *1984*, l'Histoire doit être réécrite pour y introduire des personnages dont l'existence sert l'idéologie et en effacer d'autres qui entravent sa propagation. C'est ainsi que le rapport recommande à la France d'« assumer la dimension "arabe-orientale" de son identité » et c'est en toute logique qu'est également préconisé de « valoriser l'enseignement de l'arabe » et de « proposer l'enseignement dès le collège d'une langue africaine ».

Aujourd'hui, la volonté de noyer les langues anciennes dans des enseignements interdisciplinaires, le fait de rendre optionnel l'enseignement de périodes

1. Dimitri Casali, « Quand la Mairie de Paris débaptise minutieusement ses rues pour qu'elles soient en "écho avec l'histoire des migrations" », Atlantico, 12 avril 2015.

telles que les Lumières ou encore celle où l'Église exerçait un pouvoir considérable sur la société – ce qui a participé à façonner en profondeur l'identité du peuple français –, la ratification de la Charte européenne des langues régionales ou minoritaires participent d'une entreprise de transformation du regard des Français sur leur identité et celle des autres. Progressivement, c'est la mémoire du peuple français qui va s'effacer.

Peu à peu, l'identité française est vidée de son contenu, de sorte qu'un jour on ne pourra plus guère inscrire les générations dans une filiation historique avec celles qui les ont précédées sur le sol français.

Supprimer la loi de 2004 sur les signes religieux

Les enseignants sont également accusés de ne pas s'être « spontanément mobilisés pour souligner les effets contre-productifs de la circulaire du ministre de l'Éducation nationale Luc Chatel » de mars 2012, qui prévenait l'incursion du religieux dans les sorties scolaires. Le tort de la circulaire était de s'être « attachée à rappeler de façon descendante et universelle ses principes », tout comme l'avait fait la loi de 2004, quand il eût fallu, toujours selon le texte de ce volet, « réfléchir aux conditions de développement d'une conception inclusive et libérale de la laïcité, d'une laïcité commune, sensible à la fois aux contextes et aux conséquences de sa mise en pratique ». En résumé, le problème, ce n'est pas la violation du principe républicain de laïcité, mais le fait que l'école respecte la laïcité. Le rapport recommande « la suppression des dispositions légales et réglementaires scolaires discriminatoires, concernant notamment le voile[1] », et également de « la circulaire de 2012 concernant l'accompagnement aux sorties scolaires ».

Revisiter les registres lexicaux

Il est demandé qu'une attention particulière soit portée au vocabulaire employé et que l'image véhiculée par les arts soit remodelée. Le vocabulaire et les arts doivent se muer en agents au service de la propagande multiculturaliste. Par conséquent, il convient de « revisiter tous les registres lexicaux utilisés au sein et par les institutions d'action publique tout comme par les médias et les partis politiques » et « évaluer les programmations et actions de toutes les structures artistiques et culturelles de spectacles vivants, de musées, de médiathèques, de centres d'art..., afin de déterminer si les objectifs de connaissance et reconnaissance de la culture plurielle de la société française sont effectifs dans les propositions aux publics ».

« Désigner, c'est stigmatiser », en conséquence de quoi, « seules les personnes devraient avoir le droit de se désigner elles-mêmes, si elles désirent valoriser une filiation, un attachement, une identité ». C'est pourquoi il convient de « revisiter tous les registres lexicaux utilisés par les institutions publiques, les médias et les

1. Stéphane Kovacs, « Le rapport qui veut autoriser le voile à l'école », *Le Figaro*, 13 décembre 2013.

partis politiques », et de recourir à la sanction pour « contraindre à la non-désignation ». Il est aussi recommandé de créer un délit de « harcèlement racial ».

Actions de groupe et statistiques ethniques

Il est des signes qui ne trompent pas et qui en disent bien davantage que de longs discours. Dans la politique de refondation de l'intégration, le terme de « droit » apparaît plus de 400 fois, quand celui de « devoir » apparaît seulement 13 fois, sans compter qu'il est utilisé pour évoquer les obligations des institutions ou de divers organismes envers les populations de l'immigration désignées aussi par le vocable de « diversité ».

Quelle est l'étendue des discriminations dont les Français se rendraient coupables ? L'un des derniers rapports d'activité de la Haute Autorité de lutte contre les discriminations et pour l'égalité (Halde), celui de 2009, avait été publié par le journal *La Tribune*. Il en ressortait que, sur 10 545 réclamations, 177 dossiers avaient donné lieu à un règlement à l'amiable, 212 à une intervention devant les tribunaux et seulement 8 à une transaction pénale. La plupart des réclamations n'étaient donc pas fondées. Malheureusement, l'idéologie de l'antiracisme a fini par convaincre les enfants de l'immigration que, derrière chacun de leurs échecs à obtenir un emploi, un logement ou autre, il y avait très certainement l'ombre du racisme des Français.

La France voit sans cesse son histoire ramenée à l'esclavage et à la colonisation, et ce n'est pas fortuit. À la clé, la repentance et le filon du prix à payer par les Français d'aujourd'hui, qui devront s'acquitter d'une dette envers les descendants de l'immigration et de l'esclavage. Imaginons un instant, par exemple, que l'on vienne me demander, ainsi qu'à d'autres, de payer pour ce que mes lointains ancêtres venus de la Péninsule arabique ont pu faire aux Berbères du Maghreb ; pour le rôle qui a été le leur dans l'esclavage, comme l'a montré, entre autres, le livre de l'islamologue Malek Chebel[1], ou dans l'exode des Juifs des pays arabes tel que l'a décrit et recensé l'historien Georges Bensoussan[2]. Absurde ? Ridicule ? Impensable ? En quoi devrais-je être tenue responsable de ce que mes ancêtres ont pu commettre ? C'est pourtant ce à quoi les Français se trouvent condamnés : devoir continuellement payer pour ce que leurs aïeux ont pu faire. De Gaulle avait souhaité la réconciliation nationale. Jamais il n'aurait laissé œuvrer, comme ils l'ont fait, tous ceux, dont les descendants des victimes de la Shoah, qui ont tracé puis ouvert la voie à l'instrumentalisation de l'histoire du peuple français et à la mise en concurrence des mémoires. L'enjeu autour de la mémoire s'est transformé en business de la mémoire, et c'est dans cette veine que s'est inscrit tout le combat de l'antiracisme qui empoisonne littéralement la société française et rend impossible toute éclosion d'une fraternité. Au vu de ce que j'ai pu observer dans un certain nombre de milieux, dont celui de la politique et celui des médias, je ne pense pas qu'on puisse parler de l'existence d'une élite juive comme on l'entend parfois. Le comportement

1. Malek Chebel, *L'Esclavage en terre d'islam*, Fayard, 2007.

2. Georges Bensoussan, *Juifs en pays arabes : Le grand déracinement 1850-1975*, Tallandier, 2012.

de nombre de personnalités issues de familles juives ne diffère pas foncièrement de celui des autres élites de notre époque, en ce sens que la défense d'intérêts personnels prime souvent sur celui de l'intérêt général, lequel passait par la préservation d'une République forte.

Regardons à la loupe cette politique des actions de groupe sur laquelle gauche et droite se retrouvent main dans la main. « Les fameuses "class actions", actions de groupes en justice, qui font trembler les entreprises américaines, pourraient bientôt s'appliquer en France sur la question des discriminations. C'est ce qu'a annoncé le président de la République[1]. » Depuis, un texte de loi a été adopté par l'Assemblée nationale le 10 juin 2015, puis a été transmis au Sénat pour y être voté. À l'Assemblée, un seul député de droite, Philippe Gosselin, était présent pour voter contre. Son parti fraîchement rebaptisé Les Républicains n'a pas daigné lever le petit doigt pour défendre le principe républicain de l'égalité !

Aux États-Unis, les entreprises préfèrent souvent transiger, verser de fortes sommes, plutôt que d'être traînées devant les tribunaux, y perdre du temps et risquer d'y voir leur image salie, avec des conséquences potentielles sur leur compétitivité.

Les actions de groupe entraînent la société vers son hyper-judiciarisation. Les rapports ne se font plus simplement entre individus, mais entre groupes ethno-raciaux. Aux États-Unis, des Noirs se regroupent pour lancer des procédures à l'encontre d'universités,

1. Alice Géraud, « Hollande pour des "class actions" contre les discriminations », *Libération*, 4 mars 2015.

d'entreprises ou encore d'administrations qui sont soupçonnées de ne pas respecter les critères de conformité de leurs effectifs à la « diversité » du pays, aux différents échelons hiérarchiques. D'où le rôle central des statistiques ethno-raciales qui sont réclamées, en France, depuis longtemps, par une myriade d'acteurs qui ont fait profession d'accuser les Français et la France de tous les maux.

Il n'y a pas que les Noirs qui intentent des procès, les Blancs aussi y recourent. Il n'est d'ailleurs pas rare qu'ils obtiennent gain de cause. Il suffit de montrer que des Noirs qui disposaient de moins bons dossiers que les leurs ont été acceptés à leur détriment, donc ont pris la place qui aurait dû leur revenir. On imagine bien l'animosité et le ressentiment que ces politiques entretiennent entre les groupes. Il n'est donc pas surprenant que des tensions raciales éclatent à intervalles réguliers aux États-Unis. Récemment, ce sont les Asiatiques qui sont, à leur tour, entrés dans la danse. Des étudiants se sont formés en association, Students for Fair Admissions, et ont attaqué l'université de Harvard pour discrimination. Les Asiatiques estiment y être systématiquement défavorisés pour cause de leurs trop bons résultats scolaires. Une partie d'entre eux se retrouvent en effet écartés pour laisser la place à d'autres. Pour peser, ils se regroupent sous un drapeau ethnique et c'est exactement cette communautarisation que nos élites de gouvernement instituent en France, pays de l'Égalité républicaine.

Au-delà de la judiciarisation de la société, il faut prendre conscience du fait que le climat social instauré rendra de plus en plus difficile, voire même impossible, toute cohabitation dans la sérénité. Une nouvelle fois, l'histoire devra établir la hiérarchie des responsabilités dans les troubles qui naîtront de cette communautarisation. Il ne faut pas sous-estimer la force des symboles et, dans ce cas précis, le symbole auquel il est attenté, c'est celui de la nuit du 4 août 1789. Les Français ne sont pas les Américains. Ils ne renonceront pas si facilement à leur histoire ni à leur culture, qui ont façonné les paysages de leur territoire.

Comme le font les Blancs aux États-Unis, les Français qui ne se revendiquent que de l'identité française, et estimeront avoir été lésés, seront naturellement enclins à intenter à leur tour des actions en justice. Pour peser, ils n'auront pas d'autre choix, pour se défendre et défendre leur culture, que de s'organiser et de se regrouper comme le font tous ceux qui se revendiquent d'une autre identité et l'utilisent pour justifier leur combat.

Profiter d'une situation qui se présente de déroger à la règle commune avec la bénédiction des décideurs est banalement humain. Aux États-Unis, dans leur cursus, les enfants de couples mixtes préfèrent opter pour la couleur noire dans les formulaires administratifs, car celle-ci se mue en privilège lors de l'examen de leurs dossiers, que ce soit dans l'accès à l'enseignement supérieur, l'obtention d'aides financières ou d'un emploi. Il fut un temps où la vente de tests ADN avait explosé, certains rêvant de trouver dans son patrimoine génétique une preuve attestant de son appartenance à une minorité administrativement protégée, favorisée.

Si une majorité de Français ne saisissent pas vraiment les tenants et les aboutissants de l'utilisation potentielle des statistiques ethniques, il en est qui savent que les statistiques ethno-raciales sont indispensables pour alimenter le fonds de commerce des actions de groupe afin de vérifier si, à tous les étages de la société, la proportion de personnes de telle ou telle origine reflète bien son poids démographique au sein de la société.

Le simple fait de trouver, parmi ceux qui réclament les statistiques ethniques, des tenants de l'idéologie de l'antiracisme et de la repentance devrait alerter les Français. Ernest Renan avait bien pris soin de préciser que « le nécessaire oubli des pages sombres de l'histoire » était l'une des conditions pour faire nation. Ne pas pouvoir tourner la page témoigne d'une incapacité à vivre ensemble en paix.

Bien sûr, parmi ceux qui réclament l'instauration des statistiques ethniques se trouvent aussi des chercheurs qui souhaiteraient simplement pouvoir disposer de tout le matériau possible pour approfondir leurs études. Ma conviction, au regard de mon voyage à l'intérieur même du système étatique, est que les données déjà disponibles sont amplement suffisantes pour nourrir un pouvoir politique qui serait vraiment habité par la volonté d'agir pour préserver la cohésion nationale.

Un certain nombre de pays européens pratiquent déjà les statistiques ethniques ; parmi eux, la Suède. Il suffit de suivre l'actualité de la commune de Malmö ou des banlieues de certaines villes suédoises pour comprendre que ces statistiques ne leur ont été d'aucune utilité et qu'elles ne leur ont pas évité de plonger dans le bain des réjouissances que réserve la société multi-identitaire.

La préférence extra-européenne

Aujourd'hui en France, avoir une origine extra-européenne peut se muer en passe-droit ou en privilège, comme en témoigne la réaction de Ségolène Royal à l'égard de Najat Vallaud-Belkacem : « Elle s'appellerait Claudine Dupont, elle ne serait peut-être pas là » ; celle de Nicolas Sarkozy, qui dit à son entourage : « Bon, vous vous mettez en chasse. Il me faut un Noir, ou mieux, une Noire[1] ! » ; celle d'Anne Lauvergeon, à l'époque patronne d'Areva : « À compétences égales, eh bien, désolé, on choisira la femme ou on choisira la personne venant d'autre chose que le mâle blanc, pour être clair[2] » ; celle de Jean-Paul Agon, directeur général du groupe L'Oréal : « Aujourd'hui, lorsque nous rencontrons un candidat qui a un prénom d'origine étrangère, il a plus de chances d'être recruté que celui qui porte un prénom français de souche[3] » ; celle de Delphine Ernotte, présidente de France Télévisions : « On a une télévision d'hommes blancs de plus de cinquante ans, et ça, il

---

1. Roselyne Bachelot, ancienne ministre de Nicolas Sarkozy, y fait référence dans ses souvenirs, *La Petite Fille de la V*^e^, Flammarion, 2015.

2. Anne Lauvergeon lors du Women's Forum à Deauville, « Journal » de France 2, 16 octobre 2009.

3. Jean-Paul Agon, « L'Oréal fait de la discrimination positive et l'assume », propos recueillis par Nathalie Brafman et Stéphane Lauer, *Le Monde*, 13 juillet 2007.

va falloir que cela change[1]. » Il y aurait tant d'autres exemples à citer !

Se revendiquer d'une origine étrangère est un avantage concurrentiel : « Au ministère de la Défense, on l'appelait "la Marocaine", qualificatif qui n'était pas pour lui déplaire : "Dans mon milieu professionnel, le fait d'avoir des origines arabes donne la possibilité d'accéder à des postes à responsabilités[2]." » La personne qui s'exprime ainsi est une femme d'origine marocaine. Elle a travaillé au sein du ministère de la Défense français sous Nicolas Sarkozy, avant, finalement, de préférer intégrer le cabinet du ministre du Maroc délégué aux Affaires étrangères chargé des Marocains résidant à l'étranger ! Et comme elle l'exprime très bien, si elle a préféré travailler pour le Maroc, alors même qu'est rappelé le fait qu'elle est « petite-fille d'un officier de l'armée française côté maternel et d'un ouvrier de chez Renault côté paternel », c'est que : « Quand on tombe amoureux, ça ne s'explique pas ! » En 2012, elle revient pour porter les couleurs du Modem, parti de François Bayrou, pour les élections législatives pour les Français de la 9e circonscription, à savoir celle qui regroupe les pays du Maghreb et de l'Afrique de l'Ouest.

Les Français ne sont pas seulement dans la situation potentielle d'être relégués au profit des enfants des anciennes colonies ou des anciens protectorats

1. « L'interview de Jean-Pierre Elkabbach », Europe 1, 23 septembre 2015.

2. Zoé Lamazou, « Avoir des origines arabes permet d'accéder à des postes de responsabilités », *Jeune Afrique*, 15 septembre 2009.

français déjà présents sur le territoire français, non, ils sont aussi dans la situation d'être relégués au profit d'élèves qui se trouvent encore dans leur pays d'origine. C'est ce à quoi a conduit la course aux places dans les classements internationaux. Au prétexte de satisfaire au critère d'ouverture à l'international, de plus en plus de classes préparatoires et de grandes écoles réservent un nombre significatif de leurs places à des élèves étrangers, au détriment des élèves français. Tandis que les parents français et leurs enfants sont soumis à l'angoisse de la procédure admission post-bac, puis au stress des concours dans les filières d'excellence, d'autres ont un privilège en raison de leur origine étrangère, celui d'être pris en considération, à un moment ou à un autre, dans la pesée. Dans une situation où nul ne peut modifier ses origines biologiques, le jeu en devient inégal, pipé d'avance pour une partie des Français. Il est important de rappeler ici que le fait que Manuel Valls a pris des dispositions pour « faciliter l'accès à la nationalité des précaires, des jeunes et des talents, notamment », constitue un appel d'air sans précédent.

Ceux des Français qui en ont les moyens financiers, et dont les enfants auront été écartés des formations d'excellence, pourront toujours postuler dans de grandes universités étrangères ; pour les autres, ce sera la voie de l'amertume, du sentiment d'avoir consenti des efforts depuis l'enfance pour être écarté sans raison juste. Au bout du compte, ce sera le déclassement, un déclassement dont l'État est le principal artisan. Aujourd'hui, l'ensemble de la classe moyenne est menacée de déclassement.

L'exemple cité est celui de l'école, mais il aurait pu l'être dans bien d'autres domaines, par exemple celui de l'accueil des flux récents de réfugiés et plus généralement l'accueil des étrangers. Étant d'un niveau social inférieur à celui de la moyenne des Français, ces derniers deviennent aussitôt prioritaires, comme l'a d'ailleurs montré de manière limpide, en septembre 2015, la proposition de mise à disposition de 77 000 HLM de Marie-Arlette Carlotti[1], présidente du Haut Comité pour le logement des personnes défavorisées et ancienne ministre socialiste.

La politique mise en œuvre depuis le début des années 1980 qui se résume en une politique de « dernier arrivé, premier servi », défie toutes les notions élémentaires sur lesquelles se fonde le sentiment de justice.

Du côté des décisions du Conseil d'État

Le Conseil d'État, c'est la plus haute juridiction administrative de la France. Il a son mot à dire sur tout projet de loi. Il joue, et a joué, un rôle considérable dans la vie politique française et, en particulier, dans le dossier de l'immigration.

En 1977, lorsque le gouvernement décide d'édicter des conditions restrictives pour limiter le regroupement familial, c'est le Conseil d'État qui retoque le projet de loi en publiant à la fin de l'année suivante, soit en 1978, un arrêt qui institutionnalise le regroupement familial sans contrainte. Le droit de mener une vie familiale

1. *Les Échos*, 14 septembre 2015.

normale se transforme pour la France en obligation d'accueillir conjoints et enfants. Ce qui entraîne d'ailleurs de nouveaux flux migratoires, ceux du mariage, celui-ci permettant l'acquisition de la nationalité française – par le conjoint – sur déclaration auprès de la préfecture.

En 1989, lors de l'affaire de Creil, dite du foulard, Lionel Jospin, alors ministre de l'Éducation nationale, aurait dû s'en tenir à réaffirmer le principe de laïcité, ce qui aurait calmé le jeu. Au lieu de cela, tout en rappelant que l'école est laïque, il sape ce principe en déclarant : « L'école est faite pour accueillir les enfants et pas pour les exclure. » C'est ce propos qui a allumé la mèche, car il a été interprété comme la possibilité de mettre en cause le respect de la laïcité à l'école.

Le même Lionel Jospin se tourne vers le Conseil d'État, qui met le feu aux poudres en rendant cet avis : « Le port par les élèves de signes par lesquels ils entendent manifester leur appartenance à une religion n'est pas par lui-même incompatible avec le principe de laïcité, dans la mesure où il constitue l'exercice de la liberté d'expression et de manifestation de croyances religieuses. »

1989-2004 : beaucoup d'enfants de l'immigration ne comprennent ni les termes ni le sens du débat. Frustrations, sentiment d'être rejetés, blessures et tristesse sont au rendez-vous qui laisseront des cicatrices dans l'âme. Ces quinze ans ne sont pas seulement perdus ; ils sont bien pires, car c'est au cours de cette période que s'est joué le sort de l'intégration culturelle et du vivre-ensemble. Aujourd'hui, la conviction s'est enracinée que la laïcité a été créée pour eux. Une bonne part des élites porte la responsabilité de ne pas avoir rappelé ce fait historique simple : la laïcité existait avant leur arrivée. L'histoire des Français n'a pas commencé avec eux.

En juillet 2011, c'est encore le Conseil d'État qui porte un coup fatal à l'un des articles les plus importants de la loi de la séparation des Églises et de l'État : « La République ne reconnaît, ne salarie ni ne subventionne aucun culte. » Il valide la décision d'une commune de subventionner un culte par le biais d'un bail emphytéotique sur un terrain communal (99 ans et un euro symbolique par an). Le bail emphytéotique est une voie classique pour déroger à la loi de 1905 à laquelle un certain nombre d'élus recourent désormais. C'est encore le Conseil d'État qui met en cause l'application de la circulaire Chatel en décembre 2013, en émettant l'avis selon lequel les accompagnateurs des sorties scolaires ne sont ni « agents » ni « collaborateurs » du service public et qu'ils ne sont de ce fait pas soumis aux « exigences de neutralité religieuse ».

Pourtant, ces sorties scolaires sont bien identifiées par l'Éducation nationale elle-même comme faisant partie du projet éducatif de l'école. Les accompagnateurs ne s'inscrivent pas en dehors de l'école, mais dans son champ, et cela ne souffre aucune ambiguïté. C'est inscrit, noir sur blanc, dans des documents officiels du ministère de l'Éducation nationale. Cela aussi, les élites politiques de gouvernement le savent ou sont censées le savoir. Non seulement l'information est accessible à tous, mais il est du devoir des élites politiques et de la haute administration, encore plus que toutes les autres, d'assumer leurs responsabilités. Cela n'a pas été le cas, y compris sous le gouvernement de François Fillon, où Matignon n'a guère épaulé le ministre Luc Chatel lorsqu'il a souhaité, par sa circulaire sur les sorties scolaires, pacifier une situation qui était devenue extrêmement tendue, et même violente, dans certains lieux.

Dans un texte adressé aux rectrices et recteurs d'académie, aux inspectrices et inspecteurs d'académie, aux directrices et directeurs des services départementaux de l'Éducation nationale, aux chefs d'établissement des établissements publics locaux d'enseignement et des établissements d'État, par le ministère de l'Éducation nationale, il était rappelé que « la jurisprudence assimile les accompagnateurs bénévoles, qui participent à l'encadrement des élèves à l'occasion d'une activité réalisée dans un but d'enseignement, aux membres de l'enseignement public. Ils bénéficient ainsi des dispositions protectrices prévues par l'article L. 911-4 du code de l'Éducation ». Il est bien écrit que ces accompagnateurs se trouvent assimilés aux « membres de l'enseignement public », ce qui signifie qu'il est prévu que le principe de laïcité soit respecté dans le cadre des sorties scolaires. L'organisation des sorties scolaires a toujours fait partie des prérogatives du ministère, qui édicte en la matière des décisions qui sont publiées au *Bulletin officiel* de l'Éducation nationale. Toutes les conditions d'organisation de ces sorties y sont passées en revue, et dans le détail, comme l'illustre la circulaire datée de septembre 1999 de la ministre déléguée chargée de l'Enseignement scolaire Ségolène Royal.

Encore une fois, il eût suffi de s'en tenir au respect de la République – respect qui conditionne la convivance –, pour éviter la montée en flèche des crispations, frustrations et autres incompréhensions qui attentent à la sérénité de l'école, sérénité en l'absence de laquelle la transmission du savoir est compromise.

De nombreux cabinets ministériels accueillent des conseillers d'État. Ils agissent également au sein du Conseil constitutionnel. Ils se retrouvent à toutes les étapes du processus de décision politique. Le Conseil d'État est loin d'être étranger à ce qui arrive à la France et à son peuple. Pourtant, les citoyens ignorent tout ou presque de cette institution et sont dans l'ignorance totale de ses membres, qui n'ont de compte à rendre à personne et encore moins aux citoyens. Une réforme s'impose.

L'ENA est un grand pourvoyeur de cadres de la haute fonction publique, qui forment un État dans l'État. Ils ne sont pas étrangers à la situation que connaît la France, car l'absence de sang neuf au sein de l'appareil d'État a été mortifère. Les élites, à tous les étages, ont besoin d'être renouvelées, au fil de l'eau, sur une large base de recrutement. Or, l'existence même de l'ENA empêche tout renouvellement des élites de l'appareil d'État. La France étouffe sous le règne de l'Énarchie.

Comment l'État s'arrange avec la vérité

Entre deux versions de la feuille de route du gouvernement de Jean-Marc Ayrault pour établir sa nouvelle politique d'intégration, une phrase lourde de signification a été supprimée, et si elle l'a été, c'est qu'elle apporte la démonstration que toutes les politiques de diversité et de lutte contre les discriminations et autres actions de groupe que le Parlement a autorisées reposent sur le mensonge du rôle joué par les variables socio-économiques dans la problématique de l'immigration-intégration, à commencer par celle de l'école.

Entre la version 1 de la feuille de route du gouvernement qui a circulé dans les médias, et la version finale qui sera publiée comme étant la feuille de route officielle, une phrase tirée de l'enquête PISA 2012 a été supprimée : « Plus préoccupants encore, les écarts entre élèves issus de l'immigration et les autres demeurent très importants, même corrigés des variables socio-économiques[1]. »

La vérité est donc connue au plus haut niveau de l'État, mais la machine idéologique est venue délibérément lui tordre le bras. Si cette phrase avait été maintenue, c'est en effet tout l'édifice idéologique qui se serait effondré.

La justification même de toutes les politiques mises en œuvre depuis le début des années 1980, aussi bien par la droite que par la gauche, se serait alors évanouie. Plus de politique de diversité ; plus de discrimination positive ; plus de politique de quotas dans les grandes écoles et universités ; plus de discours incantatoires sur le point de croissance qui viendrait résoudre miraculeusement tous les problèmes ; plus d'attente fébrile, chaque fin de mois, des chiffres du chômage dans l'espoir d'une inversion de la satanée courbe ; plus de justification toute trouvée à une part de la violence ; plus de justification d'une mixité imposée à coups de SRU ; plus de justification de sanctions financières en raison de bâtis non construits pour

1. Programme international pour le suivi des acquis des élèves, 2012.

accueillir toujours plus de logements sociaux ; plus de justification non plus des milliards engloutis dans la rénovation urbaine…

L'explication de tous les malheurs par le niveau socio-économique, et par ricochet celui du racisme des Français qui empêcheraient l'ascension sociale des migrants et de leurs descendants, arrange les affaires de bien trop de monde pour être abandonnée spontanément.

Nous sommes la France

Début janvier 2015, des attentats, des assassinats sont perpétrés à Paris. Quelques jeunes adultes réussissent à tenir la France en haleine et en alerte pendant une poignée d'heures, jusqu'au dénouement des prises d'otages. Le pays est abasourdi par la violence du choc subi. Partout à travers le territoire, des citoyens sortent de chez eux, de leur lieu de travail. Ils éprouvent le besoin de se retrouver, de partager leurs émotions, de déposer des fleurs, d'allumer des bougies, en un mot de communier ensemble. Le « Je suis Charlie » devient le cri du cœur identificatoire du ralliement populaire, un peu comme le « Ich bin ein Berliner » identificateur lancé en juin 1963 par John Fitzgerald Kennedy. Si les Français se sentent autant touchés et concernés, c'est parce qu'ils sont la France et qu'ils ont immédiatement compris, tous ensemble, que c'est le cœur de leur identité qui est visé : l'esprit critique, la liberté d'expression et la liberté tout court. La mobilisation sans précédent de nos compatriotes traduit de façon éclatante et magistrale la persistance d'un « inconscient collectif ». En dépit de décennies de lavage de cerveau et de campagnes d'intoxication des masses, la partie où siège leur mémoire identitaire est encore en grande partie intacte.

Quelle est la réaction des élites politiques, intellectuelles, médiatiques, du monde du spectacle ? Immédiatement, c'est la réaffirmation du règne sans partage du « pasdamalgame », puis, très vite, le président de la République bat le pavé de Paris aux côtés de chefs d'État venus des quatre coins du monde, et des ténors de la vie politique française, chacun jouant des coudes devant les caméras et objectifs des photographes pour être sur la photo. On se serait attendu à ce qu'ils s'enferment tous pour décider d'une action forte. Non, ils marchent. Ils marchent comme le commun des mortels marche, et ils renvoient ainsi un terrible signal d'impuissance qui nous place encore plus en danger.

Il ne faudra pas attendre longtemps avant qu'une action politique d'ordre législatif soit entreprise. Vite, les ténors politiques de tous les partis se ruent dans les médias pour y montrer leur bobine, mais il leur faut une mesure à annoncer, une mesure slogan qui claque et que l'opinion publique pourra très vite mémoriser. *Patriot Act !* Ils sont sauvés ! Il suffit de transposer le *Patriot Act*, copié sur les Américains et qui prendra ici le nom de Loi sur le renseignement. Même le juge d'instruction antiterroriste Marc Trévidic exprime son hostilité au projet de loi, le jugeant attentatoire aux libertés. Il ne manque pas d'évoquer ses craintes quant aux « dérives » potentielles : « Ne mentons pas aux Français en présentant ce projet comme une loi antiterroriste. Il ouvre la voie à la généralisation de méthodes intrusives, hors du contrôle des juges judiciaires, pourtant garants des libertés individuelles dans notre pays. » Rien n'y fait, la loi est votée.

Les Français qui sont descendus en masse dans la rue pour défendre la liberté ont donc reçu pour première réponse du pouvoir l'amputation de la liberté.

Mais cette réponse n'est pas la seule, une autre était déjà à l'étude et la période semble propice pour la sortir, ce sera l'action de groupe contre les discriminations ou *class action* citée plus haut. Les élites de commandement s'apprêtent à donner aux enfants de l'immigration le droit de se constituer en groupes pour se retourner collectivement contre ceux qui les ont accueillis et mordre la main de la France qui les a nourris, ce qui ne manquera pas d'engendrer frustration et colère et de compromettre davantage encore toute possibilité de bien vivre ensemble.

Conclusion

> « Tôt ou tard, la patrie submergée flotte à la surface et reparaît [...]. La protestation du droit contre le fait persiste à jamais. Le vol d'un peuple ne se prescrit pas. Ces hautes escroqueries n'ont point d'avenir. On ne démarque pas une nation comme un mouchoir. »
>
> Victor HUGO

Tandis que le navire s'enfonce dans la froideur des mers, nos élites, tels les musiciens de l'orchestre du *Titanic*, continuent de jouer leur partition dans un mépris saisissant de ce qui se noue pour leur peuple. Seuls comptent le temps présent et la satisfaction d'un appétit sans limite. Leur intérêt ne coïncide plus avec celui de leur peuple.

Il n'est pas juste de dire que le politique ne peut plus rien et que tous ses leviers d'action ont été confisqués par les institutions aussi bien européennes qu'internationales. Bien sûr, aussi bien ces institutions qu'une multitude de lobbies, dont ceux du monde économique et financier, entravent, d'une manière ou d'une autre, à un moment ou à un autre, la souveraineté des États, mais dire que plus rien n'est possible, c'est aller un peu vite en besogne.

Il existe une hiérarchie des responsabilités qu'il convient de ne pas perdre de vue. Certes, de nombreux médias et intellectuels ont, de leur côté, largement participé à anesthésier le peuple, voire à l'intoxiquer, mais il n'en demeure pas moins que c'est le politique qui depuis près de quarante ans, par son action ou son inaction, a donné l'orientation. C'est lui qui, en définitive, décide de la direction dans laquelle il faut emmener la France.

La réalité, c'est que la défense d'intérêts particuliers a pris le pas sur la défense de l'intérêt général. Cette divergence a conduit une grande partie de la classe politique à lutter de toutes ses forces contre toute possibilité de renouveau. Ceux qui tentent de se dresser en travers de ce processus sont aussitôt balayés. Le système politique et plus largement étatique fonctionne comme un corps vivant. Dès qu'un corps étranger est identifié, une armée se met en branle pour neutraliser l'intrus. Or, le renouveau devient question de survie pour le peuple français et pour les peuples occidentaux, qui doivent réussir à relever un même défi, celui de la liberté.

La tâche est immense. La propagande des dernières décennies a été si intense que les citoyens des démocraties occidentales sont convaincus, pour beaucoup, d'être encore libres du choix de leur projet de société et de leur destin, alors qu'ils sont réduits au statut de spectateurs d'une immense farce démocratique.

Si les Français ont laissé la France être autant rudoyée, c'est que, sur le moment, cela ne les gênait pas, car ils n'en subissaient pas les conséquences dans leur vie personnelle. Tout ce qui ne les affectait pas de manière directe était relativisé, souvent même nié. Longtemps, ils ont refusé de prêter attention aux analyses et prédictions qui pouvaient assombrir leur humeur. Ce qu'ils souhaitaient par-dessus tout, c'était de ne pas être distraits de leurs distractions. Croire aux contes de fées possède une vertu et pas des moindres, la vie immédiate s'en trouve miraculeusement simplifiée.

Plus un jour ne passe sans que soit allumé un cierge sur l'autel de la croissance, laissant espérer au peuple la fin de ses angoisses grâce à la baguette magique d'un point de PIB supplémentaire. Mais voilà, par la grâce du marché mondial voulu par le seigneur OMC, la crise économique et financière se joue des frontières. Elle accélère le terme d'un cycle infernal dans lequel les sociétés occidentales, et les autres à sa suite, se sont jetées à corps perdu, celui de la course au bien-être matériel dans laquelle l'homme est réduit au statut de consommateur. La confiance en l'avenir vacille.

Jour après jour, la confiance s'étiole. La forte dégradation du lien de confiance entre le peuple et ses élites qui s'est opérée en seulement trente ans a dépassé la cote d'alerte. Selon Pascal Perrineau, l'un de nos meilleurs analystes politiques : « Nous atteignons des niveaux vertigineux que nous n'avons jamais connus. [...] 87 % des Français considèrent que les responsables politiques se préoccupent peu ou pas du tout des gens comme eux. C'est hallucinant ! [...] L'une des autres révélations du baromètre [de la confiance politique] est l'apparition du sentiment inédit de “dégoût”. Aujourd’hui sont exprimés du ressentiment et de la colère[1]. »

Un peuple excède la somme des individus qui le composent et les grands idéaux dont chaque citoyen tire bénéficie ne peuvent perdurer à long terme qu’en demeurant *supra*-individuels. C’est cette vérité élémentaire qui a été perdue de vue. En refusant de prendre en compte le fait que l’agrégation de leurs comportements finirait par avoir une incidence sur leur destin collectif, les Français ont sacrifié leur avenir à leur présent. Ils se sont laissé enchaîner, sans manifester de véritable résistance. Or, comme le disait si bien Périclès, il n’est point de bonheur sans liberté ni de liberté sans courage. Le piège se referme.

La France est un pays de traditions fortes. Son peuple, plus que tout autre peuple européen, a appris à se vivre comme un peuple indivisible ; indivisibilité sur laquelle l’État était chargé de veiller. La faillite de l’État et de ses élites politiques, voilà bien le problème qui a engendré tous les autres.

La cohésion nationale se fracasse sur l’immigration-intégration comme elle aurait pu se fracasser sur d’autres sujets qui l’auraient mise tout autant à l’épreuve. Toute cohésion de groupe est, en soi, un équilibre délicat. C’est pourquoi les politiques avaient le devoir de la surveiller, comme le lait sur le feu.

Le grand malheur des sociétés développées a été la facilité accordée de recourir à la dette publique, ce

1. Pascal Perrineau, directeur du Centre de recherches politiques de Sciences Po, « Français et politique : la confiance se dégrade nettement, selon le Cevipof », propos recueillis par Emmanuel Galiero pour *Le Figaro*, 13 janvier 2014.

qui a permis de s'enfoncer dans le mensonge. La crise économique et financière n'est qu'un simple catalyseur, les principes réactifs étaient déjà tous présents, accumulés au fil des erreurs de pilotage politique et des décennies où les citoyens ont préféré détourner le regard.

L'endettement a aussi permis de mieux supporter la remise en question, jour après jour, de chacun des principes fondamentaux de l'identité française. À mesure que les inégalités s'accroissent et que la promesse d'un mieux-être pour tous s'éloigne, le peuple se cabre et ses élites deviennent fébriles. C'est pourquoi la propagande s'intensifie en même temps qu'une pression sans précédent s'exerce sur la liberté d'expression. Le politiquement correct doit triompher. Il est nécessaire au maintien de la domination des élites actuelles.

C'est le sort des jeunes générations et des générations futures qui se joue sous nos yeux. Elles subissent déjà de plein fouet les conséquences de l'impardonnable dilapidation de leur patrimoine par leurs aînés. Leurs parents avaient hérité d'un pays libre et d'une société pacifiée, d'un pays hors du commun, d'un pays à nul autre pareil, dont chacun des pavés garde l'empreinte de l'histoire. Ils ont connu l'insouciance, ils ont pu croquer la vie à pleines dents. Ils lèguent à leurs descendants un pays en proie aux divisions, une société marquée du sceau de la défiance, et un environnement dans lequel les jeunes se retrouvent en compétition et concurrence frontale avec le reste de la planète par le jeu des délocalisations et de la répartition internationale du travail et des revenus.

Nous ne sommes plus dans une République des égaux en droits, mais dans un système où l'inégalité est instituée par un État qui avait pourtant pour mission de veiller au respect des conditions de l'égalité républicaine. L'État a agi comme si la France lui appartenait. Les décisions ont pu être légales, mais étaient-elles pour autant légitimes ? La France ne se confond pas avec son État, pas plus d'ailleurs qu'elle ne peut être réduite à sa République, qui a su jouer le rôle d'un remarquable pare-feu.

Nous ne sommes plus dans un régime de solidarité nationale, mais dans celui, imposé par le haut, d'une solidarité internationale, dans lequel la politique du « dernier arrivé, premier servi » sert de mode de gestion des besoins, et pour cause, puisqu'une très forte proportion des migrants provient de couches de sociétés dont le revenu par habitant est nettement inférieur à celui des sociétés d'accueil. Les migrants et leurs descendants ne peuvent être tenus pour responsables de cet état de fait. Ils saisissent les perches qui leur sont tendues, et continuent de l'être, par une grande part de nos élites. Dans cette histoire, ils ont été une aubaine pour les apprentis sorciers occidentaux de la mondialisation. Dans une situation où la solidarité n'est plus nationale, mais devient internationale, c'est tout le système qui, tôt ou tard, est appelé à s'effondrer.

Nous ne sommes plus en situation d'intégration culturelle, mais dans une situation de désintégration minutieuse de la nation par un État qui préfère poursuivre une politique qui correspond à une fuite en avant. Peu à peu, il a renoncé à veiller sur les fondamentaux culturels du peuple français et s'est même engagé dans leur remodelage. La France n'a nullement besoin d'être refondée. Elle possède ses propres fondations.

Sans cette facilité de recours à l'endettement, le réel aurait su très vite imposer sa loi aux hommes. Prenons garde, avait prévenu Mirabeau à propos de la dette publique, qu'en continuant à vivre elle ne détruise la nation et nous reprenne la liberté qu'elle nous a donnée[1] ! De plus en plus de Français, bouleversés par l'état de la France, se sentent démunis et impuissants. Prisonniers entre les mains d'une élite qui ne parle pas leur langue et partage encore moins leur quotidien, les citoyens ne sont plus maîtres de leur destin.

L'issue du combat pour recouvrer la liberté n'est pas écrite d'avance. Pour aspirer à la liberté, encore faut-il avoir déjà connu ne serait-ce qu'un soupçon de liberté à travers la faculté d'exercer un esprit critique et une *liberté de pensée et de jugement.* Aujourd'hui, tout semble flou, parfois même obscur. Tant de forces se conjuguent et font apparaître la situation comme insurmontable. La collaboration semble naturelle, la résistance surhumaine, tant elle relève de l'esprit de sacrifice.

La France se trouve à nouveau à un tournant majeur de son histoire. Qui pourrait s'aventurer à dire ce que sera demain ? Comme à chaque fois que le vent de l'Histoire se remet à souffler, le futur devient imprévisible. Ce combat de la liberté, c'est aussi celui de la justice, car la France n'a pas démérité.

L'identité des Français d'aujourd'hui serait autre s'ils n'étaient pas les héritiers de toutes les pages

1. Discours de Mirabeau, « La liquidation de la dette publique », 27 août 1790.

d'histoire politique et culturelle qui les ont, en tant que peuple, lentement menés vers la liberté. L'identité d'un peuple est une donnée qui ne peut être méprisée sans courir le risque de graves conséquences. Chaque peuple a le droit de vouloir que son héritage perdure. Le couper de son héritage, c'est comme priver un arbre de sa racine nourricière. Si l'arbre ne peut rien, les peuples, eux, peuvent.

Paris, le 15 octobre 2015.

Table des matières

Cet ouvrage a été imprimé en France
par CPI Bussière
pour le compte des Éditions Fayard
en octobre 2015

Composition et mise en pages
Nord Compo à Villeneuve-d'Ascq

36-4456-4/01
N° d'impression : 2019130

Pour l'éditeur, le principe est d'utiliser des papiers composés de fibres naturelles, renouvelables, recyclables et fabriquées à partir de bois issu de forêts qui adoptent un système d'aménagement durable.

En outre, l'éditeur attend de ses fournisseurs de papier qu'ils s'inscrivent dans une démarche de certification environnementale reconnue.